DIÁLOGO PROFÉTICO

STEPHEN B. BEVANS
ROGER P. SCHROEDER

DIÁLOGO PROFÉTICO

Reflexões sobre
a missão cristã hoje

Dados Internacionais de Catalogação na Publicação (CIP)
(Câmara Brasileira do Livro, SP, Brasil)

Bevans, Stephen B.
Diálogo profético : reflexões sobre a missão cristã hoje / Stephen B. Bevans,
Roger P. Schroeder ; tradução Joachim Andrade. – São Paulo : Paulinas, 2016.

Título original: Prophetic dialogue : reflections on christian mission today
ISBN 978-85-356-4223-0

1. Cultura e cristianismo 2. Igreja Católica - Missões 3. Missões - Teoria
I. Schroeder, Roger P.. II. Título.

16-07454   CDD-266

Índice para catálogo sistemático:
1. Missão cristã : Igreja Católica : Cristianismo   266

Título original da obra: *Prophetic Dialogue – Reflections on Christian Mission Today*
© 2011 Orbis Books, Maryknoll, New York 10545, USA.

1ª edição – 2016
1ª reimpressão – 2017

Direção-geral: Bernadete Boff
Editora responsável: Vera Ivanise Bombonatto
Tradução: Joachim Andrade, svd
Copidesque: Cirano Dias Pelin
Coordenação de revisão: Marina Mendonça
Revisão: Ana Cecilia Mari
Gerente de produção: Felício Calegaro Neto
Projeto gráfico: Manuel Rebelato Miramontes
Diagramação: Jéssica Diniz Souza

Nenhuma parte desta obra poderá ser reproduzida ou transmitida
por qualquer forma e/ou quaisquer meios (eletrônico ou mecânico,
incluindo fotocópia e gravação) ou arquivada em qualquer sistema ou
banco de dados sem permissão escrita da Editora. Direitos reservados.

Paulinas
Rua Dona Inácia Uchoa, 62
04110-020 – São Paulo – SP (Brasil)
Tel.: (11) 2125-3500
http://www.paulinas.org.br – editora@paulinas.com.br
Telemarketing e SAC: 0800-7010081
© Pia Sociedade Filhas de São Paulo – São Paulo, 2016

Para
Claude Marie Barbour e Eleanor Doidge
Amigos, Colegas,
Modelos de Diálogo Profético

SUMÁRIO

Apresentação à edição brasileira 9

Introdução 15

Capítulo 1.
A missão tem uma Igreja. Um convite à dança 25

Capítulo 2.
"Fomos gentis entre vocês." Missão cristã como diálogo 39

Capítulo 3.
"Eu não me envergonho do Evangelho." Missão como profecia 71

Capítulo 4.
Missão no século XXI. Diálogo profético e teologia contextual 93

Capítulo 5.
Desemaranhando uma "realidade complexa". Seis elementos da missão 105

Capítulo 6.
Entrando no jardim de alguém. Missão/ministério intercultural 117

Capítulo 7.
"Deixar seguir" e "Falar para".
O diálogo profético e a espiritualidade da inculturação 139

Capítulo 8.
A mesa de comunhão. Missão no Areópago de hoje 157

Capítulo 9.
Uma breve história da missão da Igreja. O diálogo profético ao longo dos séculos ... 175

Capítulo 10.
Ensinamento da Igreja, missão e diálogo profético.
Ad Gentes, Evangelii Nuntiandi, Redemptoris Missio e *Diálogo e Anúncio* 205

Conclusão 229

APRESENTAÇÃO À EDIÇÃO BRASILEIRA

"Diálogo profético" é uma categoria de síntese sobre complexidade da missão hoje. Essa expressão surgiu da reflexão missiológica na Congregação dos Missionários do Verbo Divino, durante o XV Capítulo Geral no ano 2000 em Roma. Nessa congregação, a maior especificamente missionária *ad gentes* da Igreja Católica, os missionários que atuavam em países asiáticos sustentavam que a missão é antes de tudo diálogo, enquanto, para os missionários da América Latina, a missão é profecia contra as estruturas de opressão que geram pobreza.

A atitude de abertura e respeito para as culturas de outros povos parece ter surgido já na fundação da congregação, pois considerada como herança do fundador e reelaborada no Capítulo Geral de 2000 afirmando: "[...] a verdadeira evangelização implica não a imposição da mensagem do Evangelho, mas sua redescoberta de dentro das culturas dos povos [...], pelo qual a mensagem do Evangelho não é simplesmente de 'paraquedada' do exterior, mas entra em diálogo [...] por meio de que o missionário está pronto para não mudar só as pessoas, mas também mudar a si mesmo [...]" (Pernia, 2004, p. 34).[1] Assim a compreensão da missão foi denominada como "diálogo profético", acompanhando os apelos dos tempos atuais.

O consenso criativo ao qual se chegou foi por meio da junção destas duas tensões: a missão como "diálogo", que expressa o reconhecimento das diversas culturas e a necessidade da reciprocidade na missão cristã, deve ser integrada pela dimensão profética que fala abertamente e anuncia o Evangelho como caminho de conversão.

---

[1] PERNIA, A. Expectations of the Generalate of the Anthropos Institute. *Verbum* SVD 45:1 (2004) p. 19-37.

Essa intuição levou os missiólogos Stephen Bevans e Roger Schroeder, verbitas, professores da Catholic Theological Union de Chicago (EUA), a publicarem *Constants in context. A Theology of Mission for Today* [Constantes em contexto. Uma teologia para a missão hoje], 2004.

Praticamente desconhecida no Brasil, essa obra teológica se tornou uma das mais relevantes das últimas décadas no âmbito da missão, junto à de David J. Bosch, *Missão transformadora, mudança de paradigma na Teologia da Missão* (São Leopoldo: Sinodal, 2002).

Como prosseguimento da reflexão, Bevans e Schroeder produziram este livro, *Diálogo profético. Reflexões sobre a missão cristã hoje*, aprofundando conceitos e desdobramentos que foram abordados só no último capítulo do trabalho anterior. "É similar – explicam os autores – ao que o grande David Bosch descreveu como 'humilde ousadia', a atitude que distingue os cristãos na prática da missão: uma ousadia na proclamação que é temperada com profunda humildade a respeito dos danos que a missão tem provocado, e um profundo respeito ao Deus que estava lá antes da chegada do missionário".

Mesmo faltando ao leitor brasileiro o elo com *Constantes em contexto*, o livro que aqui apresentamos traz elementos, metáforas, narrativas instigantes para contribuir decididamente com a caminhada missionária da Igreja no Brasil. Queremos, aqui, evidenciar alguns aspectos que são para nós particularmente significativos.

Em primeiro lugar, a reflexão missiológica de Bevans e Schroeder tem como pano de fundo a "experiência-mãe" da missão e da própria Igreja: a missão *ad gentes* aos povos não cristãos. Os nossos autores nos lembram de que a missão transcultural é tão vital que a ela se deve o próprio nascimento da Igreja.

João Paulo II, em sua encíclica missionária *Redemptoris Missio*, afirmava que, "sem a missão *ad gentes*, a própria dimensão missionária da Igreja ficaria privada de seu significado fundamental e de seu exemplo de atuação", por isso "é preciso evitar que [...] se torne uma realidade diluída na missão global de todo Povo de Deus, ficando, desse modo, descurada ou esquecida" (RMi 34).

Graças ao Vaticano II, a missão tornou-se paradigma estruturante de todo o ser e agir eclesial no mundo de hoje. A recepção dessa profunda renovação, porém, não foi isenta de equívocos pastorais e de interpretações distorcidas: de repente, a missão não era mais projetada além-fronteiras, mas começava e terminava aqui, apenas dentro dos perímetros dos diversos contextos socioculturais, fechando as comunidades em si mesmas, achando que todos os batizados de agora em diante eram missionários só pelo fato de serem batizados. Nenhum chamado, nenhum apelo, nenhum compromisso tornava-se tão significativo quanto o engajamento exclusivo com a própria realidade eclesial.

Com essa visão restrita e essa postura, não apenas a solidariedade intereclesial sofreu um golpe, particularmente aqui na América Latina, mas a própria conversão missionária da Igreja foi e está sendo tremendamente prejudicada. O concílio, com o decreto *Ad Gentes*, alertava: "a graça da renovação não alcançará as comunidades se não estenderem o seu amor até os confins da terra e se preocuparem com os que estão longe como se fossem seus próprios membros" (AG 37).

À atitude antievangélica de fechamentos dos horizontes humanos e eclesiais, correspondia também certa fragmentação entre os elementos que constituíam uma sadia teologia da missão. Segundo algumas sínteses parciais, os tempos atuais apontavam para uma missão de diálogo e não de anúncio; de libertação e não de salvação; na perspectiva do Reino e não na fundação de Igrejas; *inter gentes* e não mais *ad gentes*; *ad intra* e não mais *ad extra*; de respeito da alteridade e não de conversão; de reciprocidade, no reconhecimento da livre ação do Espírito, e não de iniciação cristã; etc.

Por outro lado, expressões de fundamentalismo doutrinário defendiam posições opostas de integrismo e exclusivismo a respeito da missão aos povos, na esteira do axioma "fora da Igreja não há salvação". A missão que se gerava a partir de determinadas posturas era marcada por certa agressividade e ingenuidade, por uma visão maniqueísta entre "nós" e os "outros" e por um conceito de Igreja fixado na imagem da arca de salvação. O objetivo ideal e nostálgico de restaurar um regime de cristandade animou movimentos de ordem conservadora para uma nova evangelização, particularmente em contextos tradicionalmente cristãos durante os últimos pontificados: essa empreitada, porém, não deu de maneira alguma os resultados esperados.

Em tempos bastante tensos, conflitivos, ambivalentes, caracterizados por profundas mudanças na Igreja e no mundo, o problema de fundo da missão parecia se complicar ainda mais: como conciliar a proclamação de um único e verdadeiro Deus e a adoção de meios específicos para a salvação diante de um mundo secularizado e pluricultural que nos desafia a esse respeito? Os cenários da atualidade nos provocam a repensar radicalmente a missão com uma apropriada reflexão teológica, um caminho de conversão da Igreja, uma clareza de horizontes e um ousado testemunho.

A obra de Bevans e Schroeder encara esses desafios e propõe pistas para uma teologia da missão hoje orgânica, criativa, sistemática, que coloca os diferentes aspectos em relação sem pretender dizer uma última palavra, mas apresentando um quadro global significativo para a caminhada de nossas igrejas hoje.

O tema da missão aos povos não é algo marginal para a reflexão teológica e para a ação eclesial: em torno dessa dimensão essencial se joga o futuro do Cristianismo chamado a redescobrir sua identidade na saída missionária além de todas as fronteiras (cf. EG 27). Essa saída representa um renascer, um êxodo pascal de morte e ressurreição, uma dinâmica fundamental do encontro da comunidade discipular consigo mesma no seu Senhor: "a intimidade da Igreja com Jesus é uma intimidade itinerante, e a comunhão 'reveste essencialmente a forma de comunhão missionária' (ChL 32). Fiel ao modelo do Mestre, é vital que hoje a Igreja saia para anunciar o Evangelho a todos, em todos os lugares, em todas as ocasiões, sem demora, sem repugnâncias e sem medo" (EG 23).

No Brasil, apesar de ele possuir uma matriz religiosa predominantemente cristã, observamos certas lacunas no campo da missiologia e como atuar na missão. As fronteiras missionárias são variadas, mas pistas para aproximar essas fronteiras são poucas. Desejamos que a leitura e o estudo deste livro possam ajudar a abrir veredas de novas práticas, novos testemunhos, novas ousadias, da América Latina até os confins do mundo, e que o Espírito Santo "venha renovar, sacudir, impelir a Igreja numa decidida saída para fora de si mesma a fim de evangelizar todos os povos" (EG 261).

Pe. Estêvão Raschietti, sx
Pe. Joachim Andrade, svd
Centro Cultural Missionário

INTRODUÇÃO

Os Atos dos Apóstolos contam a emocionante história a respeito de como o Espírito levou a comunidade primitiva de Jesus a responder de forma criativa e comunitária às novas e surpreendentes situações e pregar o Evangelho "até os confins do mundo" (At 1,8). Até então ninguém esperava que os *samaritanos* fizessem parte da nova comunidade. Certamente, não um *eunuco*. Dificilmente um *centurião romano*. *Gregos* comuns? De jeito nenhum. E, ainda assim, repetidas vezes, a comunidade maravilhou-se pelo fato de até os gentios terem aceitado a Palavra de Deus (At 11,1.18).

Ao mesmo tempo, somente o livro dos Atos demonstra, e isso não aparece em nenhum outro livro do Novo Testamento, que a comunidade cristã em surgimento era obra do Senhor em sua Ascensão e seu Espírito Santo, e não obra de São Pedro ou criação de São Paulo. O que teve início no Pentecostes e ficou claro em Antioquia mostrou que, além de sua distinção em relação ao Judaísmo, a Igreja se movia em um processo de profunda continuidade em relação à missão e ao ministério de Jesus de Nazaré. A Igreja encontrou sua identidade na medida em que os primeiros discípulos continuavam a ser guiados e desafiados através da própria missão de Deus – uma missão que eles conceberam, que Jesus corporificou, e à qual foram chamados a compartilhar e a dar continuidade.

A Igreja é "missionária por sua própria natureza", ensina o Concílio Vaticano II.[1] Para que a Igreja de hoje seja "a Igreja", é necessário que dê prosseguimento e que compartilhe a obra curativa, transformadora e redentora de Deus. É preciso ser, de fato, o Povo Missionário de Deus, o Corpo de Cristo no mundo, a presença do Espírito como Templo de Deus, como edificação de Deus. Os vários componentes de uma "singular, mas

---

[1] PAULO VI. Decreto *Ad Gentes*, sobre a atividade missionária da Igreja, 2.

complexa realidade"[2] de uma missão de hoje em dia deveriam ser atos fiéis, criativos e comunitários, capazes de refletir a amplitude da missão de Deus – *fiéis* à identidade missionária da cristandade, *criativos* nas respostas aos contextos em transformação e *comunitários* em relacionar o Espírito de Deus com a tradição, a história e a experiência humana.

Em nosso livro *Constants in Context*, oferecemos a descrição da teologia e da prática da missão ao longo da história do movimento cristão no mundo, e o caminho como a missão deveria ser entendida e praticada agora, no século XXI.[3] Fomos verdadeiramente honrados pela ampla aceitação e utilização de nossa obra desde sua publicação, em 2004. Ficamos impressionados com sua tradução para o chinês, o indonésio, o italiano e o espanhol. Obviamente, o processo comunitário de reflexão teológica nas missões prossegue entre os sábios e os praticantes da missão. Visto por esse aspecto, o interesse por nosso trabalho gerou mais escritos, reflexões e discussões nas críticas, assim como artigos mais extensos, *workshops* e debates estimulantes.[4]

No capítulo final de *Constants in Context*, propomos a ideia de um "diálogo profético" como síntese das três principais teologias de missão articuladas na segunda metade do século XX: 1. a Missão como participação na Missão da Divina Trindade (*missio Dei*); 2. a Missão como serviço libertador do Reino de Deus; e 3. a Missão como proclamação de Jesus

---

[2] JOÃO PAULO II. *Redemptoris Missio* ("A missão do Redentor"), sobre a validade permanente do mandato missionário, 41.

[3] BEVANS, Stephen B; SCHROEDER, Roger P. *Constants in Context*; A Theology of Mission for Today. Maryknoll, N.Y.: Orbis Books, 2004.

[4] Cf., por exemplo, os importantes comentários que aparecem no *International Bulletin of Missionary Research* 29, n. 2 (April 2005), p. 98-100; e em *Mission Studies* 22, n. 1 (2005) 135-156. Cf., também: DAIKIN, Tim. Discipleship: Marked for Mission. In: *Mission in the 21st Century*; Exploring the Five Marks of Global Mission. Ed. Andrew Walls & Cathy Ross. London: Darton, Longman & Todd, 2008. p. 175-200. Nós somos gratos pelas discussões sobre nosso trabalho na Associação dos Professores da Missão, em 2008; na Eastern Fellowship of Professors of Mission, em 2005; e em vários outros lugares ao redor do mundo.

Cristo como salvador universal.[5] "Diálogo profético", como originalmente o concebemos, foi um termo usado pelo Capítulo Geral 2000 de nossa congregação, a Sociedade do Verbo Divino (SVD), atualmente a maior congregação missionária no interior da Igreja Católica romana. O termo é fruto de um processo de delegados do Capítulo em todo o mundo que desenharam sua teologia e experiência de missão em contextos muito distintos. E isso demonstrou um conceito controverso, mas finalmente muito útil para os verbitas, de falar sobre a maneira como gostaríamos de fazer a missão nos muitos países e contextos nos quais trabalhamos.

Nós mesmos adaptamos e desenvolvemos o diálogo profético como expressão de uma teologia abrangente da missão. Além disso, sugerimos que a forma de falar possa funcionar como um entendimento abrangente dos vários elementos na prática da missão – testemunho e proclamação; liturgia, oração e contemplação; justiça, paz e a integridade da criação; diálogo inter-religioso; interculturalidade e reconciliação. Cada um desses componentes pode ser entendido como uma perspectiva "dialógica"; cada um também pode ser entendido a partir de uma perspectiva de profecia.

Entretanto, talvez, mais do que uma teologia, começávamos a ter consciência a respeito do fato – parafraseando Robert Schreiter – de que o diálogo profético funciona muito mais como uma *espiritualidade* do que como uma *estratégia*.[6] Nesse sentido, é similar ao que o grande David Bosch descreveu como "humildade ousadia", a atitude que distingue os cristãos na prática da missão: uma ousadia na proclamação que é temperada com profunda humildade a respeito dos danos que a missão tem provocado e um profundo respeito ao Deus que estava lá antes da chegada do missionário.[7]

---

[5] BEVANS; SCHROEDER, *Constants in Context*, p. 281-347.

[6] SCHREITER. Robert J. *The Ministry of Reconciliation;* Spiritualities and Strategies. Maryknoll, N.Y.: Orbis Books, 1998.

[7] BOSCH, David J. *Transforming Mission;* Paradigms in Theology of Mission. Maryknoll, N.Y.: Orbis Books, 1991. p. 489. Cf. também: SAAYMAN, Willem; KRITZINGER, Klippies (Eds.). *Mission in Bold Humility;* David Bosch's Work Considered. Maryknoll, N.Y.: Orbis, 1996.

Muitas questões e desafios surgiram a respeito de nossa escolha do termo "diálogo profético". Como, por exemplo, alguém pode se empenhar em um diálogo sincero, particularmente em um diálogo inter-religioso, enquanto também age de forma profética na articulação da crença de alguém? Como um diálogo pode ter alguma importância se alguém assume um ponto de vista profético contra a injustiça? Um diálogo profético é mais uma tensão criativa do que uma síntese? Como os profetas do Antigo Testamento podem ser associados, de alguma forma, a um espírito de diálogo? Como podemos descrever o diálogo profético com maior profundidade teológica? O diálogo profético não tem sido, de fato e *sempre*, o ideal da prática missionária ao longo da história cristã? O diálogo profético não é, de fato, uma contradição, e, assim, impossível em termos práticos? Todas essas questões são colocadas por asiáticos, sul-americanos, africanos, norte-americanos, europeus, australianos, neozelandeses, ilhéus do Pacífico, estudantes, especialistas bíblicos, teólogos, missiólogos e – não menos importante! – pelos próprios missionários em conferências, cursos, *workshops* e em muitos diálogos.

PRODUZIMOS ESTE VOLUME EM RESPOSTA A e em diálogo com cada uma das preocupações e questões sobre as quais tentamos refletir mais profundamente em relação ao diálogo profético desde a publicação de *Constants in Context*. Muitos dos capítulos a seguir foram publicados ainda antes que chegássemos à ideia do diálogo profético como teologia sintética e conceito missiológico. O que imaginamos quando fomos desafiados e inspirados por nossos diferentes públicos, contudo, é que a ideia do diálogo profético tenha surgido em nosso pensamento muito tempo antes de termos adotado a expressão. Vários capítulos foram escritos e publicados desde 2004, mas, no caso dos mais antigos, nós os revisamos cuidadosamente para este livro. Alguns capítulos foram produzidos especialmente para este volume e são publicados agora pela primeira vez. Esses capítulos – especialmente o 3º e o 8º – representam nosso pensamento mais recente sobre o tema. Eles também inspiraram muitas das revisões nos outros capítulos.

Acreditamos que os primeiros cinco capítulos representam um entendimento mais desenvolvido e sistemático do diálogo profético por conta de sua elaboração a partir das Escrituras, da teologia e da história, e pela incorporação de imagens e práticas da missão. O Capítulo 1, "A missão tem uma Igreja. Um convite à dança", sugere que Deus pode ser mais bem descrito como verbo – um fluxo, um abraço, um movimento, uma dança – e esta é a razão básica pela qual podemos falar de Deus como missão. Crer em um Deus com essas características é participar da missão de Deus, e a comunidade que participa conscientemente da missão é a Igreja. Os dois capítulos seguintes são mais uma reflexão profunda sobre os dois aspectos: o diálogo e a profecia – como a missão de Deus deve ser vivida no mundo de hoje. Dessa maneira, os dois aspectos da missão são inseparáveis. Para um entendimento mais profundo, contudo, buscamos focalizar cada aspecto separadamente, aplicando a clássica máxima escolástica de *distinguir* ao invés de *separar*.

O Capítulo 4 busca colocar os dois aspectos do diálogo e da profecia juntos novamente, no contexto da história da missão através da ótica de uma teologia contextual. Na medida em que diálogo e profecia devem *sempre* ser aplicados na prática da missão, é preciso ter claro que, como em toda boa prática, a ênfase a ser aplicada em um ou em outro deve, sempre, "depender do contexto".

O Capítulo 5 reflete brevemente sobre os seis elementos da missão que foram tratados mais profundamente no capítulo final de *Constants in Context*. Nossa esperança é que, nessa parte do livro, o leitor reconheça que cada um desses elementos deve ser entendido e praticado na perspectiva de *ambos os aspectos* – diálogo e profecia. A ênfase sobre um ou outro dependerá da demanda concreta. Dessa maneira, por exemplo, o *testemunho* do Evangelho pode ser praticado de forma dialógica em um contexto indiano através do profundo respeito pelo Hinduísmo ou pelo Islã, cuidando o agente de mergulhar no contexto cultural local – como exemplificou Bede Griffiths. Por outro lado, assumir um estilo de vida contracultural de simplicidade e responsabilidade ecológica, na América do Norte, pode ser um testemunho profético em um contexto de secularismo e consumismo. Mary Jo Leddy e Jim Wallis são exemplos desse tipo de estilo de vida profético. *Proclamação*, trabalho por *justiça* etc. podem ser vividos da mesma maneira, de acordo com o que pedirem as circunstâncias.

Os capítulos 6 a 10 revelam algumas das implicações inter-relacionadas, assim como aspectos do diálogo profético. Nesses capítulos refletimos sobre o diálogo profético através da imagem de alguém que adentra um jardim (Capítulo 6), do ascetismo espiritual de como e quando "deixar ir" e "falar abertamente" (Capítulo 7), e também através da poderosa prática de Jesus e da Igreja primitiva e sua irmandade, que incluíam todos os povos e ultrapassavam fronteiras (Capítulo 8). Os últimos dois capítulos traçam a prática do diálogo profético na atual história da missão eclesial (Capítulo 9) e ensinam o Magistério romano da Igreja Católica nos últimos cinquenta anos (Capítulo 10).

ESTE LIVRO FOI ORIGINALMENTE CONCEBIDO como uma coleção de ensaios. Contudo, na medida em que os produzíamos e revisávamos, começamos a imaginar um padrão que fizesse mais sentido quando de sua organização para publicação. Originalmente, alguns dos ensaios foram escritos individualmente por cada um dos autores (capítulos 1, 4, 5, 6, 7, 8 e 10), enquanto outros foram produzidos em coautoria (capítulos 2, 3 e 9). Em uma decisão crucial, decidimos reescrever *cada* ensaio na primeira pessoa do plural e, quando necessário, usamos a terceira pessoa para expressar experiências individuais. A única exceção é o Capítulo 6, que envolve uma reflexão muito pessoal de Roger e que, por conta disso, teve boa parte de sua estrutura mantida na primeira pessoa do singular. Como havíamos feito em *Constants in Context*, lemos cada ensaio em voz alta para o outro, revisamos e reescrevemos cada texto juntos. Essa experiência de fazer possui um valor inestimável: tivemos muitos "momentos mágicos" em que surgiram ideias que nos levaram a locais não antes imaginados.

Como trabalhamos juntos, tentamos fazer muito mais referências e reflexões sobre o diálogo profético do que aquelas que estavam presentes

Diálogo profético

nos ensaios originais (com exceção dos capítulos 2 e 3). Portanto, o que apresentamos aqui é um livro novo e não meramente uma coleção de ensaios; uma obra que, esperamos, permitirá avançar no pensamento teológico e missiológico sobre o diálogo profético como chave para a compreensão da teologia e da prática da missão hoje. Naturalmente, alguns contextos originais dos capítulos mostrarão repetições de ideias-chave e citações favoritas. Mas o que escrevemos nestas páginas difere bastante daquilo que havíamos pretendido originalmente. Nós fomos os primeiros a serem surpreendidos pelos lugares para onde o Espírito nos transportou!

SOMOS INCAPAZES de agradecer a todos aqueles que contribuíram com seus desafios e afirmações para o avanço de nossas reflexões sobre o conceito do diálogo profético. Gostaríamos, ao menos, de mencionar os seguintes fóruns e pessoas que, de uma ou de outra forma, representam a grande rede de consultas e sabedoria à qual pertencemos e a que somos realmente gratos.

Em 2006, dirigimos um *workshop* de duas semanas na Escola de Teologia da Divina Palavra da cidade de Tagaytay, nas Filipinas, acerca dos ensinamentos de *Constants in Context*. Participaram cerca de quarenta professores e outros acadêmicos em estudos de missões que trabalham na região Ásia-Pacífico. Somos agradecidos pelo suporte do Verbo Divino da zona Ásia-Pacifico (AsPac), que possibilitou a realização desse *workshop*.

Roger Schroeder apresentou e discutiu a ideia do diálogo profético em um encontro dos diretores da área Meio-oeste e da equipe do gabinete dos Escritórios da Missão Diocesana, realizado em Milwaukee, Wisconsin, no outono de 2006, e em quatro *workshops* promovidos pela Província Chinesa do Verbo Divino no verão de 2007. Ele também incluiu faculdades teológicas católicas, estudantes pós-graduados muçulmanos e missionários cristãos nos diálogos sobre o tema durante um período sabático na Indonésia, em 2009. Em 2010, Roger teve o privilégio de ser o palestrante e interlocutor principal em uma conferência sobre diálogo profético patrocinada pela Universidade da África do Sul (UNISA), onde David Bosch havia lecionado. Quarenta por cento daqueles que participaram da conferência eram pentecostais, e boa parte dos restantes pertencia às tradições reformadas.

Stephen Bevans desenvolveu muito de seu pensamento ulterior sobre diálogo profético em apresentações para confrades verbitas no Capítulo da Província de Chicago e em East Troy, Wisconsin, no outono de 2006. Ele também refinou suas ideias em Brisbane, Sydney e Melbourne, na Austrália, em 2009; em um retiro para os confrades verbitas na Irlanda e em um *workshop* para membros dos Missionários do Preciosíssimo Sangue em Salzburgo, na Áustria – ambos os eventos realizados no final de julho de 2009. Foi também privilegiado por pôr em prática nossas ideias em várias apresentações por toda a Grã-Bretanha enquanto trabalhou, no outono de 2009, como missiólogo residente da Sociedade da Missão da Igreja (CMS), e em um *workshop* para membros da Vice-Província de Manila dos Redentoristas em maio de 2010.

Entre as muitas pessoas que têm sido parceiras importantes nas conversações a respeito desse tópico, gostaríamos de mencionar as seguintes: Thomas Ascheman, Klippies Kritzinger, Ennio Mantovani, Larry Nemer, Tim Norton, Gary Riebe-Estrella, Lazar Stanislaus, Cathy Ross, Tim Daikin, Jonny Baker, Ross Langmead, Mike Gable, Tim Naish, Marcina Stawasz, Lenny Mercado, Ben Beltran, Cobus Wyngaard, Ariel Lubi, Caloy Ronquillo, Katalina Tahaafe-Williams, Donatus Sermada, Paul Klein, Raymund Sudhiarsa, Leo Kleden, Elizabeth Inosensia Loghe Pati, Bernadette Edgecombe, Paul Han, Jacques Kuepers, Brad Hinze, Mary Ann Hinsdale, Lucas Cerviño, Bill Nordenbrock e Nico Botha.

Fazemos um agradecimento especial a Julián Fernández, o principal tradutor para o espanhol de *Constants in Context*, que nos brindou com a ideia original desenvolvida neste trabalho. Para nossa tristeza, Julián morreu tragicamente em um acidente de trânsito no México no outono de 2010, quando este livro estava sendo impresso. Lamentamos a perda de um confrade, colaborador e amigo.

Melody Layton McMahon, diretora da biblioteca Paul Bechtold na União Teológica Católica (CTU), junto com toda a sua equipe, nunca falharam na assistência, principalmente no estágio final de nosso livro. Também reconhecemos o suporte constante de nossa comunidade da Sociedade do Verbo Divino (SVD) – queremos agradecer especialmente a nosso provincial, Mark Weber, e ao nosso reitor, Stan Uroda. Somos o que somos por causa de nossa família, amigos e colegas da CTU.

Este livro é dedicado a dois colegas muito especiais da CTU – Claude Marie Barbour e Eleanor Doidge. Claude Marie e Eleanor, talvez mais do que quaisquer outras pessoas, incorporam o espírito do diálogo, mas também o do diálogo profético. Seu compromisso com aquilo que Claude Marie chamou de "Missão em Reverso" inspirou milhares de estudantes nos últimos trinta anos. Trata-se de uma prática e de uma atitude – de fato, de uma espiritualidade – que têm o diálogo no coração, mas, do jeito como é vivido por Claude Marie e Eleanor, dá um testemunho profético desafiador para qualquer um que ouse proclamar o Evangelho. Nós nos referimos repetidas vezes à ideia de Missão em Reverso nas páginas a seguir. Sentimo-nos afortunados como seus amigos, aprendizes, ex-aluno (Roger, de Claude Marie) e professor (Steve, de Eleanor).

Agradecimentos especiais aos editores e à equipe da Orbis Books, especialmente à nossa editora, Susan Perry, ao editor, Robert Ellsberg, e à extraordinária coordenadora de produção, Catherine Costello. Bill Burrows, agora gerente de edição aposentado, tem sido para nós um constante estímulo ao pensar – e também o melhor amigo e parceiro de conversação de Steve por cinquenta anos!

Nosso livro é fruto do respeitoso engajamento de muitas pessoas e de diferentes nacionalidades, contextos, perspectivas e traduções eclesiais. Temos profunda percepção de que nossas conversações ao longo dos últimos anos têm sido chamadas para fidelidade, criatividade e comunhão, quando trabalhamos e pensamos juntos para sondar o mistério do chamado divino à participação em sua própria missão. Foram conversações envolvendo tanto a escuta quanto a expressão, tanto o desafiar quanto o ser desafiado. Verdadeiros exemplos, enfim, de diálogo profético.

Stephen B. Bevans
Roger P. Schroeder
22 de dezembro de 2010

CAPÍTULO 1

A missão tem uma Igreja.
Um convite à dança*

Deus é verbo

Alguns anos atrás, Steve Bevans começou a compreender que Deus – o Deus para nós revelado por Jesus de Nazaré, através da força do Espírito Santo – pode ser mais bem descrito como um *verbo* do que como um substantivo. Isso quer dizer que aquele Deus que conhecemos através da revelação pode ser mais bem imaginado não como um tipo estático de "pessoa" – semelhante a nós, mas muito mais sábio e mais potente – que está "lá em cima" ou "lá em algum lugar". Muito mais do que algo emocionante e que vale nossa adoração e amor, Deus é um Movimento, um Abraço, um Fluxo – mais pessoal do que jamais poderíamos imaginar –, alguém que está sempre e em todo lugar presente na criação de Deus.[1] Deus está presente até mesmo na criação imperfeita e deficiente, trabalhando na sua inteireza e cura, e chamando a sua criação para sua plenitude. Ainda mais surpreendente, Deus convida mulheres e homens de um pequeno planeta situado em uma galáxia menor desse vasto universo – antigo de bilhões de anos, amplo de bilhões de anos-luz – para uma parceria em sua obra. Essas mulheres e homens, informa o Gênesis (1,26-27), foram criados por Deus

---

* Este capítulo foi originalmente escrito por Stephen Bevans e distribuído várias vezes pela Austrália, Irlanda, Inglaterra e Estados Unidos em 2009 e 2010. Uma versão anterior foi publicada na *Australian eJournal of Theology*, 14 (August 2009).

[1] Cf. FIDDES, Paul S. *Participating in God; A Pastoral Theology of the Trinity*. London: Darton, Longman and Todd, 2000.

na divina "imagem e semelhança".[2] Como nos conta o sábio nigeriano James Okoye, estudioso do Antigo Testamento, essas pessoas deveriam ser administradoras e cuidadoras, "novatas", vice-reis de Deus na Terra. Nós não sabemos, ainda que isso seja provavelmente possível, se outras criaturas – talvez em uma galáxia bem distante, talvez seres muito mais inteligentes do que nós – tiveram a mesma confiança de Deus em relação a uma tarefa como essa. O que nós sabemos, através da revelação, é que *nós* merecemos essa confiança.

Nada a respeito de nosso Deus é estático. Um dos nossos maiores teólogos, Tomás de Aquino, falou de Deus como um ato puro.[3] O igualmente grandioso teólogo Boaventura fala de Deus como benevolência autodifusa e amor.[4] Na grande tradição medieval ocidental, Mechtilde de Magdeburgo fala da "inquieta cabeça do Divino", uma "superabundância que nunca para e que sempre flui sem esforço e sem cessar".[5]

Deus não é estático sequer em si. Deus, na sua mais profunda identidade, é uma relação, uma comunhão. "No início mais remoto", escreve o teólogo brasileiro Leonardo Boff sobre a Trindade, "a comunhão prevalecia".[6] Essa vida em comunhão se revela na criação, cura e santificação, chamando toda a criação, de acordo com sua capacidade, para si, ordenando que esta criação siga adiante e reúna ainda mais pessoas nesse movimento. É como se Deus fosse uma dança (uma fila de pessoas dançando a "conga",

---

[2] OKOYE, James Chukwuma. *Israel and the Nations:* A Mission Theology of the Old Testament. Maryknoll, N.Y.: Orbis Books, 2006. p. 33.

[3] Cf. TOMÁS DE AQUINO. *Summa Theologiae.* Parte 1, questão 3, artigo 1.

[4] BOAVENTURA. *De Trinitate,* 3.16. Cf. DELIO, Ilia. Bonaventure's Metaphysics of the Good. *Theological Studies* 60, n. 2 (1999) 232.

[5] MAGDEBURG, Mechtilde of. The Flowing Light of the Godhead, book 7, chapter 55. In: *Classics of Western Spirituality,* 91. Trans. Frank Tobin. New York: Paulist Press, 1998. Cf. DAVIES, Oliver. Later Medieval Mystics. In: EVANS, G. R. (Ed.). *On The Medieval Theologians;* An Introduction to Theology in the Medieval Period. Oxford: Blackwell, 2001. p. 228.

[6] BOFF, Leonardo. Trinity. In: ELLACURÍA, Ignacio; SOBRINO, Jon (Eds.). *Mysterium Liberationis;* Fundamental Concepts of Liberation Theology. Maryknoll, N.Y.: Orbis Books, 1993. p. 389.

Diálogo profético

poderíamos imaginar), movendo-se através do mundo, convidando o mundo – a criação material, os seres humanos – para se juntar à dança. E, quanto mais se juntam, mais atrativo fica o ajuntamento.[7]

Essa natureza autodifusa, acolhedora e transmissora de Deus insinua o que é a verdadeira natureza da realidade. O real não diz respeito a si nem se volta para dentro (esta é a definição de pecado de Lutero!). O que é real vai além de si mesmo, está em relação, chama outros para a relação. O filósofo britânico Alfred North Whithead sugere que Deus, antes de ser a *exceção* às leis do universo, é, realmente, seu maior exemplo. E, assim, Deus é perfeitamente relacionado com o mundo; de fato, Deus é a relação. Deus está perfeitamente envolvido no mundo e, antes de ser incapaz de mudar e sofrer com o mundo, Deus é infinito em sua habilidade de ser afetado pelo mundo e é, nas famosas palavras de Whitehead, o "companheiro sofredor que entende".[8] Bento XVI descreve Deus num pensamento distante do de Platão e Aristóteles: Deus é "um amante com toda a paixão do verdadeiro amor".[9]

Deus é missão

Outra maneira de afirmar tudo isso é afirmar que Deus é Missão. Não é que Deus *possui* uma Missão, mas que ele *é* Missão. Isso é o que Deus é em sua mais profunda natureza: um amor autodifuso, criando livremente, redimindo, curando, desafiando essa criação. Como meu colega Anthony Gittins falou em uma conferência: Deus "atinge com amor todo o espectro cósmico". Ou, para ser um pouco mais prosaico, Deus é como uma fonte inesgotável e que sempre flui com água viva, que jorra na terra através

---

[7] Essa ideia veio de um jogo de palavras com a palavra "perichoresis", do grego "perichoreo", que significa "movimento cíclico ou retorno". "Dançar ao redor" ou "dançar em um círculo" vem do grego "perichoreuo". Cf. JOHNSON, Elizabeth A. *She Who Is; The Mystery of God in Feminist Theological Discurse*. New York: Crossroad, 1992. p. 220-221.

[8] WHITEHEAD, Alfred North. *Process and Reality; An Essay in Cosmology*. New York: Macmillan, 1929. p. 521, 532.

[9] BENTO XVI. Encíclica *Deus Caritas Est*, 10.

do Espírito Santo e que, verdadeiramente, faz parte da criação através da "Palavra que se tornou carne". O documento do Vaticano II a respeito da atividade missionária, *Ad Gentes*, pontua que Deus "derrama generosamente e nunca cessa de derramar a divina bondade, então, o único que é o criador de todas as coisas pode, afinal, se tornar o 'Todo em Tudo' (1Cor 15,28), simultaneamente assegurando, portanto, a própria Glória de Deus e a nossa felicidade".[10]

Deus de dentro para fora

Nunca existiu um momento no qual Deus não estivesse presente para e dentro de uma criação. Desde o primeiro nanossegundo do tempo, Deus estava lá, na plenitude de seu Mistério, através da presença do Espírito Santo. O Espírito é, como foi, Deus "de dentro para fora" no mundo. O mundo é a presença de Deus completa, palpável, possível de ser experimentada e, ainda assim, ele é elusivo como o vento. Ou, como observado no *best-seller* recente *A cabana* (The Shack), o mundo pode ser visto mais claramente pelo canto de nossos olhos do que com os olhos diretamente dirigidos a ele.[11]

Em nossa tradição, com suas raízes no Antigo Testamento, o Espírito é descrito como uma respiração ou vento, em hebraico, *ruach*. Ele brota sobre o caos primal (como escrito nas primeiras linhas do Gênesis) como uma ave fêmea chocando em seu ninho. O Espírito é o hálito que Deus sopra na "criatura terrestre", *ha adam*, que nós chamamos de Adão. Ele é o espírito que atiça a profecia, que leva a vida para os ossos secos em Ezequiel, capítulo 37. Ele é a água que jorra no templo, na grande visão de Ezequiel, no capítulo 47, a água que dá vida às plantas que curam e produz frutas em abundância. Ele é um unguento, no capítulo 61 de Isaías, que traz uma boa-nova aos aflitos "e cura os corações partidos", proclama a liberdade aos aprisionados e liberta os cativos. A teóloga feminista dos

---

[10] PAULO VI. Decreto *Ad Gentes*, sobre a atividade missionária da Igreja, 2.

[11] YOUNG, William P. *A cabana*. Trad. Alves Calado. São Paulo: Arqueiro, 2008.

Estados Unidos Elizabeth Johnson resumiu, belamente, o papel do Espírito na história: "Mesmo que vejamos o Espírito como o calor e a luz dados pelo sol, ou a água de uma fonte que dá vida, ou uma flor cheia de sementes, o que Deus significa para nós, verdadeiramente, é um Deus próximo e que chega dando vida, sustentando, renovando, uma força que libera poder em meio ao embate histórico".[12]

Deus é como Jesus

"Na plenitude do tempo (Gl 4,4), a Palavra de Deus virou carne e deu ao Espírito, à presença completa e elusiva de Deus, uma face humana. Jesus continuou a obra do Espírito, mas, agora, Deus está presente em forma visível, audível e concreta. Jesus foi um homem guiado pelo Espírito de Deus. Todos os três Evangelhos sinóticos começam sua narrativa do ministério de Jesus com Jesus sendo guiado – ou, como está escrito em Marcos, "dirigido" – pelo Espírito no deserto para preparar-se para o seu ministério (cf. Mt 4,1, Mc 1,12 e Lc 4,1). Lucas descreve o sermão inaugural de Jesus em Nazaré tal como ele havia lido no pergaminho de Isaías: "O Espírito do Senhor está sobre mim, pois que me ungiu para evangelizar os pobres. Enviou-me a curar os quebrantados do coração, a pregar liberdade aos cativos, a restaurar a vista aos cegos, a libertar os oprimidos, a anunciar o ano do favor divino" (Lc 4,18-19). O trabalho em Isaías é, agora, o trabalho de Jesus, e este é o programa de seu ministério.

Jesus revela, em seu ministério, o Deus que é um Verbo: Deus é um Deus que reina, e Deus reina através do perdão, da cura, da salvação e da reconciliação, estando em relação. "Deus é como Jesus", escreve Juan Luis Segundo, teólogo da libertação uruguaio.[13] Tome nota do que Segundo diz: Jesus *não* é igual Deus, como se soubéssemos quem é Deus; é Jesus quem nos mostra como é Deus. Quando vemos a maneira como Jesus ensinou,

---

[12] JOHNSON, *She Who Is*, p. 127.

[13] SEGUNDO, Juan Luis. *Christ in the Spiritual Exercises of St. Ignatius*. Maryknoll, N.Y.: Orbis Books, 1987. p. 22-26.

agiu e sofreu, vemos a maneira como Deus ensina, age e sofre. Trezentos anos após a ressurreição de Jesus, quando a Igreja estava envolvida na controvérsia com Ário, isso se tornou uma espécie de estaca de suplício. Se Jesus não fosse o verdadeiro Deus (*homoousios to patri*), então nós realmente não saberíamos como é Deus. Mas, na verdade, nós sabemos.

Jesus ensinou principalmente por meio de parábolas. Ele ensinou sobre o perdão em parábolas, como as da ovelha perdida, da moeda perdida e do filho pródigo, em Lc 15. Ele ensinou sobre a generosidade de Deus na parábola do empregador generoso, em Mt 20. Ele ensinou como todos estão sendo chamados para a salvação na parábola da festa de casamento, em Mt 22, e a respeito da indagação persistente de Deus em relação à justiça a partir da imagem da viúva persistente em face de um juiz injusto, em Lc 18.[14]

A mensagem de Jesus foi uma mensagem de alegria. É péssimo que artistas cristãos, na maioria das vezes, desenhem Jesus como um homem sério e, mesmo, de caráter sombrio. Como Jesus poderia ter atraído crianças, se não trouxesse um sorriso? Como poderia ter prendido a atenção das massas, se suas parábolas não fossem bem-humoradas? Recentemente, um dos alunos de Steve em Chicago apresentou-lhe uma peça maravilhosa da internet intitulada "Jesus Risonho", patrocinado pelos *Major Issues* e pela *Theology Foundation* sediada em Queensland, Austrália. O Jesus descrito como dançarino, comediante, malabarista e em conversas livres com os discípulos em Emaús (onde ele aparece como mulher) nos ajuda a visualizar e a imaginar o Deus de alegria que o próprio Jesus revelou.[15]

Jesus curou e expulsou os demônios. Suas curas e exorcismos eram parábolas transformadas em ação. Ao fazer o aleijado andar, o cego enxergar, o surdo ouvir e o morto ressuscitar, os libertou das más experiências (cf., p. ex., Mt 11,2-6) – todos foram caminhos para dizer que a salvação de Deus não era simplesmente algo espiritual, mas, ao contrário, algo plenamente relacionado a este mundo.

---

[14] A respeito desta última parábola, ver a interpretação de Bárbara E. Reid, que é não convencional, mas convincente, em sua obra *Parables for Preachers, Year C.* (Collegeville, Minn.: Liturgical Press, 2000. p. 227-232).

[15] Cf. <http://miatorgau.melbourneitwebsites.com/page/jesus_laughing_exibition.html>.

Como Edward Schillebeeckx e outros sugeriram, Jesus mesmo foi uma parábola.[16] Sua própria liberdade pessoal, na interpretação da lei, seu estilo de vida alegre (p. ex., tomando vinho), e seu comportamento escandaloso e abrangente apontam para a natureza de um Deus que é um Deus da vida, um Deus que cuida de todos, um Deus de liberdade.

Obviamente, todos sabemos de que fonte Jesus extraiu tudo isso. Ainda que sua mensagem estivesse profundamente enraizada na tradição judaica – principalmente na dos profetas –, ela se mostrou demasiada para a liderança judaica da época. Eles interpretaram a alegria, liberdade e abrangência de Jesus como uma afronta às suas tradições, até mesmo como uma blasfêmia contra o Deus de Israel (cf. p. ex., Mt 9,2-8). E eles intuíram, provavelmente de forma correta, que, se o povo continuasse a levar a mensagem de Jesus a sério, isso se mostraria uma ameaça para a ocupação romana no seu país (Jo 11,45-53).

E, assim, eles o mataram. Até mesmo aqui se revela a natureza de Deus. Deus é vulnerável; Deus não vai superar a maldade humana, mas vai sofrer por causa disso de muitas maneiras – a imagem de Jesus na Cruz é a imagem mais cara que temos de Deus. Deus avançará até tal ponto para revelar um amor tão profundo que respeita a liberdade humana.

Contudo, você não pode matar Deus! Você não pode parar o movimento que transborda de vida e amor. A missão continuou. Os discípulos experimentaram Jesus vivo, no seu meio, especialmente quando se juntaram para partir o pão e compartilhar um cálice de vinho em sua memória. Começaram, então, a perceber que Jesus era um homem comum. Jesus, de certa forma, havia sido tirado deles pela morte, mas, de outra forma, que foi ainda mais real, ele ainda estava com eles, guiando-os com o Espírito ao qual deu uma face. Gradualmente, eles começaram a perceber que sua missão, a missão de Deus, era a sua missão. A missão começou a ter uma Igreja.

---

[16] SCHILLEBEECKX, Edward. *Jesus:* An Experiment in Theology. New York: Vintage Books, 1981. p. 156, 158.

A missão tem uma Igreja

Gradualmente. Como os discípulos de Jesus experimentaram sua presença viva entre eles – e especialmente após a experiência extraordinária que aconteceu cerca de cinquenta dias após sua morte, no dia de Pentecostes –, eles perceberam que lhes fora dada a tarefa de continuar a missão de Jesus, de proclamar, demonstrar e incorporar o Reino de Deus. Mas, como provavelmente também Jesus, eles entenderam sua missão como algo temporário (1), pois Jesus logo iria inaugurar o Reino de Deus assim que retornasse em glória, e somente para os judeus (2). Mesmo que o Judaísmo tenha se engajado em algumas missões de conversão de gentios, o entendimento prevalente foi de que, uma vez estabelecido o Reino de Deus, as nações acorreriam a Jerusalém e iriam reconhecer o Deus de Israel como o Deus de todos na Terra (p. ex. Is 2,2-5). Os membros da comunidade de Jesus – ao menos, a maioria deles – pensaram que, após o Pentecostes, seria dada aos judeus outra chance de aceitar a visão que Jesus tinha de Deus, e que seus corações e mentes mudariam de forma radical. E, quando a nação judaica mudasse de opinião e acreditasse nas boas-novas (cf. Mc 1,15), o Reino seria estabelecido e os Doze seriam colocados nos doze tronos dos julgadores (das regras, do justo governo etc.) das doze tribos de Israel que a chegada do Reino de Deus reconstituiria. O fato é que eles tiveram sucesso – três mil se converteram aqui (At 2,41), cinco mil ali (At 4,4), e o número de convertidos crescia dia a dia (At 2,47) –, o que, provavelmente, os convenceu de que o tempo estava muito próximo.

Mas logo começaram a ter dúvidas. Estêvão, provavelmente com alguns discípulos que falavam grego, pode ter sido o primeiro a intuir que aquilo que Jesus significava ia além do Judaísmo. Quando ele foi assassinado por ter pregado uma doutrina tão radical e inimaginável, e quando muitos seguidores de Jesus de língua grega tiveram que deixar a cidade sob pena de enfrentar as consequências, coisas estranhas começaram a acontecer. Um dos companheiros de Estêvão, Filipe, pregava aos samaritanos (mestiços judeus), e eles aceitavam o reinado de Jesus e sua visão de Deus e

Diálogo profético

do mundo. Filipe também foi levado a pregar a um eunuco da Etiópia, proibido legalmente de se tornar judeu, e fez com que ele fosse admitido como seguidor de Jesus. Pedro ficou pasmo ao ser levado para a casa de um centurião romano – um bom gentio, mas, ainda assim, um gentio – e, quando pregou sobre o senhor Jesus, o mesmo espírito que havia descido sobre os discípulos no Pentecostes desceu, agora, sobre Cornélio e sua casa.[17] Aquilo era inacreditável! Pedro só poderia batizá-los, mesmo que fosse preciso enfrentar graves dúvidas da comunidade de Jerusalém quando para lá retornasse. Quando ele explicou isso, eles exclamaram que Deus tinha dado *"até mesmo aos gentios o arrependimento que conduz à vida!"* (cf. At 11,18, ênfase nossa).[18]

O que tinha começado como um movimento dentro do Judaísmo havia se tornado algo bem diferente. O Espírito estava levando a comunidade para outro lugar, levando a visão de Jesus para onde nem ele mesmo imaginara que iria chegar. O clímax chegou – conforme Lucas reconta em Atos, da forma teológica e histórica – quando homens e mulheres não denominados, que haviam fugido após a execução de Estêvão,[19] chegaram ao grande centro urbano da Antioquia, na Síria (a terceira maior cidade do mundo, naquela época), e pregaram não somente para judeus, mas também para os gentios. O resultado foi que "um grande número deles reconheceu o Senhor" (At 11,21).

Nosso argumento, nos últimos anos, foi o de que a Igreja nasceu em Antioquia. Fala-se muito do Pentecostes como o "dia de aniversário da Igreja", mas não acreditamos que isso seja verdade. Pensamos que tal momento ocorreu em Antioquia, onde, pela primeira vez, os discípulos

---

[17] Esse incidente crucial entre Pedro e Cornélio será tratado em detalhes no Capítulo 8, no momento em que refletirmos sobre a missão como sendo a "Confraria da Mesa".

[18] Para mais detalhes sobre o movimento dos Atos, cf.: BEVANS, Stephen B.; SCHROEDER, Roger P. *Constants in Context;* A Theology of Mission for Today. Maryknoll, N.Y.: Orbis Books, 2004. p. 10-31.

[19] Cf. WALLS, Andrew F. Culture and Coherence in Christian History, chapter 2 of: WALLS, Andrew F. *The Missionary Movement in Christian History;* Studies in the Transmission of Faith. Maryknoll, N.Y.: Orbis Books, 1997. p. 16.

foram chamados de "cristãos" (At 11,26). Nosso raciocínio é o de que, antes de Antioquia – mesmo que a realização, até então, estivesse crescendo através dos Atos –, os discípulos se viam como judeus, e não como membros de uma religião separada e distinta. A partir de então, contudo, ao menos de forma embrionária, eles perceberam que, em Jesus, algo novo havia começado, que a missão de Deus no mundo – iniciada pelo Espírito no primeiro momento da criação e concretamente continuada em Jesus – lhes fora entregue em mãos. E que eles haviam sido chamados a continuar a missão até os confins do mundo – em cada nação, em cada cultura, em cada período do tempo. Havia ficado claro, ou pelo menos eles tiveram um vislumbre disso, que Deus tinha escolhido certas pessoas para dar andamento à Divina Missão, para ser a face do Espírito, para corporificar Jesus. Em Antioquia, e depois dela, começou a ficar claro que a missão de Deus possuía uma Igreja.

A missão nos tem

A Igreja se tornou uma Igreja engajada na missão e, como tal, ultrapassou os limites do Judaísmo, alcançou os gentios e percebeu que sua missão era a verdadeira missão de Deus: ir para o mundo e ser a presença salvadora, curadora e desafiadora de Deus. Por isso podemos afirmar que, com o documento sobre a atividade missionária do Concílio Vaticano II, a Igreja é "missionária por sua própria natureza".[20] A missão precede a Igreja. Em primeiro lugar, a missão é, antes de tudo, Deus: Deus manifestado no mundo através do Espírito, Deus nos ensinamentos de Jesus, curando, incluindo, sofrendo. Quase inacreditavelmente – como um ato de graça! –, Deus compartilha essa missão com mulheres e homens. A missão chama a Igreja para servir ao propósito de Deus no mundo. A Igreja não possui uma missão, mas a missão possui uma Igreja.

Imaginem o que nossa Igreja poderia ser se os cristãos realmente entendessem e levassem isso a sério. O que isso significa é que, em primeiro

---

[20] *Ad Gentes*, p. 2.

lugar, a Igreja não existe por ela mesma. Trata-se daquilo a que Jesus chamou Reino de Deus. Nós não somos "mais Igreja" quando construímos a Igreja, mas quando estamos fora dela: como bons pais, esposas que amam, trabalhadores diligentes e honestos, tratando nossos pacientes com atenção se formos agentes de saúde, indo além do necessário se formos professores, levando uma vida ambientalmente responsável, sendo cidadãos responsáveis, compartilhando recursos com os necessitados, nos mobilizando para a justiça social, usando conscientemente linguagem inclusiva, tratando os imigrantes com cortesia, tentando compreender pessoas de outras crenças etc. O que constatamos, também, é que as pessoas na Igreja não têm o monopólio do trabalho para o Reino de Deus. Elas talvez não considerem as coisas assim e, talvez, algumas dentre elas sejam rejeitadas pela Igreja. Entretanto, são nossas parceiras, nossas aliadas, e precisam ser nossas amigas. Santo Agostinho afirmou isso maravilhosamente: "Muitos dos que são de Deus não são da Igreja; e muitos dos que são da Igreja não são de Deus".[21]

Imaginem como seria a estrutura da Igreja se nós reconhecêssemos que a missão deveria vir em primeiro lugar, e não a Igreja. Nós precisamos de estrutura na Igreja porque ela é uma instituição humana, e todas as instituições precisam ter ordem. Mas se a missão possui uma Igreja, então é a missão que possui um ministério, e não o contrário. O ministério deveria existir para a missão e não para si próprio. Muitas das coisas que, hoje, nos arrastam para a lama iriam simplesmente cair por terra: o privilégio clerical, as restrições ao ministério leigo, o papel das mulheres no ministério e na tomada de decisões da Igreja. Seria importante, de fato, não o papel das pessoas na *Igreja*, mas como os ministros poderiam equipar as pessoas para o ministério no mundo.

Se a missão precede à Igreja e a constitui como tal, neste caso, não existirão cristãos "passivos". O batismo será entendido como a "ordenação"

---

[21] AGOSTINHO. *De Baptismo*, 5.38. Citado em: McBRIEN, Richard P. *The Church;* The Evolution of Catholicism. New York: Harper One, 2008. p. 51.

principal, dando a cada cristão o privilégio e o dever de ministrar por meio de uma trajetória vivida de testemunho do Evangelho. A missão, assim, será entendida como uma parte da vida cristã. Isso certamente inclui, mas não se restringe a, fazer-se ao mar, mergulhar em culturas exóticas ou se colocar em situações de risco. Muitas pessoas, na Igreja, são chamadas para isso. Todos os cristãos, de fato, são chamados a ministrar em suas vidas diárias, no comum e no extraordinário, na Igreja e no mundo.

Imagine como os sacramentos, especialmente a Eucaristia, poderiam ser celebrados. Isso seria a celebração de todo o Povo de Deus; seria o resultado, enfim, de uma preparação para a missão e do atuar nela. O teólogo americano Gregory Augustine Pierce* observou, de forma muito bela, que não precisamos tanto *ir* para a Eucaristia, mas *voltar* para a Eucaristia, para celebrar, ser fortalecidos para isso e compartilhar nossa participação na missão de Deus em nossa vida diária. Nós trazemos nossas fraquezas no serviço de Deus, as necessidades das pessoas que encontramos, as necessidades de todas as pessoas do mundo – e, até mesmo, o próprio universo ferido –, para compartilhar de nossa comunidade cristã. Recebemos consolo e inspiração das Escrituras e do mistério pascal para nosso trabalho no mundo. Damos as boas-vindas aos estrangeiros, celebramos em beleza, temos sempre algo em nossas homilias para os que nos poderiam visitar ou apenas "dar uma 'espiadinha' em nossa paróquia". O clímax da Eucaristia é um ritual de despedida, quando somos outra vez mandados para a missão.[22]

Imagine, finalmente, que reconhecer que a missão é primeiramente de Deus irá tranquilizar nossa ansiedade na Igreja. Deus certamente nos deu o privilégio de sermos colaboradores, os sacramentos do movimento divino de curar, reconciliar e dar vida ao mundo. Trata-se, enfim, da obra

---

* Que trabalha com as posições da Igreja (N.T.).

[22] PIERCE, Gregory Augustine. *The Mass Is Never Ended*. Notre Dame, Ind.: Ave Maria Press, 2007.

de Deus. Nós fazemos nosso melhor, trabalhamos com todo o coração, mas percebemos que tudo isso não depende de nós. Não precisamos nos extinguir no ministério, não nos devemos preocupar demais quando nossas crianças não querem ir para a Igreja, não nos precisamos preocupar com os milhões que jamais pertencerão à Igreja. Como o Concílio Vaticano II diz sabiamente (a frase é uma das favoritas de João Paulo II): o Espírito Santo, de forma conhecida somente por Deus, oferece a todas as pessoas caminhos para participar no mistério Pascal.[23]

Você quer dançar?

Você quer dançar? Quer se unir a esse grande cordão de pessoas que "dançam a conga", a fila que se movimenta no mundo desde o início dos tempos, e que também é o próprio batimento, o mais profundo, do coração de Deus? A dança continuará sem nós. Ela não precisa de nós para seguir em seu progresso alegre por todos os povos e em todos os tempos. Mas se nós nos juntarmos a ela não teremos arrependimento. Como dançamos para levar inteireza, cura e paz para o mundo, nós mesmos seremos inteiros, seremos curados e agraciados com a paz. Mesmo que não nos juntemos à dança, seremos seus beneficiários. Mas a dança continua, o movimento que é Deus continua a se mover, Deus continua – alegremente, incansavelmente – em missão.

A maneira como Deus se engaja na dança da missão e a maneira como cristãos são chamados a se engajar nela também é através da prática – a dança! – à qual chamamos de "diálogo profético". Por causa da presença de Deus no mundo desde o primeiro momento de sua criação, todos nós somos chamados a honrar essa presença através do diálogo: com total abertura, ouvindo e cuidando de todas as criaturas de Deus. Mas, em virtude das incríveis boas-novas do Evangelho, principalmente perante o pecado

---

[23] Constituição pastoral *Gaudium et Spes*, sobre a Igreja no mundo atual, 22.

humano, também estamos sendo chamados a ser profetas de Deus: chamando a criação à sua plenitude, alertando mulheres e homens quando seguem por um caminho que leva à destruição de suas próprias vidas e das dos outros, vivendo, nós mesmos, de forma a dar testemunho da vida que o Evangelho nos dá. Nos próximos capítulos refletiremos mais profundamente sobre a forma de fazer missão como um diálogo profético, participando Deus na dança da missão.

CAPÍTULO 2

"Fomos gentis entre vocês."
Missão cristã como diálogo*

Um exército de jovens desfralda o pavilhão da Verdade,
Estamos lutando por Cristo, o Senhor.
Cabeças erguidas, a Ação Católica é nosso grito,
E a cruz, nossa única espada.
No campo de batalha da Terra não daremos qualquer vantagem.
Corajosamente, seguiremos nossa vocação.
Camaradas de verdade, ousamos e agimos sob
"o branco e o azul da rainha",
Para nossa bandeira, para nossa fé, para Cristo (nosso) Rei![1]

O vibrante hino *Para Cristo (nosso) Rei*, de Daniel A. Lord, é uma canção que muitos católicos entoaram com gosto (inclusive nós mesmos!) nos dias pacíficos dos anos 1950; uma canção que, acreditamos, captou o espírito da missão cristã, da forma como era normalmente retratada e pensada, como "uma cristandade assertiva... almejando a conquista".[2] Esse não foi, certamente, o caminho que os melhores pensadores da missão e que muitos missionários imaginaram para seu mister; nosso próprio estudo acerca

---

* Este capítulo foi originalmente escrito por Stephen Bevans e Roger Schroeder e publicado na *Australian eJournal of Theology* 7 (2006).

[1] LORD, Daniel A. *For Christ (Our) King*. Disponível em: <http://www.catholicculture.org/culture/liturgicalyear/activities/view.cfm?id=912>.

[2] BURROWS, William R. Concluding Reflections. *Redemption and Dialogue;* Reading *Redemptoris Missio* and *Dialogue and Proclamation*. Maryknoll, N.Y.: Orbis Books, 1993. p. 244.

da teologia da missão confirma isso.[3] Mesmo Dan Lord, note-se, se refere à *cruz* como "nossa única espada"!

Entretanto, conceber e pregar a missão em termos militares foi – e, às vezes, ainda é – um aspecto importante do vocabulário de missão da Igreja. Em 1920, o missionário Clifford King, da Divina Palavra, fundou a Cruzada Missionária dos Estudantes Católicos; os clubes de missão de estudantes foram chamados de *militia orans*, ou o "exército pregador"; missionários falavam, muitas vezes, em "conquistar o mundo para Cristo"; e lembramos que nos foi dito, quando ainda éramos estudantes no colégio, que nós, missionários do Verbo Divino – e os missionários, de modo geral –, éramos os "fuzileiros navais da Igreja Católica"! Eis como Jean Yves Baziou descreve essa atitude: "Era comum falar em termos de territórios a serem conquistados ou ocupados, e em povos e indivíduos a serem convertidos e batizados... Obcecada por fronteiras, a missão foi entendida como um trabalho pastoral em território pagão, onde a Igreja ainda tinha de ser estabelecida".[4]

A teologia e a prática atuais da missão, contudo, sofreram algo que só pode ser descrito como uma mudança radical de entendimento e motivação. Usando o linguajar de Baziou, essa mudança substituiu a compreensão ou concepção de missão como "expansão" pela de missão como um genuíno e profundo "encontro". Ao contrário de visualizar as pessoas a serem catequizadas como "objetos" ou "alvos", a teologia e a prática

---

[3] Cf., p. ex., CHARLES, Pierre, SJ. *Études Missiologiques*. Tournai, Belgium: Desclée de Brouwer, 1956. Este volume contém artigos escritos por este grande missiólogo nos anos 1920-1950, antes da sua morte em 1954. Cf. também a primeira edição de: LUZBETAK, Louis J., SVD. *The Church and Cultures*. Pasadena, Calif.: William Carey Library, 1970 – principalmente a bibliografia, que cita muitos livros e artigos da primeira parte do século XX. O estudo da missão e da teologia da missão aponta, também, para exemplos de grandes missionários da história, entre os quais estão os irmãos Cirilo e Metódio, o missionário jesuíta da China, Matteo Ricci, e missionários como Vincent Lebbe, Anna Dengel, e Francis X. Ford, MM. Entre amigos que eram missionários naquele momento contamos Fr. Luzbetak, junto com grandes homens como Alphonse Mildner, Frederick Scharpf, Richard Kraft, Charles Scanlon, Henry Soller e Ferdie Mittterbauer – todos do Verbo Divino.

[4] BAZIOU, Abade Jean Yves. Mission: From Expansion to Encounter. *USCMA Periodic Paper* 1 (Spring 2005) 2.

Diálogo profético

contemporâneas da missão travam uma luta – usamos o termo "luta" porque não se trata de uma "uma pequena morte... a ser suportada"[5] – para compreendê-las como o "outro" em sua acepção genuína.[6] Em outras palavras: a missão, hoje em dia, precisa ser pensada e realizada no espírito e na prática do *diálogo* – reconhecendo, como nas famosas palavras de Max Warren, que "Deus estava aqui antes de nossa chegada". Ou, como observa Donald Dorr: "Existe uma troca mútua de presentes entre os missionários e as pessoas com quem eles trabalham... Missão não é apenas um *fazer coisas para* pessoas. É, em primeiro lugar, uma questão de *ser com* as pessoas, e também de *ouvi-las* e *compartilhar* com elas".[7]

A missão, hoje em dia, deve estar possuída pela urgência de São Paulo no testemunho e na proclamação de Cristo – "por uma obrigação colocada sobre mim, e ai de mim se eu não proclamar o Evangelho!" (1Cor 9,16; cf. Rm 1,16 e 2Cor 5,14). E, em sua *anunciação* do Evangelho, a Igreja deve ser igualmente apaixonada na *denúncia* da injustiça e do mal.[8] O Evangelho é uma boa-nova, porém perturbadora, em um mundo profundamente pecador.

Mas, a despeito de toda a sua ousadia e paixão, Paulo fala do seu ministério como sendo executado em vulnerabilidade e fraqueza, e ele mesmo se descreve como um "escravo para todos", como "todas as coisas para todas as pessoas" (1Cor 9,19.22; cf. 1Cor 2,1-5; 2Cor 12,8-10). Na passagem que inspirou o título deste capítulo, Paulo escreve sobre a sua chegada entre os tessalonicenses não "com palavras lisonjeiras ou com um pretexto de

---

[5] BURROWS, Concluding Reflections. p. 244.

[6] BAZIOU, *Mission*, p. 2. Cf. TRACY, David. *Dialogue with the Other*; The Interreligious Dialogue. Louvain/Grand Rapids, Mich.: Peeters Press/William B. Eerdmans Publishing Company, 1990. p. 4: "Diálogo requer o intelectual, a moral e, no limite, a habilidade religiosa de lutar, ouvir os outros e responder. Responder criticamente, e até suspeitosamente, se for necessário, mas responder somente em um relacionamento dialógico para um outro que é real e não projetado".

[7] WARREN, Max. Prefácio. TAYLOR, John V. *The Primal Vision*. London: SCM Press, 1963. p. 10. DORR, Donald. *Mission in Today's World*. Maryknoll, N.Y.: Orbis Books, 2000. p. 16.

[8] GUTIÉRREZ, Gustavo. *A Theology of Liberation*. Maryknoll, N.Y.: Orbis Books, 1973. p. 267-268.

ganância" nem com a "pretensão de ser um apóstolo de Cristo". Antes, ele diz: "Nós fomos gentis com vocês como uma enfermeira que cuida ternamente de sua criança... Estamos determinados a compartilhar com vocês não apenas o Evangelho de Deus, mas também nós mesmos, porque vocês se tornaram muito estimados" (1Ts 2,5-8).

O "quem" da missão – Jesus – não suscita dúvida; o que interessa para a missão, hoje em dia, é o "como", a *maneira* como a missão é concebida e vivida, o *método* da missão.[9] Nesse sentido, o finado Arcebispo Marcello Zago observou: "O método do diálogo deve ser manifestado na totalidade da missão e das atividades pastorais".[10] Em última instância, a missão deve testemunhar o nome, o mistério e o Evangelho de Jesus Cristo; ela deve ser concebida e praticada com um *diálogo profético* (de que trataremos na seção final deste capítulo, tentando compreendê-lo em profundidade também no próximo capítulo). Mas, hoje, a missão mundial precisa, antes de mais nada, ser imaginada, pensada e praticada segundo o princípio de ação do "gentil entre" mulheres e homens – como *diálogo*.

Diálogo como espiritualidade

O termo "diálogo", como aponta o documento de 1991 intitulado *Diálogo e Anúncio*, pode ser entendido de diferentes formas.[11] Em primeiro lugar, pode se referir a uma prática que leva a uma boa comunicação entre pessoas ou, então, à intimidade na comunicação de amigos ou amantes. Em segundo lugar, diálogo pode significar "uma atitude de respeito e de amizade, a qual permeia ou deve permear em todas aquelas atividades que

---

[9] Cf. CHIA, Edmund. *Towards a Theology of Dialogue;* "Schillebeeck's Method as Bridge between Vatican's *Dominus Jesus* and Asia's FABC Theology". Privately printed. Bangkok, Thailand, 2003. p. 269. Chia cita Prior, John. Unfinished Encounter: A Note on the Voice and Tone of *Ecclesia in Asia. East Asian Pastoral Review* 37, n. 3 (2000) 259.

[10] ZAGO, Marcello, OMI. Mission and Interreligious Dialogue. *International Bulletin of Missionary Research* 22, n. 3 (July 1998) 98.

[11] PONTIFÍCIO CONSELHO PARA O DIÁLOGO INTER-RELIGIOSO/CONGREGAÇÃO PARA A EVANGELIZAÇÃO DOS POVOS. *Diálogo e Anúncio*, 9.

Diálogo profético

constituem a missão evangelizadora da Igreja" – uma atitude que pode ser chamada "o espírito do diálogo". Em terceiro lugar, diálogo pode ser entendido como a prática da abertura, equidade e franqueza, respeito e sinceridade em relação a pessoas de outras Igrejas cristãs e de outras religiões, bem como àqueles que pertencem a outra ideologia particular (p. ex., o marxismo), àqueles para quem um compromisso com a fé nada significa (p. ex., os secularistas) e àqueles que não professam nenhuma forma de fé. Este último significado é conhecido como ecumênico, inter-religioso, interideológico[12] e – em referência aos dois últimos tipos – é um dos elementos que compõem a "única, mas complexa realidade" de toda a missão evangelizadora da Igreja.[13]

Diálogo e Anúncio afirma que o terceiro entendimento de diálogo é o focalizado em seus parágrafos. Nosso foco neste capítulo, portanto, é o segundo entendimento, que "permeia ou deve permear... a missão evangelizadora da Igreja". Nosso foco, em outras palavras, é uma atitude básica, algo que não somente é dado na específica *prática* do diálogo, mas que dá direção para cada um e para todos os elementos da missão – tanto faz se é o caminho que cristãos usam para dar o testemunho ou proclamar o Evangelho, celebrar a liturgia ou rezar, praticar a justiça e promover a paz,

---

[12] Este é o termo usado por Leonard Swidler em "Interreligious and Interideological Dialogues: The Matrix for All Systematic Reflection Today" (SWIDLER, Leonard [Ed.]. *Toward a Universal Theology of Religion.* Maryknoll, N.Y.: Orbis Books, 1987. p. 5-50). Dorr usa o termo "Dialogue with the Western World" para dialogar com secularistas. Cf. DORR, *Mission in Today's World*, p. 56-73.

[13] Eleanor Doidge e Stephen Bevans falaram sobre tais elementos como sendo seis: testemunho e proclamação; liturgia, reza e contemplação; justiça, paz e a integração da criação; diálogo inter-religioso (e secular), inculturação; e reconciliação. Cf. BEVANS, Stephen; DOIDGE, Eleanor. Theological Reflection. In: KRAEMER, Barbara (Ed.). *Reflection and Dialogue;* What Mission Confronts Religious Life Today? Chicago: Center for the Study of Religious Life, 2000. p. 37-48. Cf. também: BEVANS, Stephen B. Unraveling a "Complex Reality": Six Elements of Mission. *International Bulletin of Missionary Research* 27, n. 2 (April 2003) 50-53. Também: BEVANS, Stephen B.; SCHROEDER, Roger P. *Constants in Context;* A Theology of Mission for Today. Maryknoll, N.Y.: Orbis Books, 2004. p. 348-395.

engajar-se em outras culturas ou promover a reconciliação. Diálogo é usado, aqui, como "um estilo de viver em relacionamento com os vizinhos".[14]

Em certo sentido, quando falamos da "missão como diálogo", como faremos aqui, estamos falando de um diálogo como uma "espiritualidade", um senso de "contemplação" que permite ao ministro ou missionário perceber o contexto particular de uma forma nova. Como expressa *Diálogo e Anúncio*, missão "sempre implica certa sensibilidade para os aspectos sociais, culturais, religiosos e políticos da situação, como também dá atenção aos 'sinais dos tempos', por meio dos quais o Espírito de Deus está falando, ensinando e guiando. Essa sensibilidade e atenção são desenvolvidas através do espírito de diálogo".[15] Portanto, quando falamos de missão como diálogo, estamos dizendo que esse "espírito" ou "espiritualidade" dialógica é "a norma e a maneira necessária a cada forma da missão cristã, como também a cada um de seus aspectos... Qualquer sentido de missão que não seja permeado por tal espírito dialogal vai contra as verdadeiras demandas da humanidade e contra os ensinamentos do Evangelho".[16] Hoje em dia, há uma verdadeira necessidade de reconhecer que missão deveria ser feita na vulnerabilidade, na humildade, com senso de estar aberto à evangelização por aqueles que estamos evangelizando – um tipo de "missão em sentido reverso".[17] Como Paulo, os missionários devem ser "gen-

---

[14] WORLD COUNCIL OF CHURCHES (CONSELHO MUNDIAL DE IGREJAS). Guidelines on Dialogue. In: SCHERER, James A.; BEVANS, Stephen B. (Eds.). *New Directions in Mission and Evangelization 1;* Basic Statements. Maryknoll, N.Y.: Orbis Books, 1992. p. 17.

[15] *Diálogo e Anúncio*, 78.

[16] SECRETARIAT FOR NON-CHRISTIANS (SECRETARIADO PARA NÃO CRISTÃOS). The Attitude of the Church toward the Followers of Other Religions: Reflections and Organizations on "Dialogue and Mission", 29. Citado em: U. S. BISHOPS. *To the Ends of the Earth*. New York: Society for the Propagation of the Faith, 1986. par. 40, p. 22.

[17] Cf. BARBOUR, Claude Marie. Seeking Justice and Shalom in the City. *International Review of Mission* 73 (1984) 303-309. BOSCH, David J. The Vulnerability of Mission. In: SCHERER, James A.; BEVANS, Stephen B. (Eds.). *New Direction in Mission and Evangelization 2;* Theological Foundations. Maryknoll, N.Y.: Orbis Books, 1994. p. 73-86. BOSCH, David J. *Transforming Mission;* Paradigm Shifts in Theology of Mission. Maryknoll, N.Y.: Orbis Books, 1991. p. 489.

Diálogo profético

tis entre" aqueles para os quais eles foram enviados, compartilhando não somente o Evangelho de Deus, mas a si mesmos (cf. 1Ts 2,7-8).

Quando falamos da missão como diálogo, então, estamos tão distantes quanto possível de imaginar a missão como a "conquista do mundo para Cristo" e os missionários como "fuzileiros navais da Igreja Católica". Houve, de fato, uma mudança radical tanto no mundo no qual a Igreja exerce atividades missionárias quanto na consciência da própria Igreja em relação à bondade e mesmo à santidade do mundo.

Ainda que não subscrevamos integralmente o pluralismo radical defendido por Leonard Swidler, destacamos sua percepção da mudança significativa que tomou lugar no pensamento humano a respeito da natureza do mundo e a adequação da linguagem para expressar essa verdade. A linguagem é uma realidade completamente contextual e não há idioma ou expressão doutrinal capaz de traduzir plenamente a experiência humana de transcendência. É verdade, em outras palavras, que podem existir expressões poderosas *fora dos limites* de qualquer cultura ou qualquer religião; cabe aos visitantes ou aos missionários engajados no ministério intercultural, portanto, prestar profunda atenção às formas linguísticas e aos caminhos estabelecidos pela cultura.[18] Além disso, a segunda parte do século XX viu o colapso de um colonialismo que tinha suas raízes na "Era dos Descobrimentos", iniciada no século XV, e que foi praticado com intensidade extraordinária no século XIX e no início do século XX. Já não é possível conceber as culturas e as pessoas situadas fora da Europa e da América do Norte como sendo um "fardo para o Homem Branco", especialmente quando emergem os nacionalismos e renascem as religiões locais – estas pessoas e culturas devem ser levadas a sério e tratadas com respeito. Tais novas atitudes, com certeza, resultam da atitude ocidental de "foco no sujeito" estabelecida no amanhecer da modernidade e da realização subsequente da dignidade universal humana e dos direitos dos povos de participarem do processo de sua própria governança. Igualmente conectada a

---

[18] SWIDLER, *Toward a Universal Theology of Religion*, p. 5-50.

essa nova atitude estava a descoberta, pela recente ciência da Antropologia, daquilo que Bernard Lonergan chamou de "compreensão empírica da cultura" – a percepção de que cultura não é uma norma estabelecida por uma elite, mas uma realidade universal de que todos os seres humanos fazem parte e para a qual cada pessoa colabora.[19]

Dentro da Igreja Católica em particular, numerosas mudanças tiveram lugar para responder às transformações de consciência em todo o mundo. A teologia cristã sempre teve uma poderosa tradição, talvez subalterna, da possibilidade de salvação e graça fora dos limites da instituição, na fé explícita em Jesus Cristo – isso aparece na obra do teólogo Justino Mártir (século II), passa por Tomás de Aquino e chega a Pio XII, nos anos 1940.[20] Contudo, os documentos do Concílio Vaticano II, o *Evangelii Nuntiandi* de Paulo VI, o *Redemptoris Missio* de João Paulo II, assim como peças como *Diálogo e Anúncio*, representam uma autêntica ruptura na abertura da Igreja e na reverência a outras religiões, para a presença de Deus na história e para a benevolência e santidade das culturas do mundo. A declaração *Nostra Aetate*, do Concílio Vaticano II, trata da existência de "raios da Verdade que iluminam todos os seres humanos" dentro de religiões não cristãs. O documento sobre a Igreja no mundo atual – *Gaudium et Spes* – reconhece que as preocupações do mundo são, de fato, as preocupações dos seguidores de Cristo, e que os cristãos devem procurar discernir os "sinais dos tempos" tal como eles são tecidos pela história. O documento do Concílio Vaticano II a respeito das atividades missionárias observa que os missionários podem aprender "através de um diálogo paciente e sincero, mostrando os tesouros que um Deus caridoso tem distribuído entre as nações da terra".[21] Jacques Dupuis traça um desenvolvimento positivo

---

[19] LONERGAN, Bernard J. F. *Method in Theology*. London: Darton, Longman and Todd, 1972. p. xi.

[20] DUPUIS, Cf. Jacques. A Theological Commentary: Dialogue and Proclamation. In: BURROWS, *Redemption and Dialogue*. p. 123; 133-135.

[21] PAULO VI. *Nostra Aetate*, declaração sobre a Igreja e as religiões não cristãs, 2. Id. *Gaudium et Spes*, constituição pastoral da Igreja no mundo atual, 4. Id. *Ad Gentes*, decreto sobre a atividade missionária da Igreja, 11.

Diálogo profético

e particular do Vaticano II em termos da possibilidade de salvação, não somente *apesar* da participação das pessoas em outras religiões, mas por *causa* dela. O texto de *Diálogo e Anúncio* deixa claro que "será na prática sincera daquilo que é bom em suas próprias tradições religiosas e seguindo o que suas próprias consciências ordenam que os membros de outras religiões irão responder de forma positiva ao convite de Deus e receber a salvação em Jesus Cristo – mesmo enquanto não o reconhecem ou o compreendem como seu Salvador".[22] No texto de *Evangelii Nuntiandi* Paulo VI fala sobre a importância da evangelização da cultura, não simplesmente em termos superficiais, como uma espécie de "camada de verniz", mas na penetração mútua de fé e cultura.[23] Em uma famosa observação, o Papa João Paulo II afirmou que a fé que não se converte em cultura não é uma fé verdadeira.[24]

Em 1964, Paulo VI afirmou, em sua primeira encíclica, *Ecclesiam Suam*, que há vários caminhos válidos para a Igreja se aproximar no mundo atual – podemos dizer, para se aproximar da forma de fazer a missão. Contudo, "parece, para nós, que o modo de relacionamento que a Igreja deve estabelecer com o mundo pode ser mais no sentido do diálogo". Por essa linha, o papa segue afirmando que isso "é exigido, hoje em dia, através da compreensão prevalecente entre o sagrado e o profano. Isso é exigido através do curso dinâmico que está mudando a face da sociedade moderna. Isso é exigido pelo pluralismo da sociedade e da maturidade que mulheres e homens alcançaram nos dias de hoje".[25] Não podemos mais marchar pelo mundo como "um exército juvenil". Nós temos que conduzir nossos "critérios de

---

[22] DUPUIS, A Theological Commentary. p. 135-136. Cf. *Diálogo e Anúncio*, 29.

[23] PAULO VI. Exortação apostólica *Evangelii Nuntiandi*, sobre a evangelização no mundo contemporâneo, 20. In: O'BRIEN, David J.; SHANNON, Thomas A. *Catholic Social Thought*; The Documentary Heritage. Maryknoll, N.Y.: Orbis Books, 1992. p. 310.

[24] JOÃO PAULO II. Carta para o Cardeal Agostino Casaroli, *L'Osservatore Romano* (28 de junho de 1982). Citado em: SHORTER, Aylward. *Inculturation in Africa*; The Way Forward. The Fourth Annual Louis J. Luzbetak, SVD Lecture on Mission and Culture. Chicago: CCGM Publications, 2005. p. 1.

[25] PAULO VI. Carta encíclica *Ecclesiam Suam*, sobre os caminhos da Igreja, 78.

autenticidade" com gentileza entre as mulheres e homens de nosso tempo, oferecendo não somente a mensagem do Evangelho, mas nós mesmos.

Mas a razão mais profunda para a missão como diálogo não se situa na conformação às novas formas de pensamento ou em uma nova apreciação das religiões, da História ou da cultura. A missão deve ser vivida no diálogo em razão da própria natureza de Deus como tal, e porque missão é participação nessa natureza divina e dialógica.

Princípios trinitários

A despeito de existirem poucas orientações nos documentos oficiais da Igreja e nos escritos dos teólogos, a fundação última para a missão, a ser pensada e praticada em um "espírito dialógico",[26] é a doutrina de um Deus como Trindade. Os cristãos experimentaram Deus em todas as suas "luzes inacessíveis" (1Tm 6,16) como se "de dentro para fora", nos fluxos e contra-fluxos da História humana; testemunharam como o Espírito de Deus dá e restaura a vida, eleva profetas e chama mulheres e homens para a liberdade e a comunhão de um com o outro.[27] Essa presença misteriosa, mas palpável, do Espírito "presente e ativo em todos os lugares"[28] foi, "na totalidade do tempo" (Gl 4,4), – um tempo particular: 4 a.C. –, concretizado no corpo próprio e limitado de Jesus de Nazaré. Pela maneira como falou, como curou doenças e exorcizou demônios, pela maneira como incluiu todos e não excluiu ninguém e, finalmente, pela maneira como foi vulnerável "até mesmo à morte na cruz" (Fl 2,8), Jesus revelou a própria face de Deus e deu concretude à obra do Espírito que sempre está presente e dando vida em todos os lugares. As palavras, atos e a pessoa de Jesus anunciaram e sacramentaram o caminho divino presente – "reinante" – na criação; por meio

---

[26] SECRETARIAT FOR NON-CHRISTIANS. The Attitude of the Church toward the Followers of Other Religions: Reflections and Organizations on "Dialogue and Mission", 29.

[27] Cf. BEVANS, Stephen. God Inside Out: Toward a Missionary Theology of the Holy Spirit. *International Bulletin of Missionary Research* 22, n. 3 (July 1998) 102-105.

[28] Cf. o título de *Redemptoris Missio*, 28.

Diálogo profético

de Jesus e no poder do Espírito, no Mistério do centro do mundo, chamou a humanidade para o "reino" ou comunhão da "verdade e da vida... santidade e compaixão... justiça, amor e paz".[29]

Em tudo isso, o método de Deus e Jesus foi um método de diálogo. Como Paulo VI ensina na *Ecclesiam Suam*, o diálogo tem sua origem em nenhum outro lugar que a mente de Deus; o papa observa que "a história completa da salvação humana é a de um diálogo extenso, variado, que começa maravilhosamente com Deus e que Deus estende com mulheres e homens em tantos e tão diversos caminhos".[30] A presença de Espírito foi (em alguns casos, ainda é) a "presença secreta",[31] uma presença gentil e persuasiva, chamando mulheres e homens a participarem daquilo que vai ser revelado, na hora exata, como o "Mistério Pascal"[32] dentro do contexto histórico e cultural dos povos. Jesus também é lembrado, no Evangelho, como um homem de diálogo, aberto a estrangeiros, a não judeus, como as mulheres samaritanas (a história é um modelo de diálogo) e as mulheres cananitas (siro-fenícias); é lembrado como responsivo aos apelos do centurião, de Jairo e de Bartimeu, o cego.[33] Através do trabalho do Espírito e do ministério de Jesus, Deus "não nos impinge seu mistério", para mencionar o teólogo escocês John Oman. Em vez disso, ele trabalha com "o poder final do mundo", que é "verdade, caráter, serviço e o espírito de amor".[34]

O que teólogos reconheceram – principalmente nas últimas décadas, mas tomando por base Gregório de Nissa, do século IV – foi que a comunhão como um todo, ou a "salvação", na qual Deus chama mulheres e homens para participar, é, de fato, a própria comunhão de Deus em

---

[29] Prefácio da solenidade de Cristo Rei (Cristo, Rei do Universo).

[30] *Ecclesiam Suam*, 70.

[31] *Ad Gentes*, 9.

[32] Cf. *Gaudium et Spes*, 22.

[33] Cf. *Diálogo e Anúncio*, 21.

[34] OMAN, John Wood. *Vision and Authority, or The Throne of St. Peter.* 2nd ed. London: Hodder and Stoughton, 1928. p. 225. Id. God's Ideal and Man's Reality. *The Paradox of the World.* Cambridge: Cambridge University Press, 1921. p. 69.

si. Deus trabalha para a comunhão no mundo porque Deus, como tal, *é* comunhão e quer ser "tudo em todos" (1Cor 15,28; Ef 4,7). Em outras palavras, a própria natureza de Deus está no diálogo: Mistério Sagrado ("Pai"), Filho (Palavra) e Espírito em um movimento eterno ou fluxo de abertura e receptividade, doação e aceitação totais, extendendo-se sobre a criação e chamando a criação de volta para si. Relacionamento, comunhão e diálogo, portanto, constituem a meta suprema de toda a existência. Como o documento do Vaticano II sobre a revelação indica: "através dessa revelação... o Deus invisível... fala para mulheres e homens como amigos... e vive entre eles..., e, assim, Deus pode convidá-los e levá-los para a comunhão".[35]

O que *missiólogos* vêm reconhecendo nas últimas décadas é que, se a *natureza interna* de Deus (que o teólogo Karl Rahner chama de "Trindade imanente") de diálogo e comunhão equivale ao *movimento externo* de Deus (que Rahner chama de "Trindade econômica")[36] de atuar em diálogo e chamando para a comunhão, então a própria natureza de Deus, como tal, é missionária; Deus, em sua mais profunda natureza trina e una, é uma comunhão-em-missão. O mesmo espírito, que é Mistério Sagrado "de dentro para fora" desde o primeiro momento da criação, e que se manifesta na carne de Jesus de Nazaré, foi concedido de uma maneira nova e dinâmica com a ascensão de Jesus, sobre aqueles que acharam uma nova totalidade e amplitude de visão (cf. At 4,12). Esse Espírito, dado no batismo, une mulheres e homens a Cristo, de tal forma que eles são uma "nova criatura" (2Cor 5,17). Agora, essa obra de reconciliação que Deus realizou em Cristo lhes foi incumbida (2Cor 5,19), e eles vivem no mundo como o Corpo de Cristo (1Cor 6,15; 12,13; Ef 4-7), criado através do Espírito como templo de Deus – isto é, como a presença visível de Deus – no mundo (cf. 1Cor 3,16; 6,19). E, assim, a *Igreja* é, em virtude de sua participação na vida de Deus

---

[35] PAULO VI. *Dei Verbum*, constituição dogmática sobre a Revelação divina, 2. Essa tradução foi feita em estilo livre. No latim original: "Hac... revelatione Deus invisibilis... suae homines tamquam amicos alloquitur... et cum eis conversatur..., ut eos ad societatem secum invitet in eamque suscipiat". Nossa tradução é uma tentativa de tornar a linguagem mais inclusiva.

[36] RAHNER, Karl. *The Trinity*. New York: Herder and Herder, 1970.

Diálogo profético

como uma comunhão-em-missão (*missio Dei*), ela mesma, "missionária por sua própria natureza".[37]

O que vem na sequência dessa realidade, então, é que a Igreja – enraizada na Trindade e, portanto, comprometida para a missão como sua "identidade mais profunda"[38] – toma sua liderança na missão "da divina pedagogia",[39] engajando-se em sua missão evangelizadora no mesmo caminho dialógico, vulnerável e gentil no qual o Mistério Sagrado se fez conhecido através da "presença secreta" do Espírito e na vida e pessoa de Jesus Cristo. *Evangelii Nuntiandi* afirma que a Igreja procura converter mulheres e homens para Cristo através do "poder Divino da mensagem"; como João Paulo II escreve, em outras palavras, "a Igreja propõe; ela não impõe nada".[40]

O escopo do diálogo

O entendimento da missão como diálogo, tomado como fundamental para a natureza da Igreja, foi mais bem compreendido e articulado nos documentos da Federação das Conferências dos Bispos Asiáticos (FABC). De fato, a palavra "diálogo" sintetiza a atitude da Igreja da Ásia, seu modo de evangelização, bem como o entendimento da missão asiática desde os anos 1970.[41] Refletindo no pensamento de Edward Schillebeeckx à luz dos documentos da FABC, o teólogo Edmund Chia, da Malásia, fala da Igreja como um "sacramento do diálogo"; de modo semelhante, o teólogo malaio

---

[37] *Ad Gentes*, 2 – observe o contexto trinitário do manifesto no texto.

[38] *Evangelii Nuntiandi*, 14.

[39] *Diálogo e Anúncio*, 69.

[40] *Evangelii Nuntiandi*, 18; *Redemptoris Missio*, 39.

[41] Cf. WILFRED, Felix. The Federation of Asian Bishops' Conferences (FABC): Orientations, Challenges and Impact. ROSALES, Gaudencio; ARÉVALO, Catalino G. (Eds.). *For All the Peoples of Asia*. vol. 1. Quezon City: Claretian Publications, 1997. xxiii. Citado em: CHIA, *Towards a Theology of Dialogue*, p. 230; cf. também p. 264.

Jonathan Tan descreve a Igreja, em suas reflexões sobre a FABC, como uma "comunidade de diálogo".[42]

Desde o seu início, a FABC falou da missão da Igreja na Ásia como um engajamento em um diálogo triplo. Uma passagem da sua Quinta Assembleia é representativa daquilo que é constantemente repetido em seus documentos como "uma nova maneira de ser Igreja" na Ásia:[43]

> A missão inclui: estar com o povo, respondendo às suas necessidades, com sensibilidade à presença de Deus nas culturas e outras tradições religiosas, e testemunhando os valores do reino de Deus através de presença, solidariedade, partilha e palavra. Missão deverá significar um diálogo com os pobres da Ásia, com suas culturas locais e com outras tradições religiosas.[44]

Essa articulação da missão, nós acreditamos, é o presente da Ásia para toda a Igreja. Como a Igreja na Ásia, a Igreja em todas as partes do mundo deveria estar engajada em um diálogo com os pobres, com contextos particulares e com as outras religiões, ideologias ou sistemas seculares de valores em meio aos quais ela vive. Além disso, poderíamos estender essa atitude básica do diálogo à forma como a Igreja testemunha e proclama a mensagem do Evangelho, à maneira como a Igreja se engaja em seu ministério de reconciliação e mesmo à forma como ela celebra a sua liturgia e pratica sua pregação e contemplação. O espaço, aqui, não nos permite entrar em detalhes. Contudo, no Capítulo 5, nós refletimos, em breves detalhes, sobre esses temas ou "elementos" e, no Capítulo 12 de *Constants*

---

[42] Cf. CHIA, *Towards a Theology of Dialogue*, p. 228-229. TAN, Jonathan. *Missio ad gentes in Asia: A Comparative Study of the Missiology of John Paul II and the Federation of Asian Bishops' Conferences.* Ph.D. diss., Catholic University of America, 2002, p. 133.

[43] Cf. TAN, *Missio ad gentes in Asia*, 133. Cf. também: FOX, Thomas. *Pentecost in Asia; A New Way of Being Church.* Maryknoll, N.Y.: Orbis Books, 2002.

[44] FEDERATION OF ASIAN BISHOPS' CONFERENCES. Journeying Together toward the Third Millenium. Declaração da Quinta Assembleia Plenária em Bandung, Indonésia, 1990. In: ROSALES; ARÉVALO, p. 280. Citado em: TAN, *Missio ad gentes in Asia*, 149.

Diálogo profético

in Context, os examinamos mais detidamente.[45] Vale, aqui, uma pequena reflexão acerca de cada um desses elementos como caminho para o diálogo em dada medida.

Em primeiro lugar, temos o *diálogo com os pobres*, que pode ser estendido a qualquer pessoa marginalizada, como às mulheres, pessoas de outras raças, deficientes, gays e lésbicas. Como "sacramento" ou "comunidade" de diálogo, a Igreja extrai sua visão da solidariedade com os pobres e marginalizados do mundo. Teólogos da América Latina falaram da necessidade de a Igreja não somente ser uma Igreja *para* os pobres, mas também uma Igreja *dos* pobres e *com* os pobres.[46] Isso também envolve uma escuta próxima e profunda dos pobres, tomando com absoluta seriedade as necessidades destes marginalizados da sociedade – desenvolvendo, como na frase da novelista Alice Walker, "um coração tão aberto que você pode ouvir o vento soprando por ele".[47]

Em segundo lugar, podemos falar sobre *diálogo com contextos particulares*. Nós usamos a palavra "contexto" ao invés da palavra "cultura" com a finalidade de apontar a área mais ampla na qual a Igreja se engaja na missão; e, por contexto, nos referimos a qualquer situação particular em que a missão atua: no diálogo com as experiências particulares das pessoas (p. ex., morte na família ou uma experiência social dramática, como um furacão), com pessoas de certo grupo social (novamente, dando atenção às pessoas de outras raças, às diferenças de gênero, conforto ou pobreza), ou na cultura e nas várias mudanças que acontecem em seu interior (p. ex., a globalização). Nós não fazemos missão no vácuo, por isso precisamos ser sensíveis ao ambiente no qual ministramos, devemos prestar atenção, ouvir e enxergar, estar abertos às diferenças e sensíveis aos embaraços

---

[45] BEVANS; SCHROEDER, *Constants in Context*.

[46] Cf., p. ex.: GUTIÉRREZ, Gustavo. Option for the Poor. ELLACURÍA, Ignacio; SOBRINO, Jon (Eds.). *Mysterium Liberationis*; Fundamental Concepts of Liberation Theology. Maryknoll, N.Y.: Orbis Books, 1993. p. 235-250.

[47] WALKER, Alice. A Wind through the Heart: A Conversation with Alice Walker and Sharon Salzberg on Loving Kindness in a Painful World. *Shambhala Sun* (January 1997).

em situações estranhas, prontos para aprender. Nós temos que aprender a encarar uma situação antes de sair "ditando regras".[48]

Na sessão sobre o *diálogo inter-religioso* em *Redemptoris Missio*, o Papa João Paulo insiste em que tal diálogo "não tem origem em conceitos táticos ou interesse próprio". Mais do que isso, o diálogo com outras religiões requer "um profundo respeito para tudo o que foi trazido para os seres humanos através do Espírito, que sopra para onde ele próprio deseja".[49] Tal diálogo requer um profundo comprometimento para se aprender com os outros, estar pronto a ser mudado pelos outros, estar plenamente preparado para conversar – buscando, para tanto, conhecer a religião do interlocutor – e tentar se colocar "na pele do outro" tanto quanto possível e, quando necessário, tomar o outro suficientemente a sério para "concordar para discordar". Leonard Swidler oferece um "decálogo do diálogo", dez princípios que estabelecem condições para a possibilidade de um diálogo verdadeiro.[50] Nós podemos adicionar aqui que, de acordo com *Diálogo e Anúncio*, parte da missão da Igreja, no que diz respeito ao diálogo inter-religioso, é encorajar o diálogo mútuo entre as religiões e as ideologias.[51]

O *Testemunho* do Evangelho é, quase que por definição, dialógico. Alguém "prega o Evangelho", para aludir ao que foi atribuído a Francisco de Assis, mas deve fazer isso através do exemplo, bondade e gentileza, mais pelo serviço do que pelas palavras de uma mensagem explícita. Mas, até mesmo o *anúncio*, observa Marcello Zago, "pressupõe e requer um método de diálogo que satisfaça as exigências, a fim de responder aos

---

[48] BEVANS, Stephen. Letting Go and Speaking Out: A Spirituality of Inculturation. BEVANS, Stephen; DOIDGE, Eleanor; SCHREITER, Robert (Eds.). *The Healing Circle;* Essays in Cross-Cultural Mission. Chicago: CCGM Publications, 1999. p. 133-146. Uma versão revisada desse artigo aparece como o Capítulo 7 neste livro.

[49] *Redemptoris Missio*, 56.

[50] SWIDLER, Leonard. Interreligious and Interideological Dialogue: The Matrix for All Systematic Reflection Today. In: SWIDLER, Leonard (Ed.). *Toward a Universal Theology of Religion*. p. 13-16. O termo "dialogue decalogue" é usado por Chia em *Towards a Theology of Dialogue*, p. 254, citando Leonard Swidler (*After the Absolute;* The Dialogical Future of Religious Reflection. Minneapolis: Fortress Press, 1990. p. 42-45).

[51] *Diálogo e Anúncio*, 80.

Diálogo profético

requerimentos daqueles que estão sendo evangelizados, e de lhes possibilitar a interiorização da mensagem recebida".[52] Um exemplo chocante dessa falta de diálogo é o do missionário fundamentalista da novela de Barbara Kingsolver, *The Poisonwood Bible* (*A Bíblia envenenada* [São Paulo: Revan, 2000]): ele proclama fervorosamente "Jesus é o Senhor!", mas, como não aprendeu suficientemente o idioma de seus interlocutores, acaba dizendo "Jesus é veneno!", o que faz com que recuem horrorizados!

O que a atitude ou espiritualidade do diálogo deve ter a ver com a *liturgia*, o *pregador* e a *contemplação*? Em primeiro lugar, uma comunidade jamais celebra a liturgia em um vácuo. Isso sempre é feito num contexto de questões particulares e de um grupo cultural particular, e esses fatores demandam entendimento. E ninguém sabe quem poderia estar na assembleia litúrgica. Pessoas que estão lá pela primeira vez, pessoas que participam por causa de crises particulares em suas vidas, pessoas que vão à Igreja somente por curiosidade. Isso significa que a assembleia – quem recebe os que chegam, lê os textos ou preside a cerimônia – deve dar as boas-vindas e a devida atenção a cada um. O pregador e a contemplação, certamente, também são profundamente dialógicos, pois, antes de cada reza, devemos ouvir os sentimentos de Deus em nossos corações – tal atenção e centralização é, também, uma condição *sine qua non* da contemplação.

Finalmente, Robert Schreiter insiste na lembrança de que o ministério da Igreja da *reconciliação* é muito mais espiritual,[53] uma disposição para franqueza e prontidão, do que uma estratégia, uma série de passos que leva a uma meta. Os engajados no trabalho da reconciliação devem ser pacientes, corajosos e genuinamente vulneráveis. Eles devem ser hospitaleiros, oferecer refúgio seguro e compartilhar com os que foram feridos e que trazem cicatrizes por conta da desconfiança e opressão. Talvez, mais que qualquer outro aspecto da missão, os ministros da reconciliação devem ser

---

[52] ZAGO, Marcello. The New Millenium and the Emerging Religious Strategies. *Missiology: An International Review* 23, n. 1 (January 2000) 17.

[53] SCHREITER, Robert J. *The Ministry of Reconciliation;* Spirituality and Strategies. Maryknoll, N.Y.: Orbis Books, 1998. vi.

gentis com aqueles a quem se dirigem, dando-lhes não apenas a *mensagem* da reconciliação, mas a si próprios.

Características do diálogo

A seção anterior certamente indicou muitas das características do diálogo autêntico: respeito, abertura, disposição para aprender, atenção, vulnerabilidade, hospitalidade, humildade e franqueza. Mas podemos indicar algumas outras, para entender mais profundamente as atitudes básicas para a missão.

Uma primeira característica – muitas vezes não mencionada na literatura do diálogo, como percebemos em nossas próprias leituras – é aquela do arrependimento.[54] Missão, como Peter Phan mencionou, não é uma "palavra inocente", mas algo que evoca raiva e até mesmo aversão.[55] Os cristãos devem muitas desculpas aos povos colonizados pelo Ocidente, dos nativos das Américas do Norte e Latina, da Austrália e da Nova Zelândia, para mulheres e para outros cristãos – e nós temos que pedir esse perdão. Do contrário, não existe um caminho para que essas culturas e pessoas possam ser capazes de escutar a boa-nova, a qual – a despeito dos erros do passado – deve ser compartilhada com o mundo pelos cristãos.

Uma segunda característica do diálogo deve ser a *ortopraxia*. Edmund Chia expressa isso adequadamente quando fala da importância do "princípio da gradação" enfatizado pelos bispos da Ásia. "Evangelização", diz ele,

> deve ser realizada passo a passo. Os primeiros passos são os mais tediosos, mas também os mais fáceis e importantes. Os testemunhos dos cristãos se dão através do amor, trabalho e ações no *diálogo da*

---

[54] WORLD COUNCIL OF CHURCHES, Guidelines on Dialogue, 21. In: SCHERER, James A.; BEVANS, Stephen B. (Eds.). *New Directions in Mission and Evangelization 1;* Basic Statements. Maryknoll, N.Y.: Orbis Books, 1992. p. 14.

[55] Observação de Peter Phan na União Teológica Católica em junho de 2001. Cf. também: RODRIGUEZ, Jeannette. Response to Stephen Bevans. In: *Catholic Theological Society of America;* Proceedings of the Fifty-sixth Annual Convention. Berkley, California: CTSA, 2001. p. 43-48.

Diálogo profético

> *vida*. É através de atos simples como cuidar, compartilhar e atender que os outros veem Cristo e aceitam a Igreja e o Cristianismo... eis porque Madre Teresa de Calcutá foi tão bem aceita na Ásia. É dela a missão de tocar, amar e fazer o serviço. Isso também explica porque os bispos da Ásia enfatizam que a evangelização na Ásia deve começar pelo "caminho" e não pela pregação da "verdade". Presença, atos e atendimento são as palavras-chave que os bispos da Ásia usam com maior frequência quando falam sobre evangelização.[56]

O Papa Paulo VI, em *Ecclesiam Suam*, oferece muitas outras características importantes que sublinham as atitudes básicas ou a espiritualidade que deve informar toda atividade missionária. A primeira delas é a *clareza* – "antes de mais nada; o diálogo pede que tudo o que seja dito seja inteligível... Para que se satisfaça este primeiro requisito, todos nós, que sentimos o estímulo do apostolado, deveríamos examinar profundamente o tipo de conversa que usamos. É fácil de entender? Pode ser compreendida por pessoas simples? É expressa no idioma corrente?".[57] Em outras palavras, o diálogo requer uma atitude que é mais "orientada para o ouvinte" do que "orientada para o falante".[58]

O papa segue observando que o diálogo deve ser feito no mesmo espírito de brandura que caracterizou o próprio Jesus. O diálogo, em outras palavras, deve evitar toda arrogância ou amargura. O que dá autoridade à nossa missão é sua autenticidade e transparência. "Ele é pacífico, não usa métodos extremos, é paciente diante da contradição e se inclina para a generosidade."[59]

Uma terceira característica mencionada pelo papa é a *confiança* – não somente na habilidade pessoal de alguém para se comunicar, mas também

---

[56] CHIA, *Towards a Theology of Dialogue*, p. 260.

[57] *Ecclesiam Suam*, 81.

[58] Cf. SCHREITER, Robert J. *Constructing Local Theories*. Maryknoll, N.Y.: Orbis Books, 1985. p. 112-113.

[59] *Ecclesiam Suam*, 81.

na "boa vontade das duas partes envolvidas no diálogo".[60] Confiança mútua, em outras palavras, é absolutamente essencial. Diálogo como missão é, primeiramente e principalmente, estabelecer e manter relações.

A quarta característica mencionada é semelhante ao "princípio da gradação" dos bispos da Ásia. No parágrafo 87, contudo, ainda que isso não tenha sido incluído na sessão sobre "características", o papa fala eloquentemente de um tipo de *discernimento* que caracteriza todo e qualquer diálogo: "Antes de falar, devemos tomar grande cuidado para escutar não apenas o que as pessoas dizem, mas muito mais, especialmente aquilo que elas têm para dizer em seus corações. Somente então as compreenderemos e as respeitaremos, e, tanto quanto possível, com elas concordaremos".

Há, provavelmente, mais características que poderiam ser mencionadas aqui, mas pensamos ter mencionado as principais. Basicamente, contudo, essas características indicam o fato de que a missão nunca se dá a partir da imposição ou da conquista. Pelo contrário, ela diz respeito ao amor de Deus por todas as pessoas e por toda a criação, e ao fato de que este amor é expresso, primeiramente e principalmente, em uma presença gentil e na oferta do eu.

Imagens da missão como diálogo

Uma maneira poderosa de falar sobre a missão como diálogo é através de numerosas imagens que evocam o tipo de pensamento e prática que o método do diálogo requer. Em uma linha que um de nós (Bevans) citou algumas vezes em seus escritos, o teólogo Jack Shea insiste que nós não devemos tanto *ver imagens*, mas ver *através das imagens*.[61] Imagens, acre-

---

[60] Ibid.

[61] SHEA, John. Theological Assumptions and Ministerial Style. In: COWAN, M. A. (Ed.). *Alternative Futures for Worship*. vol. 6, Leadership Ministry in Community. Collegeville, Minn.: Liturgical Press, 1987. p. 105-128. Cf. também o artigo de Stephen B. Bevans "Seeing Mission through Images" em: *New Directions in Mission and Evangelization 2;* Theological Foundations (SCHERER, James A.; BEVANS, Stephen B. [Eds.]. Maryknoll, N.Y.: Orbis Books, 1994. p. 158-169).

ditamos, especialmente uma constelação de imagens, nos ajudam a seguir para além do conceitual e do abstrato, chegar ao nível das emoções e da imaginação, no qual podemos ser motivados a pensar numa maneira que leve mais imediatamente à ação. Aqui, gostaríamos de falar sobre quatro imagens da missão como diálogo: o missionário como caçador de tesouros, como convidado, como estrangeiro e como alguém que ingressa no jardim de outra pessoa.

Caçador de tesouros

Em primeiro lugar, o missionário pode ser visto como um *caçador de tesouros*. Essa é uma imagem que foi usada há muitos anos em um artigo de Robert T. Rush.[62] Mais do que a figura do missionário chegando a um determinado lugar com um tesouro nas mãos, essa imagem destaca o fato de – enquanto ela ou ele traz, *de fato*, algo de valor inestimável – a tarefa do missionário ser também a de procurar o tesouro que já está presente ali. Missionários precisam fazer uma longa e difícil busca pelo tesouro. Eles não sabem *onde* procurar, mas, em razão do tesouro que já carregam, sabem que existe um tesouro enterrado ali. Devem estudar os "mapas locais" com cuidado: precisam aprender a língua, os provérbios e os saberes tradicionais do povo. Mais do que isso, eles precisam fazer amizade com as pessoas, engajá-las como guias, ser ensinados por elas. Se têm sucesso, recrutam o povo para ajudá-los na busca. Como resultado da busca, ambos, missionários e povo, são transformados. Se os missionários não tivessem vindo, o povo não teria descoberto um tesouro de tamanho valor e abundância em seu próprio solo, e não teria enriquecido. Mas, se os missionários também não tivessem vindo, não teriam ganhado a riqueza de um novo povo e de uma nova sabedoria, nem, ironicamente, teriam crescido de forma tão substancial na apreciação do tesouro que já possuíam.

---

[62] RUSH, Robert T. From Pearl Merchant to Treasure Hunter: The Missionary Yesterday and Today. *Catholic Mind* 76 (1978) 6-10.

Chegar não para impor ou conquistar, mas para o enriquecimento mútuo – isso faz toda a diferença.

Convidado

Como caçadores de tesouros em um país estranho, os missionários são profundamente conscientes de que são *convidados*. Um convidado ou hóspede é sempre uma bênção, pois ele sempre traz novas maneiras de ver e compreender o mundo. Mas, em contrapartida, ele deve estar sempre consciente da cortesia de seus anfitriões. Eles precisam aprender a etiqueta do ambiente em que são recebidos; precisam aprender a apreciar os alimentos e costumes locais; e precisam reconhecer o valor dos presentes, grandes e pequenos, que seus anfitriões generosamente estão lhes dando. Hóspedes também devem ser sensíveis para o fato de que aprender a aceitar a hospitalidade de forma agradecida e cortês é, talvez, o melhor caminho para servir seus anfitriões; isso vem de mãos dadas com a percepção do melhor momento para oferecer socorro.

Estrangeiro

Como convidados, os missionários sempre permanecem na condição de *estrangeiros*. Estrangeiros também são uma bênção, mas implicam desassossego dentro de um grupo ou sociedade. Assim, eles devem ser muito cuidadosos para não impor suas estranhas ideias ao povo que os recebeu. Devem agir com cuidado e respeito, e se preocupar com os costumes e ideias que lhes são estranhos enquanto buscam explicar seus próprios costumes. O estrangeiro cometerá deslizes em relação ao idioma ou à etiqueta do grupo que o recebeu – ele ou ela, contudo, pode pedir desculpas e se esforçar sempre para melhorar. Bevans reflete que sua própria experiência de missionário é essa – apesar de se sentir cada vez mais confortável com a cultura das Filipinas, ele reconhece que sempre se viu como um desajeitado, um forasteiro. Logo após sua chegada, ele escutou uma história de um velho padre espanhol que passara a maior parte da vida nas

Filipinas. Quando lhe perguntaram, após tantos anos no país, se ele havia chegado a entender o povo, sua resposta foi: "A alma filipina é um mistério". Esse reconhecimento de ignorância, vale observar, parece ser um tipo de *docta ignorantia*, uma "ignorância aprendida" que nasceu de um respeito profundo e que produz um tipo muito importante de conhecimento. Seu próprio sentimento foi de que, quanto mais ele percebeu o próprio estranhamento e a própria condição de forasteiro entre os filipinos, tanto mais ele os aceitou e perto deles ele chegou. Ser um estrangeiro verdadeiro, ironicamente, é uma forma de aproximação. Como o missiólogo Anthony Gittins reflete sabiamente:

> Se um recém-chegado se apresenta honestamente como um estrangeiro, se, desta forma, mostra respeito aos anfitriões e permite que tomem certas iniciativas, isso facilita a interação – mesmo que, para si, o resultado seja incerto ou ineficaz. Mas só fazendo isso é que os missionários são capazes de indicar sua franqueza, integridade e boa vontade de se engajar no relacionamento.[63]

Alguém que ingressa no jardim de outra pessoa

Em seus escritos, Roger Schroeder propôs uma quarta imagem: a *de alguém que ingressa no jardim de outra pessoa.*[64] Ela reúne aspectos das imagens anteriores. Ninguém adentra o jardim alheio para comparar a beleza e a variedade ali percebidas com as do próprio jardim, mas para apreciar outras maneiras de se fazer um jardim, de arranjar os canteiros de flores ou vegetais, de podar e capinar. Sempre se pode aprender alguma coisa com outro jardineiro, e, mesmo que se queira dar dicas sobre como cultivar rosas ou tomates, provavelmente é melhor esperar até que o outro

---

[63] GITTINS, Anthony J. *Gifts and Strangers;* Meeting the Challenge of Inculturation. New York and Mahwah, N.J.: Paulist Press, 1989. p. 132.

[64] SCHROEDER, Roger. Entering Someone Else's Garden: Cross-cultural Mission/Ministry. In: BEVANS, Stephen B.; DOIDGE, Eleanor; SCHREITER, Robert (eds.). *The Healing Circle;* Essays in Cross-Cultural Mission. Chicago: University of Chicago Press, 2000. p. 147-161. Uma versão revisada aparece como o Capítulo 6 neste livro.

pergunte. Uma pessoa pode chamar a atenção para a existência de ervas daninhas no jardim, mas é preciso ser cuidadoso – afinal, o que é compreendido como erva daninha por um jardineiro pode ser compreendido como uma bela flor ou uma planta medicinal por outro. O jardim é um lugar especial para uma pessoa; assim, temos que respeitar o gosto e o talento particulares do jardineiro e a experiência que manifesta em sua obra. Quando alguém estabelece relacionamento com o jardineiro, pode aprender bastante e, talvez, até ensinar algumas coisas. Em um nível mais profundo, as plantas reconhecidas como frutos que dão vida nesse jardim particular mostram como Deus está sempre presente e como nutre as sementes da palavra divina, ou, para usar um termo anterior, o tesouro enterrado em seu subsolo. Aquelas plantas que são consideradas ervas daninhas enfraquecem e destroem as que sustentam a vida. As ervas daninhas representam os elementos do mal e da injustiça, que precisam ser denunciados diante do Evangelho. Naturalmente, todos os jardins compartilham ervas daninhas e plantas que dão vida, e o jardineiro ou jardineira tem sua primeira responsabilidade para com o próprio jardim. O missionário (ou a missionária) que adentra o jardim de alguém precisa agir de forma muito gentil e respeitosa, e lembrar-se de que, ali, é um convidado e um estrangeiro. O missionário precisa assumir uma atitude e uma espiritualidade que permitam ao jardineiro compartilhar o espaço do seu jardim único. Com tempo, confiança e em resposta ao convite, o missionário pode acompanhar o outro ao seu jardim. Ao mesmo tempo, pode aprender muito sobre jardinagem, bem como sobre as plantas que dão vida e as ervas daninhas que estão em seu próprio jardim.

Inspirações para a missão como diálogo

Em 1927, o Papa Pio XI proclamou São Francisco Xavier e a então recém-canonizada Teresa de Lisieux como patronos da obra missionária da Igreja – uma escolha maravilhosamente balanceada entre um homem que foi um trabalhador incansável no campo e uma mulher que, mesmo confinada em

Diálogo profético

um pequeno convento carmelita de uma pequena cidade francesa, carregou o mundo inteiro consigo para dentro do mosteiro e rezou apaixonadamente pelos missionários. Ainda que tropecemos no termo "patrono" em virtude de seu aspecto patriarcal, e ainda que tenhamos pessoas que prefiram o termo "inspirador", pensamos que é apropriado sugerir que algumas poucas mulheres e homens sejam chamados "patronos" ou "inspiradores" da missão como diálogo. Já mencionamos Madre Teresa de Calcutá e, na nota de rodapé número 3, relacionamos muitas outras. Pedimos permissão para, em meio a um rico leque de exemplos, mencionar mais três pessoas: Francisco de Assis, Charles de Foucauld e Pandita Ramabai.

Francisco de Assis (1181-1226)

Em meio à Quinta Cruzada, no ano de 1219, Francisco de Assis e vários companheiros partiram para Damietta, no Egito, onde o exército cruzado, sob o comando de Jean de Brienne, rei de Jerusalém, havia montado acampamento – Brienne, vale observar, estava sob o olhar atento do Cardeal Pelágio, núncio apostólico do Papa Honório III.[65] Depois de ter passado alguns dias no acampamento cruzado, Francisco de Assis e seu companheiro, irmão Illuminato, cruzaram as linhas da batalha e, provavelmente depois de sofrer alguns maus-tratos, foram levados e apresentados ao sultão Al-Malik al-Kamil. O sultão, que, conforme a lenda, era um homem altamente educado e sensível – e que estava cansado da guerra –, recebeu Francisco com grande hospitalidade e passou dias escutando suas palavras gentis sobre o Cristianismo. Em seguida, forneceu escolta para seu regresso ao acampamento cristão, depois de lhe ter pedido que rezasse por ele. Está claro que Francisco pretendera converter o sultão para o Cristianismo. Francisco, contudo, não avançou com a violência militar dos cruzados, mas com a gentileza e a vulnerabilidade do próprio Cristo. Obviamente, não teve sucesso; mesmo assim, algumas lendas afirmam que

---

[65] JOHNSON, Galen K. St. Francis and the Sultan: An Historical and Critical Reassessment. *Mission Studies* 18, n. 2 (2001) 149.

o sultão foi "secretamente" convertido; não obstante, o próprio Francisco foi convertido de várias maneiras.[66] Ele, como muitos, acreditou que o sultão e todos os muçulmanos nessa história eram maus e violentos. Essa ideia desapareceu no encontro face a face. E Francisco ficou extremamente impressionado com o chamado periódico à oração, algo que propôs aos cristãos. Como a missióloga Mary Motte coloca: "Não tendo a necessidade de exercer força sobre os outros, Francisco foi capaz de aprender mais sobre a pregação com os seguidores do Islamismo".[67]

Parece que Francisco aprendeu também muito sobre missão. Em sua prescrição de 1221, ele se dirigiu "àqueles que estão indo em meio aos sarracenos e outros incrédulos", explicando que a presença cristã e o testemunho poderiam ser feitos de duas maneiras. A primeira era não começar com "argumentos ou disputas", mas como "subordinado a cada criatura humana pela causa de Deus" (1Pd 2,13). A segunda maneira era a de pregar o Evangelho aberta e explicitamente; mas a escolha, observou Francisco, dependia do contexto particular. Em ambos os casos, missão era "espiritualidade viva" entre o povo – o sábio franciscano Cajetan Esser diz que ambos os caminhos da missão estão profundamente imbricados. "A pregação da Palavra, como Francisco a percebeu, de pouco adiantaria sem o sermão manifestado pela vida de alguém."[68] Ou, na frase muitas vezes atribuída a Francisco: "Pregue sempre e, se for necessário, use palavras".

Charles de Foucauld (1858-1916)

Em 13 de novembro de 2005, o Papa Bento XVI beatificou Charles de Foucauld, cujo papel inspirou a fundação dos Pequenos Irmãos de Jesus

---

[66] Ibid., 157.

[67] MOTTE, Mary. In the Image of the Crucified God: A Missiological Interpretation of Francis of Assisi. In: IRVIN, Dale; AKINADE, Akintunde (Eds.). *The Agitated Mind of God*; The Theology of Kosuke Koyama. Maryknoll, N.Y.: Orbis Books, 1996. p. 79. Citado em: BEVANS; SCHROEDER, *Constants in Context*, p. 143.

[68] Cf. ESSER, Cajetan. Saint Francis and the Missionary Church. Trans. Ignatius Brady. *Spirit and Life* 6 (1994) 22-23. Citado em: BEVANS; SCHROEDER, *Constants in Context*, p. 144.

(1933) e das Pequenas Irmãs de Jesus (1936). Após uma vida bastante decadente no exército francês, Foucauld se submeteu à conversão e passou alguns anos como monge trapista na Síria, e, mais tarde, como um "faz-tudo" em um convento em Nazaré, na Terra Santa. Somente em 1901 encontrou sua verdadeira vocação, quando foi ordenado sacerdote e decidiu viver como eremita na Argélia. Ele foi assassinado em 1916, em seu eremitério em Tamanrasset, nas montanhas de Ahaggar, por um homem jovem, "no que foi, provavelmente, um trágico acidente".[69]

Em seus dez anos na Argélia, Foucauld batizou só duas pessoas – uma criança e uma mulher velha e cega. Como observa a Pequena Irmã Cathy Wright, "se o 'sucesso' missionário é medido em números, Charles foi um fracasso retumbante".[70] E ainda, de muitas formas, Foucauld mostrou um caminho inteiramente novo de fazer a missão: a missão da *presença*. O que atraiu as pessoas a ele foi sua grande benevolência e santidade, "sua imitação não verbalizada de Cristo, na qual eles reconheceram o retrato corânico de *Isa* (Jesus)".[71] Foucauld praticou a hospitalidade, comprou a liberdade de sete escravos e tratou de feridos nas batalhas entre a população local e os colonizadores franceses. No final de sua vida, Foucauld escreveu: "Não vim para converter o povo tuaregue de uma só vez, mas para tentar entendê-los".[72] A pregação direta, observou, não seria o método desejado por Cristo naquela situação. "Nós temos que avançar muito devagar e gentilmente, chegar a conhecê-los e fazer amizade."[73] Seu apostolado, conforme escreveu em 1909, "deve ser o de alguém benevolente. Quando me vê, uma pessoa deve dizer: 'Se esse homem é bom, sua religião deve ser boa'. Se ele me pergunta por que eu sou bom, eu devo responder: 'Porque

---

[69] KERR, David. Foucauld, Charles Eugène de (1858-1916). In: ANDERSON, Gerald H. (Ed.). *Biographical Dictionary of Christian Missions*. New York: Macmillan Reference USA, 1998. p. 220.

[70] WRIGHT, Cathy. Nazareth as a Model for Mission in the Life of Charles de Foucauld. *Mission Studies* 19, n. 1 (2002) 36.

[71] KERR, Foucauld, p. 219.

[72] Citado em: WRIGHT, Nazareth as a Model for Mission…, p. 37.

[73] Ibid., p. 44.

eu sou o servo de alguém que é muito melhor do que eu. Se você soubesse o quão bom é meu Mestre, Jesus'".[74]

Mesmo que ele tenha escrito um estatuto e sonhado com a fundação de uma comunidade que viveria conforme seus próprios ideais, Foucauld não atraiu nenhum seguidor durante sua vida, e foi somente cerca de vinte anos após sua morte que homens e, eventualmente, mulheres começaram a formar comunidades nos moldes que ele havia concebido. Apesar de enraizado na teologia e na missiologia de seu tempo, seu compromisso com a autenticidade, com a presença simples e seu profundo respeito pelo Islã fizeram dele um maravilhoso "inspirador" da missão como diálogo em nossa época.

Pandita Ramabai (1858-1922)

Nosso terceiro "inspirador" é uma pessoa provavelmente desconhecida da maioria dos católicos. Dongre Medhavi Ramabai (Ramabai foi seu primeiro nome) nasceu como hindu na Índia em 1858. Era filha de um rico sábio brâmane que, para espanto de seus amigos, ensinou-lhe a ler os clássicos em sânscrito do Hinduísmo. Após a morte de seu pai, ela fez uma peregrinação pelos santuários hindus indianos e deixou audiências perplexas por conta de seu conhecimento da poesia sânscrita. Como Robert Ellsberg escreveu, "seu conhecimento do sânscrito, a língua sagrada do Hinduísmo, concedeu-lhe fama e honra. A ela foi dado o título honorífico de 'Pandita', mestra da sabedoria".[75]

Ramabai casou-se aos vinte e dois anos, mas seu marido morreu depois de apenas dezesseis meses do matrimônio, deixando-a viúva e com uma bebê. Como havia viajado por toda a Índia, sensibilizou-se com a situação das viúvas e órfãos e, assim, começou a dedicar sua vida aos direitos

---

[74] Ibid.

[75] ELLSBERG, Robert. Pandita Ramabai: Indian Christian and Reformer (1858-1922). *All Saints; Daily Reflections on Saints, Prophets, and Witnesses for Our Time*. New York: Crossroad, 1997. p. 154.

Diálogo profético

das mulheres indianas. Tal compromisso com a justiça social a levou ao contato com missionários cristãos e, em uma viagem para a Inglaterra, ela pediu para ser batizada como cristã. Quando retornou para a Índia, em meio a reações raivosas de hindus, Ramabai continuou a se envolver com obras caritativas, "fundando um centro para mães solteiras, um programa contra a fome e uma série de escolas para meninas pobres".[76] Mas, então, foram os camaradas cristãos seus críticos severos. Eles ficaram irritados por ela não fazer qualquer esforço de conversão das mulheres ajudadas. Ramabai, contudo, continuou sua obra e se recusou a ser intimidada. Ela acreditava firmemente que "servir as mulheres e os pobres era uma obra religiosa e não simplesmente uma obra social"[77] e que, portanto, caracterizava uma expressão real de difusão do Evangelho. Na década de 1890 ela se submeteu a uma segunda conversão de natureza evangélica e pentecostal e, em 1905, a escola por ela fundada experimentou uma renovação em estilo pentecostal.[78]

Ramabai tinha verdadeira aversão pela insensibilidade cultural dos missionários estrangeiros na Índia e estava convencida de que alguém podia ser cristão sem trair a cultura e os valores indianos. Ellsberg escreve que ela, em idade avançada, "rezava não para a conversão de hindus, mas para a conversão dos cristãos indianos"[79] – não, obviamente, uma reconversão ao Hinduísmo, mas ao caminho gentil de Jesus, que chamaríamos, hoje em dia, de seu "método de diálogo".

Missão como diálogo profético

Ainda que este capítulo tenha sido uma reflexão estendida da "missão como diálogo", e mesmo que o diálogo "deva ser manifestado em toda a

---

[76] Ibid., p. 155.

[77] Ibid.

[78] SHARPE, Eric J. Ramabai Dongre Medhavi (Pandita Ramabai Sarasvati) (1858-1922). In: ANDERSON, Gerald H. (Ed.). *Biographical Dictionary of Christian Missions*. New York: Macmillan Reference USA, 1998. p. 557.

[79] ELLSBERG, Pandita Ramabai, p. 155.

atividade missionária pastoral",[80] a missão, vista simplesmente *como diálogo*, não é suficiente. Em essência, acreditamos que a missão é melhor quando feita em um diálogo profético.[81] Para reverter a ênfase daquilo que falamos no início, Paulo certamente veio a ser "todas as coisas para todo o povo" e "um escravo para todos", mas isso porque "ai de mim, se não prego o Evangelho" (cf. 1Cor 9,16-23). Paulo escreve que ele foi "gentil entre" os tessalonicenses e que se doou para eles, mas lhes deu, também, "o Evangelho de Deus" (1Ts 1,7-8). O missiólogo David Bosch, da África do Sul, fala da missão feita em vulnerabilidade verdadeira e humildade, mas também fala da missão feita em "humildade corajosa" ou com uma "coragem modesta". Nós não temos a amplitude do amor de Deus e sua mercê quando oferecemos o Evangelho. "Nós sabemos somente em parte, mas nós sabemos. E acreditamos que a fé que professamos é tanto verdadeira quanto justa, e que deveria ser proclamada."[82]

Afirmar que a missão deve ser feita em um diálogo profético não significa ter que negar coisas que foram colocadas neste capítulo. A missão deve ser feita, primeiramente e principalmente, com franqueza e respeito aos outros, reconhecendo que Deus estava presente antes de nossa chegada e que o Espírito tem semeado as sementes da palavra entre todos os povos e todas as culturas, e que nós, missionários, deveríamos ser evangelizados por aqueles que evangelizamos. Entretanto, como explicaremos no próximo capítulo, nós *temos* algo a dizer, e falamos, como os profetas do Antigo Testamento, não em nosso próprio nome, mas em nome de Deus. Como Deus mandou Jesus, assim Jesus nos mandou, para ser suas testemunhas até os confins da Terra (cf. Jo 20,21; At 1,8). Diálogo é o "como" da missão e, de muitas formas, também o "quê" da missão, porque é um

---

[80] ZAGO, Mission and Interreligious Dialogue, p. 98.

[81] Cf. BEVANS; SCHROEDER, *Constants in Context*, p. 281-285; 348-352. Cf. também: *In Dialogue with the Word Nr. 1*. Roma: SVD Publications, 2000. Também: STANISLAUS, L.; D'SOUZA, Alwyn. *Prophetic Dialogue;* Challenges and Prospects in India. Pune: Ishvani Kendra/ISPCK, 2003.

[82] BOSCH, *Transforming Mission;...*, p. 489.

sacramento do que é o caminho divino. O ser profético desenvolve e explicita o sacramento e lhe dá uma forma e um nome. Os cristãos devem falar no contexto do diálogo, mas nós *devemos* falar, pois realmente temos algo a dizer: não nos envergonhamos do Evangelho, porque ele é "o poder de Deus para a salvação de todo aquele que tem fé" (Rm 1,16).

Conclusão

Sim, o Evangelho do qual os cristãos não se envergonham "é o poder de Deus para a salvação de todo aquele que tem fé". É o *poder de Deus*, não uma força que esmaga e força, mas uma força que leva pacientemente e gentilmente para a liberdade e a vida abundante. É isso porque Paulo, com toda a sua confiança no Evangelho, veio "gentilmente entre" os tessalonicenses e deu não somente o Evangelho, mas a si próprio. É por isso que, mesmo que o dever da missão vista os cristãos com o manto dos profetas – especialmente com o manto do grande profeta Jesus –, também lhes dá seu jugo, jugo de alguém que, em sua profecia, foi manso e humilde de coração" (Mt 11,29).

CAPÍTULO 3

"Eu não me envergonho do Evangelho." Missão como profecia*

Alguns anos atrás, em uma visita a Boston, um de nós (Steve Bevans) estava viajando no sistema de trem rápido que os locais chamam de "T". Em certo ponto da viagem, uma mulher jovem embarcou no trem e andou para cima e para baixo pelo corredor cantando repetidamente um apelo para a salvação das baleias, para proteger o meio ambiente, tratar a Terra e todas as suas criaturas com responsabilidade e amor. Depois de, aparentemente, ter passado por todos os vagões, ela desceu em uma das estações e se pôs a esperar pelo trem que seguiria para o sentido oposto, para, assim, continuar proclamando sua importante e urgente mensagem. As pessoas no trem pareciam constrangidas ou, na maioria dos casos, indiferentes. Certamente já haviam ouvido o apelo em outras ocasiões. Pois, provavelmente por muitas horas, ou durante o dia inteiro, ela simplesmente repetiu sua mensagem sobre responsabilidade para os passageiros dos trens nos quais embarcou.

Ainda que se tenha colocado no time dos "embaraçados", Steve subitamente percebeu que o que a mulher estava fazendo no Boston T não era, de forma alguma, diferente – pelo menos na forma – do que os profetas haviam realizado em Israel. Uma vez o profeta Jeremias andou por Jerusalém carregando uma canga (Jr 27–28) e implorando ao povo de Judá

---

* Este capítulo foi originalmente escrito por Stephen Bevans e Roger Schroeder para publicação neste livro.

que se submetesse à vontade de Jeová e aceitasse a derrota para a Babilônia. Ainda que sua ação não tenha sido bem-vista pelo rei ou pela média do povo, ele proclamou a "Palavra do Senhor". Ano a ano, mesmo sofrendo oposições ou sendo alvo do deboche ou de perseguições, o profeta é alguém que discerne o significado de eventos diários e fala as palavras de Deus para o povo de Deus. O profeta também é aquele que se apaixona por essas palavras, que percebe sua urgência e que vê suas implicações para o futuro. Assim foram Jeremias e Amós, Isaías e Oseias; assim foi o Senhor Jesus; e assim deve ser a Igreja, os missionários, como assim deles se espera.[1] O missiólogo indiano Michael Amaladoss sugere que a profecia pode ser a melhor palavra para expressar a realidade da missão no mundo atual.[2]

Como colocamos nos capítulos anteriores, a missão também é, naturalmente, uma atividade feita no diálogo. Ela é dialógica porque é a participação dos cristãos na própria missão de Deus, e Deus, na vida e atividade de Deus, é dialógico. Foi no diálogo que Deus ofereceu e constantemente renovou a aliança com o povo escolhido de Israel, e foi no diálogo que Deus manifestou plenamente a si na vida, ministério, ensinamento, morte e ressurreição de Jesus de Nazaré.[3] "Diálogo é... a norma e a forma necessária a cada forma da missão cristã, tanto quanto cada um de seus aspectos, não importando se alguém fala da simples presença e testemunho, do atendimento ou da proclamação direta. Qualquer compreensão da missão não permeada desse espírito dialógico iria contra as demandas da verdadeira humanidade e contra os ensinamentos do Evangelho."[4]

Mas se missão é um ato de diálogo, podemos ainda caracterizá-la como um ato de profecia. Se a missão é e deve ser dialógica porque Deus é

---

[1] PAULO VI. Decreto *Ad Gentes*, sobre a atividade missionária da Igreja, 2.

[2] AMALADOSS, Michael. Mission as Prophecy. In: SCHERER, James A.; BEVANS, Stephen B. (Eds.). *New Directions in Mission and Evangelization 2*; Theological Foundation. Maryknoll, N.Y.: Orbis Books, 1994. p. 64-65.

[3] PAULO VI. Carta encíclica *Ecclesiam Suam*, sobre os caminhos da Igreja.

[4] SECRETARIADO PARA NÃO CRISTÃOS. The Attitude of the Church toward the Followers of Other Religions: Reflections and Orientations on "Dialogue and Mission" (1984). Citado em: U. S. BISHOPS. *To the Ends of the Earth*, 40. New York: Society for the Propagation of the Faith, 1986, p. 22.

Diálogo profético

dialógico – ambos, na mais profunda natureza de Deus e da maneira como Deus atua no mundo –, da mesma forma a missão é e deve ser profética porque a natureza interna de Deus também é profética, e porque Deus é profético nas suas atuações com a criação. No diálogo, que é a Trindade, o Mistério Sagrado, a Palavra sempre "fala abertamente" e, através da Palavra, sopra abertamente o Espírito. Desde o primeiro momento de seu surgimento, aquele Espírito soprou livre sobre toda a criação e se tornou concreto pela encarnação. É o Espírito que vem com força sobre os profetas e os unge para falar a Palavra de Deus fielmente, para levar as boas novas aos oprimidos, curar os desencorajados, libertar os cativos, soltar os prisioneiros, confortar os que estão em prantos, mas condenar aqueles que traíram a aliança (cf. Is 61,1-4). Como lemos em 2Pd 1,21, "nenhuma profecia veio através da vontade humana; mas homens e mulheres foram para Deus através do Espírito Santo". É o mesmo Espírito que vem sobre Jesus em seu batismo no rio Jordão (Mt 3,16; Mc 1,10; Lc 3,22), que o "força" a ir ao deserto para ser tentado (Mc 1,12) e o unge com seu ministério para trazer boa-novas aos pobres, proclamar a liberdade dos cativos, curar os cegos e libertar os oprimidos (cf. Lc 4,18). Como Edward Schillebeeckx e muitos outros observaram em suas obras, a melhor maneira de entender Jesus e seu ministério é entendê-lo como ele entendeu a si próprio: como um profeta, um profeta escatológico que pregou, demonstrou e incorporou o Reino de Deus, um cumpridor de todas as esperanças de Israel e, através de Israel, da humanidade.[5]

Se, então, Deus é um Deus de profecia, e se a Igreja compartilha sua missão, a missão também deve ser vivida como profecia. É nosso dever, como membros do corpo de Cristo – e em conformidade com ele através do batismo –, pregar, demonstrar e incorporar o Reino de Deus em nossas vidas eclesiais individuais.

---

[5] Cf. SCHILLEBEECKX, Edward. *Interim Report on the Books* Jesus *and* Christ. New York: Crossroad, 1981. p. 64-74. WRIGHT, N. T. *Jesus and the Victory of God.* Minneapolis: Fortress Press, 1996. p. 147-197.

A natureza da profecia

O que, portanto, significa ser profeta? Antes de tudo e, de certa forma ironicamente, ser profeta significa ser alguém que tem suas raízes no diálogo: alguém que ouve, é atencioso, enxerga, alguém que tem sensibilidade para o mundo e para mulheres e homens.[6] Profetas são mulheres e homens que ouviram Deus com atenção, que estão aptos a discernir os sinais dos tempos e que são atenciosos para com as expressões das pessoas, seu tom da voz e linguagem corporal. Jesus, o grande profeta, também foi uma pessoa de diálogo.

Em segundo lugar, etimologicamente, um profeta é alguém que fala "adiante" (do grego: *pro ephein*), em dois sentidos. No primeiro deles, o profeta, tendo ouvido ou discernido a Palavra de Deus, cheio de fé, anuncia a mensagem em palavras (p. ex., na mensagem de consolação em Is 41; no "Sermão da Montanha" de Jesus, em Mt 5-7; e nas maravilhosas parábolas) ou ações (Jeremias e o cinto de linho, em Jr 13,1-11; a cura e o exorcismo de Jesus). Num segundo sentido, mais associado à noção que as pessoas têm de um profeta, este personagem "fala adiante", para o futuro. Tais prognósticos do futuro, contudo, não são meramente um "sortilégio", mas uma demonstração de visão daquilo que Deus tem em vista para pessoas em seu plano de salvação (p. ex., a imagem maravilhosa de Isaías, da "Montanha do Senhor", em Is 2,2-4, ou na memorável profecia de Ezequiel que fala sobre os ossos secos, em Ez 37; a promessa de benção de Jesus para aqueles que vivem os valores do Reino de Deus, em Mt 5,1-11).

Em terceiro lugar, os profetas se manifestam em nome de Deus quando o povo se recusa a viver uma vida digna de seu chamado. Assim, Amós vituperou contra as injustiças que Israel cometia em relação aos pobres (Am 2,6-7). Oseias e Jeremias chamaram Israel à razão contra a incredulidade e a idolatria (p. ex., Os 6,1-11; Jr 18,1-17); Joel também faz isso na passagem que lemos todos os anos na quarta-feira de Cinzas, (Jl 2,15-17).

---

[6] NEMER, Larry. Prophetic Dialogue: A New Way of Doing Mission? Cf. <www.instrumentsofpeace.ie/Prophetic%20Dialogue.pdf>.

Jesus condena qualquer compreensão restrita do Judaísmo, que falha em reconhecer-se como a religião do coração (p. ex.: Mt 12,1-14; Mc 2,13-17).

Anunciar também está vinculado a predizer o futuro: caso Israel continue no caminho da incredulidade, verá a destruição. Joel prediz a vinda do "dia do Senhor... um dia de escuridão e trevas" (Jl 2,1-2), caso Israel não se arrependa. Jesus lamenta ser Jerusalém a "cidade que mata profetas" e prediz a destruição do templo (Mt 23,37–24,2). Tais novas da destruição são algo que os profetas fornecem não tanto com raiva, mas com tristeza, pois eles nasceram em amor para seu povo. Jeremias lamenta amargamente; Jesus chora sobre Jerusalém.

A profecia, como a própria missão, é uma realidade complexa. Ela tem vários aspectos, que, muitas vezes, estão entrelaçados. Ela é executada através de palavras e também através de ações. O profeta é alguém que emergiu na Palavra de Deus. A profecia que ela ou ele profere nunca é a sua própria palavra, mas a Palavra de Deus. Às vezes, a profecia é uma tarefa jovial (Jesus se alegra no Espírito, em Lc 10,21-22); às vezes, é difícil (como quando Jeremias se queixou de sua tarefa, em Jr 20,7-18). É, sempre, uma tarefa executada com amor para o Povo de Deus, e nunca com desgosto ou aversão. Como Gregório Nazianzeno observa vigorosamente, os cristãos devem, às vezes, corrigir seus irmãos e irmãs, "mas com gentileza e amor, e não como a um inimigo; como um médico que é meticuloso e sabe onde cauterizar ou cortar". E ele alerta àqueles que empreendem suas ações proféticas para que tenham consciência de suas próprias fraquezas.[7] Mas o profeta precisa manter a fé em sua tarefa, até mesmo a ponto de enfrentar a perseguição e a morte.

---

[7] GREGÓRIO NAZIANZENO. *Discours on Moderation in Disputing*, 29. Citado em: LEAHY, Brendan; MULVEY, Michael. *Priests Today;* Reflections on Identity, Life, and Ministry. Hyde Park, N.Y.: New City Press, 2010. p. 42.

Missão como profecia

"Falar adiante" sem palavras: testemunho

Sempre receptiva, sempre aberta, sempre aprendendo do povo entre o qual trabalha, a Igreja testemunha a verdade, a alegria e a força vivificante que o Evangelho possui. O Papa Paulo VI disse que "o primeiro significado da evangelização é o testemunho de uma vida autenticamente cristã".[8] No mesmo documento, o papa fala excelentemente sobre o poder do testemunho. As pessoas de nossos dias, observa, não ouvem muito do que seus pares – os professores – *dizem*. Elas preferem ouvir testemunhos. E, se escutam os professores, "é por causa de seus testemunhos".[9] O papa fala eloquentemente sobre como uma comunidade cristã deve testemunhar de modo que seja, verdadeiramente, um ato profético:

> Tome um cristão ou um punhado de cristãos que, em suas próprias comunidades, mostrem capacidade de entender e aceitar, compartilhar a vida e o destino com outras pessoas, solidarizando-se com os esforços coletivos para tudo aquilo que é nobre e bom. Suponhamos que, além disso, eles irradiem, de maneira simples e todos juntos, sem afetação, sua fé em valores que vão além de valores atuais, e suas esperanças em algo que não foi visto e que ninguém ousaria imaginar. Através desse testemunho sem palavras, esses cristãos levantam questões irresistíveis nos corações daqueles que veem como eles vivem. Por que são assim? Por que vivem dessa maneira? O que ou quem os inspira? Por que eles estão em nosso meio? Esse testemunho já é uma proclamação da Boa-Nova e, ao mesmo tempo, é uma poderosíssima e efetiva proclamação.[10]

---

[8] PAULO VI. Exortação apostólica *Evangelii Nuntiandi*, sobre a evangelização no mundo contemporâneo, 41.

[9] Ibid.

[10] Ibid., 21.

Diálogo profético

O grande missiólogo britânico Lesslie Newbigin fala da comunidade cristã como uma "hermenêutica do Evangelho", a maneira segundo a qual os cristãos interpretam o Evangelho para o mundo e a maneira segundo a qual o Evangelho está sendo interpretado pelos outros. Quando cristãos vivem uma vida de comunhão essencial, de serviço comunitário, de integridade ecológica e de rezas compartilhadas que são belas e que inspiram os visitantes, estão falando, sem palavras, sobre o que é o Evangelho e sobre o que a vida humana poderia ser se o Evangelho fosse vivido de forma autêntica. Aludindo a uma frase atribuída a São Francisco de Assis já mencionada no Capítulo 2, essa é uma maneira pela qual os cristãos podem pregar sempre, mas sem palavras.

"Falando abertamente" com palavras: proclamação

Cristãos em missão profetizam o futuro – o futuro de *Deus*. Como Jesus, eles explicam aos outros e ao mundo – desde que perguntados (cf. 1Pd 3,15) – o que o futuro do mundo será sob a amada providência de Deus. Como Jesus, em outras palavras, eles proclamam a mensagem do Reino de Deus. Eles podem somente usar imagens, histórias ou símbolos, mas proclamam com convicção que o plano de Deus para a criação é um plano em plena florescência. Mulheres e homens viverão em paz e justiça e desfrutarão da plenitude da liberdade; todas as criaturas, animadas ou não, viverão em harmonia. Não está evidente quando nem como esse tempo chegará, mas é certo que virá. Será um tempo em que "espadas serão transformadas em arados" (Is 2,4), quando "o véu que encobre todas as pessoas" será destruído (Is 25,7), quando povos "de todas as línguas e nações" (Ap 7,9) viverão juntos em alegria e amizade.

Mais ainda, contudo, a humanidade e a criação já podem ter um gosto desse futuro. A alegria, a paz, o amor e a harmonia do futuro Reino de Deus podem ser encontrados na fé em Jesus e na sua comunidade, a Igreja. Obviamente, profetizar dessa maneira requer um comprometimento por parte da Igreja para ser o que ela é em sua essência mais profunda – o povo sagrado de Deus, o corpo de Cristo na história, a comunidade aberta para o poder criativo do Espírito, moldando todos esses elementos em um templo que mostre a presença ampla de Deus. A Igreja, todos sabemos muito bem, jamais viverá plenamente a verdade tal como ela é, mas pode, ela mesma, comprometer-se com a tentativa. Poderia ser uma sociedade aberta, confessando suas falhas e pecados. Muitas vezes isso é suficiente para as pessoas – e já é uma verdadeira amostra daquilo que Deus tem guardado para toda a criação.

Os cristãos profetizam falando ao mundo sobre Jesus. Eles acreditam que é na história do ministério de Jesus, de sua morte e ressurreição, que chegamos a conhecer plenamente quem é Deus. "Deus é como Jesus", enfatiza o teólogo uruguaio Juan Luis Segundo.[11] A frase é importante. Ela diz que, talvez mais importante do que a verdade – que "Jesus é Deus" –, é que a vida e a morte de um ser humano são a chave para entender quem é Deus. O que Jesus revela "é um Deus que é antropocêntrico. A causa de Deus é a causa da existência humana. Deus é um Deus que é para a humanidade, como criador e, dessa maneira, alguém intrinsecamente interessado no e preocupado com o bem-estar daquilo que Deus criou".[12]

Essas são boas-novas, é algo que mulheres e homens precisam escutar. Muitas vezes, as pessoas são apanhadas em uma ou outra adoração de um Deus que, de fato, não é digno de adoração – caracterizado como um juiz, um tirano ou alguém que pode ser manipulado ou persuadido por algo como um sacrifício custoso e longas rezas para vir em socorro da humanidade ou do mundo. Muitas vezes as pessoas negam a existência de tal Deus e, assim, não acreditam em nada. Mas o Deus de Jesus Cristo é um Deus que realmente está ao lado da criação de Deus – um Deus que ama (p. ex.: Jo 3,16), um Deus modesto (Fl 2,6-11), um Deus que respeita a liberdade humana (Gl 5,1), um Deus que promete vida e alegria até mesmo no meio

---

[11] SEGUNDO, Juan Luis. *Christ in the Spiritual Exercises of St. Ignatius*. Maryknoll, N.Y.: Orbis Books, 1987. p. 22-26.

[12] HAIGHT, Roger. *Jesus, Symbol of God*. Maryknoll, N.Y.: Orbis Books, 1999. p. 16.

da opressão, do sofrimento e da morte (Mt 1,26-33), um Deus de perdão incondicional (Lc 15), um Deus de inclusão radical (Mc 19,9-13), um Deus que chama mulheres e homens para trabalhar juntos no plano de Deus para uma humanidade e um universo livres e viçosos (1Pd 2,9).

É especialmente a imagem de Jesus na cruz que fala mais eloquentemente sobre o tipo de Deus que Jesus representa. Como o teólogo norte-americano William Placher afirma vigorosamente:

> Se a característica primária de Deus é a força toda-poderosa, então... o rabi crucificado não pode ser a autorrevelação de Deus. Mas, se Deus é, em primeiro lugar, amor, então, por estranho que isso possa parecer, Deus é mais o Deus que veio até nós na forma de um servo em busca de nossa salvação. Começando com amor, podemos até ver o que Gregório de Nissa disse a respeito do poder de Deus: "O poder transparente de Deus não é tão aparente na vastidão dos céus, no brilho das estrelas, na configuração ordeira do universo ou em seu acompanhamento perpétuo quanto em sua condescendência com nossa frágil natureza".[13]

Ser profético, em nossa missão, é compartilhar com o mundo a boa nova do futuro de Deus, as boas-novas de um Deus gentil e afável.

"Falando contra" sem palavras: ser uma comunidade de contraste

A vida cristã segue na contramão. Ela não é anticultural, porque uma fé enraizada na doutrina da encarnação ama o mundo que foi criado, ama as pessoas e reconhece a profunda benevolência da cultura humana. Mas ela é profundamente *contracultural*. Viver os valores do Reino de Deus, como

---

[13] PLACHER, William. *The Triune of God*; An Essay in Postliberal Theology. Louisville: Westminster John Knox, 2007. p. 44. A citação é de Gregório de Nissa: *An Address on Religious Instruction*, 24. In: HARDY, E. R. (Ed.). *Christology of the Later Fathers*. In collaboration with Cyril C. Richardson. Philadelphia: Westminster, 1954. p. 301. Library of Christian Classics.

Jesus os articulou nas bem-aventuranças ou no Sermão da Montanha (Mt 5-7; Lc 7,17-49), oferece uma visão de mundo diferente daquela que é corrente na sociedade. Levando uma vida simples, empenhando-se pela paz e justiça, aprendendo a perdoar as pessoas que nos têm ofendido, vivendo com a confissão de que "a menos que o grão de trigo caia no chão e morra, ele continuará a ser, simplesmente, um grão" (Jo 12,24), aprendendo a servir e não a ser servido (Mt 20,28) – tudo isso são ações proféticas em um mundo que encara o sucesso como autocentrado e dotado de poder sobre os outros. Cristãos vivem a vida em abertura e diálogo, mas até mesmo estas atitudes, via de regra, vão contra os valores culturais predominantes.

A comunidade cristã, sendo Igreja, também é contracultural e profética. São as pessoas que, através de suas rezas, em sua vida conjunta na comunidade, em sua tentativa de viver reconciliadas e reconciliando, em seu esforço de refletir a justiça para aqueles que trabalham em sociedade, formam o que Gerhard Lohfink chama de "sociedade de contraste". "A Igreja serve melhor ao mundo", escreve Lohfink, "quando encara com radical seriedade a tarefa de ser uma 'pessoa sagrada' no sentido colocado em Pd 2,9-10. A Igreja é o *sal da sociedade*, precisamente quando ela está vivendo simbolicamente a ordem social e o relacionamento social de Deus".[14] Stanley Hauerwas e William Willimon, ecoando Fl 3,20, 1Pd 1,1 e a Carta a Diogneto, falam da Igreja de "estrangeiros residentes" neste mundo. Os cristãos devem viver como uma colônia do Reino de Deus no meio do mundo, mostrando, através de suas vidas em conjunto e da sua preocupação com o mundo ao redor, o que o Evangelho poderia ser se fosse vivido seriamente.[15] Outra imagem profética da Igreja é oferecida pelo teólogo norte-americano da linha reformada Graig van Gelder. Ele apela à sua própria juventude, em uma fazenda de Iowa, onde um novo método de cultivo, semeadura ou fertilização, era usado em um "enredo demonstrativo", normalmente instalado em certo ponto ao longo de uma rodovia

---

[14] LOHFINK, Gerhard. *Jesus and Community*. Philadelphia: Fortress, 1984. p. 168.

[15] HAUERWAS, Stanley; WILLIMON, William. *Resident Aliens;* Life in the Christian Colony. Nashville: Abingdon Press, 1989.

principal, para mostrar aos desconfiados fazendeiros novos caminhos para aumentar o rendimento de seus campos:

> Não era incomum que os agricultores se mantivessem céticos no verão, enquanto suas plantações cresciam, mas havia sempre um forte interesse no outono, na época da colheita. Invariavelmente, a inovação produzia melhores resultados que os percebidos nos campos circunvizinhos. No ano seguinte, muitos agricultores, inclusive meu pai, iriam adotar a inovação como se ela fosse sua desde sempre. A Igreja é o enredo demonstrativo. Sua própria existência demonstra que seu reino redentor já começou. Sua própria presença convida o mundo a observar, ouvir, examinar e considerar, aceitando o reino de Deus como uma maneira superior de viver.[16]

Ser a Igreja, ser *verdadeiramente* a Igreja, é um ato profético.

"Falando contra" em palavras: falando a verdade através do poder

Realizando sua missão profética, os cristãos se manifestam contra qualquer forma de injustiça e contra qualquer forma daquilo que João Paulo II chamou de "a cultura da morte".[17] Cristãos fazem isso individualmente em seus lugares de trabalho, na vizinhança, na política, em *blogs*, em cartas para o editor de um jornal, através da participação em demonstrações, como a da Escola das Américas, anual, em Fort Benning, Geórgia. O serviço educacional da Igreja faz isso muito bem, em todos os níveis. A encíclica *Evangelium Vitae*, de João Paulo II, é um exemplo disso, como o é toda a tradição do ensinamento social católico. As Conferências Episcopais Nacionais emitiram cartas pastorais importantes, como fizeram os bispos dos Estados Unidos em 1981 e 1986 com suas pastorais sobre a paz e a

---

[16] GELDER, Craig van. *The Essence of the Church; A* Community Created by the Spirit. Grand Rapids, Mich.: William B. Erdmans, 2000. p. 99-100.

[17] JOÃO PAULO II. Carta encíclica *Evangelium Vitae*, sobre o valor e a inviolabilidade da vida humana, 95.

economia.[18] Em 1975, e novamente em 1995, os bispos dos Apalaches, nos Estados Unidos, emitiram dois belos documentos sobre suas regiões: *Esta Terra é o meu Lar* e *Em Casa na Rede da Vida*.[19] Ambos são chamamentos poderosos para a justiça e a sustentabilidade ecológica. Bispos individuais também emitiram manifestações importantes sobre justiça social, como a pastoral do Cardeal Francis George *Reflexão Sobre Meu Amor: Uma Carta Pastoral sobre o Racismo*.[20]

Como "Pai da Teologia da Libertação", Gustavo Gutiérrez argumenta famosamente que o *anúncio* do Evangelho envolve, ao mesmo tempo, a *denúncia* de qualquer coisa que seja contrária a ele, na sociedade ou na própria Igreja.[21] Como João Paulo II afirma, o "Evangelho da Vida" é a "Boa-Nova" que a Igreja deve pregar com "destemida coragem". Mas tal boa-nova tem de ser pregada e vivida no confronto com a "cultura da morte".[22] Falar a verdade para os poderosos dessa forma significa arriscar muito – a posição da Igreja a respeito da sociedade secular, a continuação dos privilégios que existiram em muitos lugares desde o tempo de Constantino, perseguições em muitos contextos, inclusive de cristãos. Sem dúvida, o risco deve ser calculado, mas é inquestionável que tal voz profética para os pobres, para a vida humana e para a integridade da criação é constitutiva de sua missão.[23]

---

[18] BISPOS CATÓLICOS DOS ESTADOS UNIDOS. The Challenge of Peace: God's Promise and Our Response and Economic Justice for All. In: O'BRIEN, David J.; SHANNON, Thomas A. (Eds.). *Catholic Social Thoughts;* The Documentary Heritage. Maryknoll, N.Y.: Orbis Books, 1992. p. 492-680.

[19] BISPOS DOS APALACHES. *This Land is Home to Me* e *At Home in the Web of Life*. Disponíveis em: <http://www.ccappal.org/CCAbook040307.pdf>.

[20] GEORGE, Cardeal Francis. *Dwell in My Love: A Pastoral Letter on Racism*. Chicago: New Catholic World, 2001.

[21] GUSTAVO, Gutiérrez. *A Theology of Liberation*. Maryknoll, N.Y.: Orbis Books, 1973. p. 265-272.

[22] *Evangelium Vitae*, 1.

[23] Cf. SÍNODO DOS BISPOS DE 1971. *Justice in the World*, Introduction. In: O'BRIEN, David J.; SHANNON, Thomas A. *Catholic Social Thought;* The Documentary Heritage. Maryknoll, N.Y.: Orbis Books, 1992. p. 289.

Diálogo profético

Imagens da missão como profecia

Obviamente, a profecia já é a imagem da missão, como são as imagens da Igreja como comunidade de "estrangeiros residentes" ou como "enredo demonstrativo", sobre os quais refletimos anteriormente. Mas porque tendemos a entender a realidade "olhando através das imagens",[24] podemos explorar também outras imagens. Aqui nos propusemos a refletir sobre as imagens do missionário como professor, como contador de histórias e como guia de trilha.

Professor

O professor tem algo a ensinar. Ela ou ele tem de mergulhar no assunto a ser ensinado e encontrar caminhos para apresentar os tópicos de uma lição de forma clara, exata, interessante e relevante. Um professor deve ser aberto a perguntas e não ser ameaçado por elas, e deve ser apto a respondê-las honestamente e da forma mais completa possível. Enquanto ensinar é, normalmente, transmitir informações aos estudantes, também é acordá-los para coisas que eles já conhecem, sem ter consciência disso; também é desafiar estudantes a aprenderem a pensar por si mesmos, ao mesmo tempo de forma criativa e crítica. Como todo professor sabe, somente uma parte do ensino se dá em sala de aula. O professor deve estar disponível para consultas, para responder perguntas que surgem durante o estudo e para esclarecer coisas que foram ditas em classe.

Obviamente, ensinar é, também, muito mais. Significa viver uma vida exemplar, uma vida de entusiasmo em relação ao tema, e também viver uma vida de integridade e curiosidade. Paulo VI diz, como observamos

---

[24] Cf. BEVANS, Stephen. Seeing Mission through Images. In: SCHERER, James A.; BEVANS. Stephen B. (Ed.). *New Directions in Mission and Evangelization 2*; Theological Foundations. Maryknoll, N.Y.: Orbis Books, 1994. p. 158-169. Também: Images of Priesthood in Today's Church. *Emmanuel* 102, n. 7. (September 1996) 389-398. A ideia de "ver através de imagens" vem de John Shea em: Theological Assumptions and Ministerial Style. In: COWAN, M. A. (Ed.). *Alternative Futures for Worship 6*. Collegeville, Minn.: Liturgical Press, 1987. p. 105-128.

anteriormente, que os estudantes ouvem os professores somente se eles também são testemunhas. Os professores também devem estar abertos para seus estudantes e prontos para também aprender com eles. Professores são, certamente, imagens de uma aproximação profética para a missão, mas eles são, também e de muitas maneiras, imagens de um aspecto dialógico da missão. O melhor ensinamento não é dado, como há muito apontou o educador brasileiro Paulo Freire, a partir de "um método bancário", mas criando uma atmosfera na qual uma comunidade real de perquiridores pode se formar.[25]

A missão pode ser caracterizada como bom ensino. Os cristãos em missão devem saber o que eles "falam abertamente" na profecia. Devem ser convencidos disso, amar isso, e isso deve ser modelo em suas vidas. Eles precisam encontrar meios de levar os ensinamentos que não se limitem à mera transmissão de dados a ser memorizados ou aprendidos de forma rotineira. Muito mais que isso, o "falar abertamente" está "centrado no estudante", buscando a real apropriação de sua mensagem. Seu dever é despertar a curiosidade nas pessoas, dando respostas adequadas quando se lhes for pedido que deem uma razão para sua esperança (1Pd 3,15). E, não menos importante, devem desafiar os que parecem refratários ou indiferentes em relação ao conhecimento precioso que têm a oferecer. Sua "profecia" deve ser sempre temperada com diálogo, mas eles sempre devem estar convictos de que, de fato, precisam ter algo para ensinar.

Contador de histórias

No encantador romance *Irlanda*, Frank Delaney constrói seu próprio enredo em torno de um *shanachie*, o tradicional contador de histórias irlandês. O protagonista do livro, um menino chamado Ronan, fica fascinado quando o *shanachie* vai até sua casa certa noite: por conta disso,

---

[25] Cf. FREIRE, Paulo. *The Pedagogy of the Oppressed*. New York: Seabury, 1968. PALMER, Parker J. *The Courage to Teach: Exploring the Inner Landscape of a Teacher's Life*. San Francisco: Jossey-Bass Publishers, 1998. p. 89-113.

Diálogo profético

subsequentemente, passa boa parte da juventude procurando e encontrando o contador de histórias novamente. Nesse meio-tempo, ouve outras pessoas contando a história de um homem velho, transmitindo seus registros, e através deles ele próprio constitui sua identidade irlandesa.[26]

As histórias têm uma forma de fazer isso. Não importa se escutamos as histórias que nosso avô contava após o jantar de domingo, as histórias de um velho confrade religioso, as histórias sobre a origem de nossa nação, as histórias dos santos ou das Escrituras – as histórias não somente entretêm. Elas dão identidade, sacodem-nos, abrem-nos para nossas próprias e mais profundas experiências.

Um bom contador de histórias é, certamente, um encantador. Ela ou ele usa as palavras de forma maravilhosa, sabe como desenvolver o suspense, sabe como embutir uma mensagem e uma moral no mais empolgante dos contos. O filósofo britânico Alasdair McIntyre caracterizou o ser humano como o "animal que conta histórias". Nós pensamos que também podemos chamar o ser humano de "animal que ouve histórias".[27]

A missão pode ser caracterizada como uma "contação de histórias" – a história de Jesus, a história de Israel, a história da Igreja. Como um bom contador de histórias, os missionários precisam também conhecer seus ouvintes e encontrar caminhos para "entreter" aqueles que os ouvem. Seu testemunho e suas ações contam uma história. Suas palavras, quando eles são inquiridos, contam uma história. A história é informativa, ela é tão informativa quanto o *shanachie* no romance de Delaney. Ela pode desafiar e condenar, como faz o cantor em "Killing Me Softly", a canção clássica de Roberta Flack.

O missionário conta a história com a convicção de que ela é a história de todos e, assim, se a história foi bem contada, qualquer pessoa de qualquer

---

[26] DELANEY, Frank. *Ireland*. New York: Harper Collins Paperback, 2008.

[27] As definições de McIntyre são citadas em: BROWN, Delwin. *Boundaries of Our Habitations; Tradition and Theological Construction*. Albany: State University of New York Press, 1994. p. 84-85.

cultura e contexto a reconhecerá como sua própria história, e isso poderá dotar sua vida de luz e de profundidade. Ao mesmo tempo, a missionária ou o missionário trabalha duro para achar meios de contar a história a fim de que ela faça sentido no contexto particular em que se trabalha. A *história é universal*; a *forma como ela é contada* é contextual. Inculturação, em outras palavras, é uma parte integral da missão profética da Igreja.

Os profetas contaram histórias – pense em Natã, que contava para Davi a história do homem pobre com um cordeiro (2Sm 12,1-7), ou a história dos ossos secos em Ezequiel (Ez 37,1-4), ou as numerosas parábolas de Jesus – e a Igreja se engaja na missão, com coragem e convicção, quando as reconta e quando conta novas histórias.

Guia de trilha

Guias de trilha conhecem os caminhos e sabem como ler mapas. O conhecimento que possuem é difícil de adquirir, vem de anos de experiência na trilha, de um senso de direção treinado, de uma destemida autodisciplina e de uma sólida habilidade de conduzir pessoas. Mas também existe algo, em um guia de trilha, que é inato. Ela ou ele foi presenteado com a capacidade de ler os sinais de uma tempestade que está por acontecer, seguir pela via correta quando surge uma encruzilhada e oferecer palavras de cautela ou advertência diante de um perigo potencial, como o representado por um urso ou pela proximidade de um abismo. Quando as pessoas ficam para trás, quando querem se desviar da trilha, ou quando se distraem com uma bela planta ou com uma cachoeira, é o guia que as encoraja a seguir adiante para cumprir o trajeto planejado para o dia. Quando alguém insiste em pegar outro caminho, o guia de trilha pode mostrar razões que demonstrem que o seu é o mais seguro e correto. E quando alguém quer desistir e voltar, o guia de trilha o encoraja a seguir e a não desistir. Às vezes, o guia pode ser incisivo ao chamar pessoas para uma tarefa, mas age assim para o bem-estar de todo o grupo e para o sucesso da jornada. Por conta de seu profundo conhecimento do território pelo

Diálogo profético

qual a comitiva está viajando, o guia está apto a apontar os aspectos da natureza, contar histórias sobre os lugares que o grupo percorre ou contar as histórias de centenas de andarilhos que já haviam palmilhado aquelas trilhas antes deles. Graças aos seus conhecimentos, o grupo consegue ver e experimentar muito mais do que poderia ver e experimentar por conta própria. Por outro lado, o guia de trilha está aberto às novas perspectivas que o grupo pode trazer e, muitas vezes, aprende muito de seu entusiasmo, das perguntas e de suas próprias experiências recentes. A última meta do guia de trilha é ensinar ao grupo como andar na trilha por conta própria. Ele conhece o caminho, mas esse caminho não é de sua própria criação. É, muito mais, o caminho que outros guias deixaram ao longo de muitas gerações.

Nos Atos dos Apóstolos, o movimento inicial de Jesus foi referido como sendo o Caminho – assim, é absolutamente apropriado que os cristãos em missão sejam como guias de viagem. Eles precisam ter uma profunda experiência da viagem da fé e reconhecer os presentes do discernimento e da profecia que lhes foram dados no batismo, e que também estão entre aqueles com quem trabalham. Eles têm a percepção de que o caminho pelo qual eles guiam as pessoas para a fé não é o seu caminho pessoal, pois existe somente um Caminho.

Seu é o ministério de mostrar claramente o caminho, apontando as trilhas que devem ser tomadas e as trilhas que devem ser evitadas. Quando as pessoas querem tomar seus próprios caminhos ou vagar a esmo, os cristãos que se engajam na missão como profecia as chamam de volta para a direção correta. Quando as pessoas ficam cansadas e desanimadas em um mundo que ridiculariza os valores cristãos, o papel profético é o de encorajamento e, se for necessário, de desafio, até mesmo de um desafio incisivo. Mas, como ocorre no caso de um guia de trilha, a firmeza do desafio tem sua razão em uma preocupação extremada com o bem-estar da comunidade e com a integridade do Evangelho. Quando viajam com uma pessoa, os cristãos em missão lhes apontam aspectos da vida e do mundo que somente uma visão cristã pode perceber. Não é que essas coisas não estavam lá antes, mas o missionário, como profeta, ajuda seu semelhante a vê-las com uma clareza ainda maior. Cristãos em missão inspiram, desafiam, encorajam e iluminam. Eles são profetas – guias de trilha na jornada da vida.

Inspirações para a missão como profecia

Na maravilhosa coleção de Robert Ellsberg sobre as vidas dos santos, *All Saints*,[28] aparecem numerosos candidatos a inspiradores: figuras proféticas como Bartolomeu de Las Casas, Patrício da Irlanda, Lanza del Vasto, Madre Teresa, George Fox, Katharine Drexel, César Chávez, Mary MacKillop, Thea Bowman, Chico Mendes, Óscar Romero e Jerzy Popieluszko. A história da Igreja e sua missão é repleta de figuras proféticas. Dadas as limitações de espaço e reconhecendo que este estudo não tem a intenção de ser exaustivo, queremos focar três figuras proféticas na missão da Igreja: o jesuíta espanhol Francisco Xavier, o Bispo Janani Luwum, de Uganda, e a pacifista americana Dorothy Day.

Francisco Xavier (1506-1552)

Natural do País Basco espanhol, Francisco Xavier foi membro do primeiro grupo que se juntou à "Companhia de Jesus" ou aos "Jesuítas" de Inácio de Loyola. Após uma viagem marítima de um ano, ele chegou ao assentamento português de Goa, na costa oeste da Índia, cheio de fervor para proclamar o Evangelho e "salvar almas". Lá, ficou chocado com a imoralidade e a violência dos colonizadores e, com toda a paixão de um profeta, escreveu cartas para a Europa condenando tais comportamentos escandalosos. Em pouco tempo, deixou Goa e concentrou seus esforços em proclamar o Evangelho, primeiramente entre os pobres e os integrantes de castas baixas do sul da Índia. Graças à sua pregação fervorosa e efetiva, milhares se converteram e foram batizados. Seu fervor missionário

---

[28] ELLSBERG, Robert. *All Saints;* Daily Reflections on Saints, Prophets, and Witnesses for Our Time. New York: Crossroad, 1997.

o levaria, mais tarde, para os territórios que atualmente constituem a Malásia, a Indonésia e o Japão.

Durante seus primeiros anos na Ásia, Francisco, um homem de seu tempo, não manifestava grande respeito para com as culturas locais, mas, no Japão, ele se submeteu à maior mudança ou conversão, por meio da qual superou seu etnocentrismo e reconheceu a riqueza cultural nipônica. Como resultado, ele desenvolveu uma aproximação da missão de acomodação que lançou as fundações da pequena, porém vibrante, comunidade cristã japonesa, e do trabalho de futuros missionários no Japão. Ele fez isso reconhecendo que o Evangelho precisava, em primeiro lugar, ser pregado para os líderes locais, os *daimyo*, por isso não se vestiu com roupas de algodão vindo das fábricas comuns, que abasteciam os pobres, mas usou roupas de seda, mais aceitáveis pelos líderes. Ele também debateu com monges budistas e batizou um pequeno número deles. No Japão, Francisco descobriu que sua paixão pela proclamação precisava trilhar outros caminhos que a tornassem mais aceitável e inteligível para o coração e a mente dos japoneses.

Após somente vinte e sete meses no Japão, e tendo batizado mil pessoas, Francisco planejou entrar no vasto Império Chinês para proclamar o Evangelho, mas morreu em uma ilha próxima da costa chinesa. Em 1927, ele foi nomeado, junto com Teresa de Lisieux, Patrono da Missão, sem dúvida por sua paixão profética pela proclamação do Evangelho.[29]

Janani Luwum (1922-1977)

Janani Luwum foi o arcebispo anglicano de Uganda durante o reinado de terror do ditador Idi Amin. Lembrando-se dos primeiros anos do Arcebispo Óscar Romero em El Salvador, Luwum, inicialmente, não quis envolver-se com a política e tentou manter uma relação amigável com Amin, dizendo frequentemente "nós estamos com o senhor, sua excelência, em tudo aquilo que o senhor faz de bom". Mas Amin estava fazendo

---

[29] Ibid., p. 528-529.

cada vez menos coisas boas quando dezenas de milhares foram executados, algumas vezes de forma atroz. Em 1977, Amin fez circular rumores de que os bispos estavam planejando uma rebelião contra seu regime; Luwum respondeu zangado e pediu provas das acusações feitas pelo presidente. Em resposta, tropas governamentais cercaram a residência do arcebispo e avançaram para procurar as evidências da acusação de Amin – ao mesmo tempo que apontavam armas para Luwum. Os bispos de Uganda, então, emitiram uma incisiva declaração profética, em termos diretos, que condenava a violência que castigava o país. Logo, os bispos foram chamados à presença de Amin e acusados de reunir armas que seriam usadas contra ele; quando foram dispensados, Amin ordenou que o Arcebispo Luwum permanecesse em sua presença.

O arcebispo nunca mais foi visto. Primeiro, o governo declarou que ele havia sido morto em um acidente de carro depois de tentar resistir à prisão. Mais tarde, soube-se que o próprio Amin havia disparado contra ele, quando, ao perceber que sua hora havia chegado, o religioso começou a rezar. Em seu funeral, conforme Ellsberg escreve, o antecessor de Luwum, o Arcebispo Erica Sabiti, proclamou as palavras ditas pelo anjo diante da tumba de Jesus Ressuscitado: "Ele não está aqui... Ele ressuscitou".[30]

Dorothy Day (1897-1980)

No início de sua vida, Dorothy Day mostrou evidências de tudo, menos de santidade e fervor missionário. Quando era uma jovem jornalista socialista, teve um caso com o dramaturgo americano Eugene O'Neill, engravidou de outro homem, fez um aborto e viveu em uma relação estável. Quando engravidou novamente, contudo, decidiu ter a criança e o relacionamento com seu parceiro chegou ao fim. Ela se converteu ao catolicismo porque entendia a Igreja Católica como a Igreja dos pobres. Mais tarde, encontrou Peter Maurin, filósofo e místico francês. Juntos, eles publicaram um jornal chamado *Catholic Worker* e fundaram uma casa de

---

[30] Ibid., p. 79-80.

Diálogo profético

hospitalidade com o mesmo nome. O jornal advogou causas socialistas e sindicais e assumiu uma posição vigorosamente pacifista, e a casa estava aberta a todos. Day foi presa várias vezes por suas manifestações contra o envolvimento dos Estados Unidos na Segunda Guerra Mundial (uma causa muito impopular!), contra as armas nucleares, contra a política de direitos civis e contra a guerra do Vietnã. Se alguma vez existiu um profeta, ela certamente se enquadrou no perfil, até mesmo porque estabeleceu um nível muito alto para sua atividade profética.[31]

Conclusão: missão como diálogo profético

Quando, no capítulo anterior, falamos sobre a missão como diálogo, oferecemos uma bela passagem da Carta aos Tessalonicenses, na qual Paulo fala sobre como ele foi "gentil entre" o povo de Tessalônica – como uma enfermeira que cuida de sua criança (2,7) e, pouco à frente, como "um pai que trata de seus filhos" (2,11). Se alguém lê a passagem inteira, contudo, fica evidente que Paulo equilibra essas imagens mais "dialógicas" com imagens "proféticas". Paulo conta como chegou a Tessalônica depois de ter sido "tratado insolentemente" em Filipos (2,2). Ainda assim, ele "criou coragem através de nosso Deus para falar a você sobre o Evangelho de Deus" (2,2). Paulo fala sobre "ser investido do Evangelho" e, assim, falar em nome de Deus (2,4). Ele fala sobre como trabalhou dia e noite para proclamar o Evangelho e para não ser um fardo para outras pessoas, conta o quanto exortou e encorajou o povo para que ele mesmo se conduzisse pelo caminho digno de Deus, para o qual havia sido chamado (2,9.12). De fato, Paulo diz, em Rm 1,16, que "não sente vergonha do Evangelho. Ele é o poder de Deus para a salvação de todo aquele que acredita". Paulo prega isso alegremente, cheio de prazer, vendo seu trabalho como um serviço sacerdotal que faz dos gentios uma oferta digna para Deus no Espírito (cf. Rm 15,16).

---

[31] Ibid., p. 519-521.

A missão é feita no diálogo. A missão é feita na profecia. Os dois andam juntos. Ainda que possamos distingui-los para melhor entender o todo, não podemos nem nos atrevemos a separá-los. A missão é um diálogo profético. A missão é uma profecia dialógica. A questão não é saber se ela é aquele ou esta. Acima de tudo, a questão reside em saber *quando* deve ser enfatizado ou aplicado mais plenamente o aspecto dialógico do serviço missionário e *quando* alguém deve atuar ou falar profeticamente em ações, palavras e confrontações. Como a própria vida, e como ocorre em qualquer ministério, o engajamento na missão de Deus é uma arte. É preciso estar em contato com a fonte da criatividade, o Espírito Santo, para saber como proceder. É o Espírito que abre nossos ouvidos para ouvir, unge nossas línguas para falar e inflama nossos corações para testemunhar.

CAPÍTULO 4

Missão no século XXI. Diálogo profético e teologia contextual*

Em uma conferência na União Teológica em Chicago, alguns anos atrás, o notável teólogo vietnamita-americano Peter C. Phan sugeriu que missão "não é uma palavra inocente". Não há dúvida de que, em nome da missão, muitos povos e culturas em todo o mundo sofreram severamente. A "Ilha da Missão" mostrada no filme *Austrália* pode ter tido alguns elementos de redenção, mas sabemos que ela deve ter sido muito mais como a horrível escola para crianças aborígenes sobre a qual lemos em *Rabbit-Proof Fence*.[1] Em sua vigorosa tese de doutorado sobre a reconciliação na Austrália, nosso amigo Gerard Goldman falou sobre a bem-intencionada, porém sufocante, estrutura da missão, que adotava "dormitórios" para meninos aborígenes e "conventos" para meninas aborígenes.[2]

Peter Matthiessen, em *At Play in the Fields of the Lord* ("Brincando nos campos do Senhor"), e Barbara Kingsolver, em *The Poisonwood Bible* ("A

---

* Este capítulo foi originalmente escrito por Stephen Bevans e apresentado na conferência sobre Teologia Contextual do United Theological College de Sydney, Austrália. Uma versão ligeiramente modificada, "A Theology of Mission for the Church of the 21st Century: Mission as Prophetic Dialogue", foi publicada em: BEVANS, Stephen; TAAHAFE-WILLIAMS, Katalina (Eds.). *Contextual Theology for the 21st Century*. Eugene, Ore.: Pickwick Publications, 2011.

[1] PILKINGTON, Doris. *Rabbit-Proof Fence*. New York: Miramax Books, 2002.

[2] GOLDMAN, Gerard. Remembering Ian, Alan Goldman, and Memela: Using Narrative as an Approach to Aboriginal Reconciliation in Australia. D. Min. thesis project, Catholic Theological Union, Chicago, 1999.

Bíblia envenenada"), certamente reforçam o estereótipo de que, ao menos quando vista da perspectiva da teologia contextual, a missão *nada* tem a oferecer à Igreja do século XXI.[3] Como escreveu tão asperamente o nativo norte-americano Tink Tinker: "Dada a desastrosa história das práticas missionárias da Europa Ocidental – para as culturas e povos submetidos à missão –, poder-se-ia esperar que não existissem projetos de missão que pudéssemos conceber como portadores de qualquer tipo de legitimidade".[4]

Por mais elementos de veracidade que esses retratos da missão carreguem consigo, eles ainda são estereótipos. A missão, certamente, não é inequivocamente boa, mas seus esforços não têm sido totalmente maus ou destrutivos. Estudos cuidadosos feitos pelo historiador gambiano Lamin Sanneh, professor de História na Universidade de Yale, concluíram que os esforços dos missionários na África Ocidental para traduzir a Bíblia para as línguas locais serviram efetivamente para preservar as línguas e as culturas africanas diante da invasão da cultura ocidental e da globalização.[5]

O historiador escocês Andrew Walls escreve sobre as muitas sociedades missionárias do século XIX que atuavam como uma "afortunada subversão da Igreja".[6] O trabalho missionário realizado, não obstante sua ambiguidade, resultou no mundo rico da cristandade que temos atualmente, com sua prosperidade resultante de teologias contextuais, para prover o que Steve Bevans chamou de nova agenda, novos métodos, novas vozes e um novo diálogo.[7] Se a missão não existisse, não existiriam teologias

---

[3] MATTHIESEN, Peter. *At Play in the Fields of the Lord.* New York: Random House,1965. KINGSOLVER, Barbara. *The Poisonwood Bible;* A Novel. New York: HarperFlamingo, 1998.

[4] TINKER, Tink. The Romance and Tragedy of Christian Mission among American Indians. In: YOUNG, Amos; BROWN ZIKMUND, Barbara (Eds.). *Remembering Jamestown;* Hard Questions about Christian Mission. Eugene, Ore.: Pickwick Publications, 2010. p. 26-27.

[5] SANNEH, Lamin. *Translating the Message;* The Missionary Impact on Culture. Twentieth Anniversary Edition. Maryknoll, N.Y.: Orbis Books, 2009.

[6] WALLS, Andrew F. Missionary Societies and the Fortunate Subversion of the Church. *The Missionary Movement in Christian History.* Maryknoll, N.Y.: Orbis Books, 1996. p. 241-254.

[7] Cf. BEVANS, Stephen. What Does Contextual Theology Have to Offer the Church of the Twenty-first Century? In: BEVANS, Stephen; TAAHAFE-WILLIAMS, Katalina (Eds.). *Contextual Theology for the 21st Century.* Eugene, Ore.: Pickwick Publications, 2011.

Diálogo profético

contextuais que oferecessem para a Igreja uma aparência própria e nova nos dias de hoje.

Em abril de 2009, Steve passou a Semana Santa no deserto da Austrália Central, onde se encontrou com o idoso líder tribal da cidade de Yuendumu, no Território Norte. O líder foi levado de sua terra para Darwin quando ainda era jovem; lá, foi educado por irmãos maristas e, provavelmente, ficou em um dos dormitórios referidos por Goldman em sua obra. Até hoje, aquela educação é que lhe possibilita ser um porta-voz contra os esforços do governo de tirar suas terras para a mineração de urânio.

Além dessas considerações históricas, portanto – e indicamos somente algumas –, a falta de inocência e as ambiguidades claras no contexto da missão não nos devem afastar de reconhecer seus valores duradouros na teologia e prática cristãs. Uma teologia anterior da missão – muitas vezes baseada na ideia iluminista de superioridade dos valores ocidentais e no desdém pelas culturas locais e tradições religiosas antigas – demandava uma revisão radical, que foi materializada na metade do século passado. Essa revisão se realizou em duas direções.

A primeira direção da revisão e renovação está ancorada na obra de Karl Barth e Karl Hartenstein, da primeira metade do século XX, e enfatiza as *raízes trinitárias* da missão. Como em 1952 determinou a Conferência de Willingen, a Igreja se engaja na missão não porque *tem* uma missão, mas porque *Deus* tem uma missão – ou melhor, porque Deus *é* missão.[8] Vendo dessa perspectiva teológica, ser cristão significa ser batizado na própria vida de Deus, que é uma vida de comunhão radical, que extrai a humanidade e mesmo a própria criação desta comunhão. É comum dizer, nos dias de hoje, que não é tanto a *Igreja* que possui uma missão, mas que a *missão é que possui uma Igreja*. A Igreja é a forma particular, concreta, sacramental – e imperfeita – pela qual Deus trabalha no mundo para chamar todos

---

[8] Cf. o documento de Willingen em: THOMAS, Norman (Ed.). *Classic Texts in Mission and World Christianity*. Maryknoll, N.Y.: Orbis Books, 1994. p. 103-104. Ver, também, o que escrevemos no Capítulo 1.

os povos à comunhão com ele. Como lemos em 2Cor: "[...] em Cristo, Deus reconciliou o mundo para si, [...] e nos confiou a mensagem da reconciliação. Assim, somos embaixadores de Cristo, uma vez que Deus faz... um apelo por nosso intermédio" (cf. 2Cor 5,19-20). Ou, como escreveu Emil Brunner: "A Igreja existe pela missão exatamente como o fogo existe pela combustão".[9] Nós fazemos parte da missão de Deus por conta da maravilhosa graça de Deus.

A segunda direção da revisão e renovação da teologia da missão também possui raízes antigas, mas podemos traçá-la até movimentos como o Concílio Mundial das Igrejas e o Catolicismo Romano dos anos 1960 e 1970. Para colocar aqui somente o lado católico, vemos que a noção da missão se expandiu em 1971, quando os bispos do mundo falaram em trabalhar pela justiça global como um "elemento constitutivo de pregação do Evangelho".[10] O Papa Paulo VI, em seu maravilhoso documento sobre a evangelização no mundo moderno (*Evangelii Nuntiandi*, de 1975), enfatizou que, apesar do testemunho e da proclamação do Evangelho, o convite para a conversão é o ponto central da evangelização – que inclui elementos como os esforços para a inculturação (contextualização) e a libertação. João Paulo II, em sua extensa encíclica *Redemptoris Missio* ("A missão do Redentor"), adicionou o elemento do diálogo inter-religioso. A missão, como iremos elaborar no próximo capítulo, não pode ser reduzida a um elemento, em especial aos esforços de conversão. Ela precisa incluir o próprio compromisso de emitir justiça, paz e a integridade da criação; ela precisa proceder com sensibilidade cultural e contextual; ela precisa proclamar a convicção cristã dentro do contexto de um diálogo honesto com as religiões do mundo.

Se a missão é um convite à conversão – e ela é –, deve ser entendida não tanto como um chamado para abandonar a própria cultura e valores

---

[9] BRUNNER, Emil. *The Word in the World*. London: SCM Press, 1931. p. 11.

[10] SÍNODO DOS BISPOS DE 1971. Justice in the World, Introdução. In: O'BRIEN, David J.; SHANNON, Thomas A. (Eds.). *Catholic Social Thought;* The Documentary Heritage. Maryknoll N.Y.: Orbis Books, 1992. p. 289.

profundos, mas para imaginar o mundo de forma diferente, a começar a perceber suas possibilidades com os olhos de Deus. O novelista canadense Rudy Wiebe diz isso maravilhosamente: "você se arrepende não por se sentir mal, mas por *pensar diferente*".[11] Ajudar as pessoas a "pensar diferente" é a missão da Igreja: chamá-las para trabalhar com Deus na criação de um mundo de justiça, paz, reconciliação, harmonia entre as religiões, integridade ecológica e afirmação cultural.

A Igreja do século XXI – global, multicultural, associada às minorias, pobre, vulnerável e ameaçada em termos ecológicos – existe através da missão. Mas essa missão é muito diferente da concebida há um século por anglicanos, batistas, maristas, ursulinas, espíritas e FMMs. É uma missão que precisa ser vivida no "diálogo profético". É o tema que vamos examinar a seguir.

A missão como diálogo profético

"Diálogo profético" é um termo usado para descrever a missão em nosso livro de 2004, *Constants in Context*.[12] Não fomos, de fato, os primeiros a empregá-lo – "diálogo profético" foi como nossa própria congregação missionária, a Sociedade do Verbo Divino, decidiu descrever o modo como nós, verbitas, nos engajamos na missão. A frase foi idealizada em nosso Capítulo Geral no ano de 2000. Os asiáticos de nossa congregação propuseram que, ao falar sobre missão, simplesmente falássemos "diálogo", mas os latino-americanos contestaram veementemente a proposta. Para eles, no contexto de um compromisso de libertação no meio da pobreza, opressão política e cultural da América Latina, a realização da missão se aproximava mais de um engajamento à *profecia*. Debatemos a questão e um dos

---

[11] WIEBE, Rudy. *The Blue Mountains of China*. Toronto: McClelland and Stewart, New Canadian Library Edition, 1995. p. 258.

[12] BEVANS, Stephen B.; SCHROEDER, Roger P. *Constants in Context; A Theology of Mission for Today*. Maryknoll, N.Y.: Orbis Books, 2004.

participantes sugeriu que falássemos em termos de um "diálogo profético". Todos pareceram satisfeitos e, assim, adotamos o conceito.

A missão como diálogo

Desenvolvemos, porém, a ideia do diálogo profético à nossa própria maneira. Para nós, a missão é, em primeiro lugar, *diálogo*. Alguém entra na missão com uma profunda abertura para o lugar e para o povo em meio ao qual está trabalhando. A famosa máxima de Max Warren – "nosso primeiro dever, quando nos aproximamos de outro povo, cultura ou religião, é tirar nossos sapatos, porque o lugar de que nos aproximamos é sagrado"[13] – deve servir como texto básico para o missionário. Em um prévio Capítulo Geral verbita, nós também desenvolvemos uma espiritualidade de "travessia" rumo a outras culturas e povos. Antes de tudo, devemos *deixar* nossa pátria ou lugar de conforto (*deixar* é necessário; muitos missionários, de fato, nunca *deixam*) e *atravessar para* as culturas, línguas e padrões econômicos dos povos.[14] Outro texto que vale enfatizar é o expresso na fala do grande teólogo católico sul-africano Albert Nolan: "Escutem, escutem, escutem. Façam perguntas. Escutem!". Nosso colega Claude Marie Barbour cunhou o termo "missão em reverso": devemos ser evangelizados pelo povo antes de ser um canal de evangelização; precisamos permitir que o povo seja nosso professor antes de pretender ensiná-lo.[15]

A missão como diálogo é o ministério da presença, do respeito. Ela é um testemunho, na base, para o Deus que se move entre nós no diálogo, para o Verbo que se transformou em carne e para a comunhão do próprio Deus que nos chama para a comunhão com o nosso universo e com outros. Alguns de seus grandes exemplos, como já mencionado no Capítulo 2, são mulheres e homens como Francisco de Assis, a indiana Pandita Ramabai,

---

[13] WARREN, Max. Preface to John V. Taylor. *The Primal Vision*. London: SCM Press, 1963. p. 10.

[14] *Following the Word Nr. 1. Mission, Spirituality, Formation*. Rome: SVD Publications. p. 43-60. 1998.

[15] Cf. BARBOUR, Claude Marie. Seeking Justice and Shalom in the City. *International Reviews of Mission* 73 (1984) 303-309.

o eremita francês e contemplativo na Argélia Charles de Foucauld, C. W. Andrews e Bede Griffiths. Dentre as várias passagens da Escritura que podemos oferecer como fundamento, uma que nos atinge particularmente é a descrição de Paulo a seu próprio respeito e a respeito de sua obra, em 1Ts 2,7-8: "Fomos gentis entre vocês como uma ama que cuida de sua criança. Assim, sendo-vos tão afeiçoados, de boa vontade quisemos comunicar não somente o Evangelho de Deus, mas a nós mesmos, porquanto vos tornastes muito amados de nós".

Missão como profecia

A missão autêntica também envolve profecia – em vários sentidos. Em primeiro lugar, a motivação básica para a missão deve ser a de compartilhar as assombrosas, desafiantes, autoconvincentes e espantosas *boas-novas* sobre o Deus de Jesus Cristo e a visão de Deus para o mundo. O termo "Evangelho" é traduzido em filipino ou tagalog de forma maravilhosa: como *magandang balita*, literalmente, notícias maravilhosas. Profecia é, antes de tudo, um "contínuo contar", não sob nossa própria autoridade, mas sob a autoridade de Deus. É por isso que, nas poderosas palavras do Papa Paulo VI, não existe evangelização digna deste nome a não ser quando "o nome, o ensino, a vida, as promessas, o reino e o mistério de Jesus de Nazaré, o Filho de Deus, são proclamados".[16] Engajar-se na missão não visa simplesmente ao melhoramento físico da humanidade, ao aumento da comunicação entre cristãos ou ao desenvolvimento profundo de alguém – ainda que todas estas coisas valham a pena. Missão se refere a falar respeitoso, gentil, dialógico e também cheio de fé, em palavras e ações, do amor de Deus revelado em Jesus de Nazaré.

A segunda maneira pela qual a missão é profecia está no espírito dos profetas do Antigo Testamento, como Amós, Oseias e Isaías, em sua clara crítica e na exposição de qualquer tipo de injustiça no mundo. Para aludir

---

[16] PAULO VI. Exortação apostólica *Evangelii Nuntiandi*, sobre a evangelização no mundo contemporâneo, 22.

novamente ao documento episcopal de 1971, trabalhar para a justiça é uma *parte constitutiva* da pregação profética do Evangelho. O Evangelho que os cristãos proclamam é um Evangelho de justiça. Ele é a proclamação de um mundo de igualdade e participação, um mundo no qual o maior é o servidor de todos, um mundo de paz e oportunidade. Há uma longa lista de profetas na história da missão da Igreja, entre os quais poderíamos mencionar Bartolomeu de Las Casas, Pedro Claver, Martin Luther King Jr., Dorothy Day e, talvez, até mesmo dissidentes como Roy Bourgeois.

Em terceiro lugar, poderíamos falar do testemunho da comunidade eclesial como profética. Gerhard Lohfink escreve com vigor a respeito da poderosa necessidade da comunidade cristã de formar uma "sociedade de contraste", para ser uma demonstração ao mundo ao redor de qual deve ser o aspecto do Reino de Deus.[17] Nas palavras de Lesslie Newbigin, a Igreja precisa ser "símbolo e prenúncio"[18] do Reino de Deus que virá. Mesmo que uma pessoa não espose plenamente o modelo "contracultural" da teologia contextual, ainda assim há algo na vida cristã e em sua mensagem que desafia profundamente o estado das coisas.[19] A maneira como os cristãos cuidam uns dos outros, sua hospitalidade, seu envolvimento na política e nas artes, seus padrões morais – todos estes elementos podem ser desafios gentis ou não tão gentis para o mundo ao seu redor.

A profecia não precisa ser algo sério ou irado, mesmo que, algumas vezes, possa perfeitamente ser assim. A nova compreensão da teologia da libertação, a que Carmelo Álvarez se refere, testemunha isso.[20] Certamente, a bem conhecida exclamação das pessoas do Império Romano nos primeiros

---

[17] LOHFINK, Gerhard. *Jesus and Community*. Philadelphia: Fortress Press, 1984. p. 168.

[18] Para referência sobre a frase do trabalho de Newbigin, cf.: HUNSBERGER, George. *Bearing the Witness of the Spirit*; Lesslie Newbigin's Theology of Cultural Plurality. Grand Rapids, Mich.: William B. Erdmans, 1998. p. 167.

[19] BEVANS, Stephen B. *Models of Contextual Theology*. Revised and expanded edition. Maryknoll N.Y.: Orbis Books, 2002. p. 117-137.

[20] ÁLVAREZ, Carmelo E. A Future for Liberation Theology. In: BEVANS, Stephen; TAAHAFE-WILLIAMS, Katalina (Ed.). *Contextual Theology for the 21st Century*. Eugene, Ore.: Pickwick Publications, 2011.

séculos do Cristianismo – "vejam como eles amam uns aos outros" – foi um reconhecimento da profecia. Na atualidade, poderíamos desejar que elas dissessem: "vejam como eles celebram uns com os outros!", ou, como no caso da comunidade Amish anos atrás, "vejam como eles se perdoam!". Mas, mesmo nos casos em que a profecia é irada, como no caso da ira dos profetas do Antigo Testamento contra Israel, ou da ira de Jesus contra os fariseus, trata-se de um sentimento nascido do amor. Somente porque os profetas e Jesus *amaram* Israel é que eles se dirigiram a ele tão severamente. Os cristãos "falam como é" ao mundo não porque este seja definitivamente mau, mas porque ele é como é – e como pode ser na visão de Deus.

Diálogo profético

A missão deve ser feita tanto como diálogo quanto como profecia: em "diálogo profético". Essa ideia também é expressa na maravilhosa frase do missiólogo da África do Sul David Bosch, "arrojada humildade".[21] Nós precisamos corajosamente proclamar as "boas-novas" da história de Deus em Jesus e da visão de Deus para o nosso mundo, mas precisamos fazer isso como Deus o faz: com paciência, com respeito, em diálogo.

Extraímos da Carta de Paulo aos Tessalonicenses um exemplo de como ele fez missão em diálogo. Em seu pleno contexto, ele reflete muito mais uma atitude de arrojada humildade ou de diálogo profético do que a que estamos advogando aqui.

> Efetivamente sabeis, irmãos e irmãs, que a nossa ida a vós não foi sem fruto, pois, tendo primeiro sofrido e tolerado afrontas (como sabeis) em Filipos, tivemos confiança em nosso Deus para vos pregar o Evangelho de Deus em meio a muitos obstáculos. A nossa exortação não procedeu de erro, nem de malícia, nem de fraude, mas, como fomos aprovados por Deus para que nos fosse confiado o Evangelho, assim falamos, não para agradar aos homens, mas a Deus, que sonda os

---

[21] BOSCH, David J. *Transforming Mission*; Paradigm Shifts in Theology of Mission. Maryknoll N.Y.: Orbis Books, 1991. p. 489.

> nossos corações; realmente, a nossa linguagem nunca foi de adulação, como sabeis, nem um pretexto de avareza. Deus é testemunha; nem buscamos glória dos homens, quer de vós, quer de outros. Podendo, como apóstolos de Cristo, ser-vos de algum peso, fizemo-nos pequenos entre vós, como a mãe que cerca de ternos cuidados os seus filhos (1Ts 2,1-7).

Paulo, sem dúvida, tornou-se "todas as coisas para todas as pessoas", "um escravo para todos", mas isso porque "ai de mim se eu não evangelizar" (cf. 1Cor 9,16-23).

Quando alguém realiza a missão num diálogo profético, precisa ser contextual, precisa fazer a teologia em termos contextuais. É disso que trataremos na terceira e última seção deste capítulo.

Diálogo profético e teologia contextual

Em que contexto alguém precisa ser profético ao participar da missão de Deus? Em que contexto alguém precisa ser dialógico? É no discernimento das respostas a essas questões que alguém precisa pensar em termos contextuais. Em nossa global, multicultural, minoritária, pobre e vulnerável Igreja do século XXI, a maneira como nós, cristãos, vivemos e testemunhamos o Evangelho na missão dependerá muito da situação em que nos encontramos.

Nós gostaríamos de tomar o termo "teologia contextual", aqui, da forma mais ampla possível. A teologia contextual, portanto, incluirá não somente o diálogo com culturas locais e particulares e com mulheres e homens em posições sociais específicas. Incluirá, também, o diálogo com outros cristãos que estão na missão e, de fato, com pessoas de outras religiões. Assumir essa aproximação teológica contextual para a missão também envolve a reflexão a respeito e a prática da reconciliação entre diversas facções e inimigos no contexto em que vivemos. Por fim, isso também será dado na conversa profética e de cunho dialógico em relação às situações de injustiça e de risco ecológico.

Como cristãos engajados na missão, nossa primeira atitude deveria envolver o ouvir, o respeitar, o aprender e o discernir. Mas como escutamos e discernimos com cuidado, nós vivenciaremos a necessidade, e mesmo o dever, de falar. Encontraremos caminhos criativos para apresentar a mensagem cristã e seremos impelidos a nos opor às injustiças ou a advogar reformas. Tudo dependerá da maneira de refletir teologicamente, que nos guiará e dará suporte em nosso dever missionário.

É aí que os vários modelos que Stephen Bevans propôs[22] – assim como outros, que as pessoas engajadas na missão irão descobrir – entrarão em campo. Será que a melhor maneira de apresentar o Cristianismo é por meio de uma tradução, de um "colocar o Evangelho no interior" de um valor cultural particular ou nos termos de uma situação particular (um modelo de tradução)? Poderá o diálogo profético de uma pessoa levar a descobertas maravilhosas em sua própria cultura ou em outras religiões (um modelo antropológico)? Será que a reflexão a respeito de como alguém pratica o Evangelho revelará maneiras mais efetivas de ação, de reforço da fé em relação ao Evangelho e maior efetividade em um contexto (um modelo prático)? A experiência dos forasteiros desafiará ou iluminará os caminhos de alguém que faz missão para outras possibilidades de jornada (um modelo sintético)? Ou será que um caminho alternativo, o caminho do Evangelho, testemunhará o poder do Evangelho em uma situação de secularismo, consumismo ou excesso de confiança nas escolhas individuais (modelo contracultural)?

Conclusão

Quando Steve primeiramente escreveu sua obra *Modelos de teologia contextual*, ele observou que costumava enfatizar que o livro não tinha por tema a *missiologia*, mas a *teologia sistemática* ou o método teológico. Isso, certamente, é verdade. Contudo, ao desenvolver seu próprio pensamento sobre teologia contextual de um lado, e sobre missão do outro, ele começou

---

[22] Cf. BEVANS, *Models of Contextual Theology*.

a perceber que seu livro era muito mais uma obra missiológica. Da mesma forma que os cristãos não podem fazer uma teologia que não seja contextual, eles não podem engajar-se em uma missão que não seja contextual. A maneira como vivemos enquanto cristãos – vida em missão – é, constantemente, o viver em diálogo com e discernindo o nosso contexto, e correlacionando tal contexto com uma tradição cristã ampla e antiga. Somente assim podemos ousar vestir o manto profético de Jesus, que Deus nos deu por meio do Espírito Santo.

CAPÍTULO 5

Desemaranhando uma "realidade complexa". Seis elementos da missão*

"Missão", escreve o Papa João Paulo II em *Redemptoris Missio*, "é uma singular, mas complexa, realidade, e ela se desenvolve de várias maneiras".[1] Existe somente *uma* missão, a missão de Deus como tal, na qual a Igreja *compartilha* (cf., por exemplo, Gl 2,20; Fl 1,21; 1Cor 10,16-17; Mt 10,40; Jo 20,21) e *continua* (cf. Mt 28,18-20; Mc 16,15-16; Lc 24,44-47; At 1,8) pregando, servindo e testemunhando o Senhor Jesus e a visão do Reino de Deus (At 28,31). A Igreja faz isso em quatro "campos" – em sua obra pastoral, em seu compromisso com a "nova evangelização", no esforço em direção a uma transformação da sociedade e da cultura e em seu movimento para todos os povos na missão *ad gentes* (*Redemptoris Missio*, 34). Em cada nível existem, também, seis "elementos" operativos: 1. testemunho e proclamação; 2. liturgia, oração e contemplação; 3. justiça, paz e a integridade da criação; 4. diálogo com mulheres e homens de outras crenças e ideologias; 5. inculturação; e 6. reconciliação.

Mas por que *seis* elementos? As opiniões, é certo, variam. Em 1981, a organização católica SEDOS (Serviço de Documentação e Estudos, patrocinado por ordens missionárias sediadas em Roma) enunciou *quatro*

---

* Este capítulo foi originalmente escrito por Stephen Bevans e publicado no *International Bulletin of Missionary Research* 27, n. 2 (April 2003), p. 50-53.
[1] JOÃO PAULO II. *Redemptoris Missio* ("A missão do Redentor"), sobre a validade permanente do mandato missionário, 41.

elementos da missão, adicionando diálogo, inculturação e libertação ao elemento tradicional da proclamação.[2] Em 1984, um documento com o título "Diálogo e Missão", emitido pela organização que ficou conhecida como Secretariado para Não Cristãos no Vaticano, nomeou *cinco* elementos: presença e testemunho; desenvolvimento e libertação; vida litúrgica, oração e contemplação; diálogo inter-religioso; proclamação e catequese.[3] Em 1991, David Bosch, em *Missão que se transforma*, falou de *treze* "elementos de um emergente paradigma ecumênico" da missão.[4] Em 1999, Andrew Kirk esboçou *sete* elementos, como Donald Dorr já havia feito em 2000.[5]

Em um esforço para sintetizar as várias nomenclaturas, Eleanor Doidge e Steve Bevans escreveram um ensaio em 2000 no qual deram nomes aos seis elementos sobre os quais refletimos aqui.[6] Para nós, testemunho e proclamação estavam amarrados; havia a pertinente insistência de Andrew Kirk em relação ao valor de aspectos ligados à ecologia como parte integrante da missão, que deveriam ser igualados aos também essenciais elementos de justiça e paz; e a insistência de Robert Schreiter sobre a reconciliação como um novo modelo de missão[7] precisava ser reconhecida plenamente. Além disso, contrariamente e em contraste com o exposto no documento

---

[2] Agenda for Future Planning, Study, and Research in Mission. In: JENKINSON, William; O'SULLIVAN, Helene (Ed.). *Trends in Mission;* Toward the Third Millenium. Maryknoll, N.Y.: Orbis Books, 1991. p. 399-414.

[3] SECRETARIADO PARA NÃO CRISTÃOS. The Attitude of the Church toward the Followers of Other Religion: Reflections and Orientations on Dialogue and Mission. *Bulletin Secretarius pro non Cristianis* 56, n. 2 (1984), p. 13.

[4] BOSCH, David J. *Transforming Mission;* Paradigms in Theology of Mission. Maryknoll, N.Y.: Orbis Books, 1991.

[5] KIRK, J. Andrew. *What Is Mission;* Theological Explorations. London: Darton, Longman and Todd, 1999. DORR, Donald. *Mission in Today's World.* Maryknoll N.Y.: Orbis Books, 2000.

[6] BEVANS, Stephen; DOIDGE, Eleanor. Theological Reflections. In: KRAEMER, Barbara (Ed.). *What Mission Confronts Religious Life in the U. S. Today?* Chicago: Center for the Study of Religious Life. p. 37-48.

[7] Ver, por exemplo: SCHREITER, Robert J. Globalization and Reconciliation: Challenges to Mission. In: SCHREITER, Robert J. (Ed.). *Mission in the Third Millenium.* Maryknoll, N.Y.: Orbis Books, 2001. p. 121-143.

Diálogo profético

"Diálogo e Missão", Bevans e Doidge estavam convencidos de que a inculturação é uma parte essencial de toda tarefa missionária. Assim, a síntese por eles elaborada se constitui de seis elementos. O que nós oferecemos aqui são reflexões muito breves sobre cada um desses seis elementos.

Testemunho e proclamação

A interconexão entre o testemunho cristão e a proclamação mencionada no Evangelho é, talvez, expressa mais claramente em um escrito atribuído a São Francisco de Assis (e repetido várias vezes neste volume): "Prega sempre; se for necessário, use palavras". Como o Papa Paulo VI escreveu na exortação apostólica *Evangelii Nuntiandi*, "o primeiro significado de evangelização é o testemunho de uma vida cristã autêntica";[8] e o documento *Diálogo e Anúncio*, de 1991, insiste na proclamação, enfatizando: "É a fundação, o auge e o centro da evangelização".[9] Testemunho e proclamação andam juntos. Escreveu David Bosch: "A ação, sem a palavra, é muda; a palavra, sem a ação, é vazia".[10]

O testemunho da Igreja missionária é de, pelo menos, quatro tipos. No primeiro nível, temos os testemunhos de indivíduos cristãos. Alguns podem ser conhecidos e aclamados, como os de Albert Schweitzer ou Madre Teresa. Mas o testemunho da maioria dos cristãos é dado pelos cristãos nas suas vidas comuns – na paciência com os pais, na honestidade nos negócios, na dedicação dos professores, nas escolhas relativas ao local de moradia e de compras, assim como nas formas de entretenimento. Em segundo lugar, há o testemunho da comunidade cristã – "a hermenêutica do Evangelho", como bem escreve Lesslie Newbigin.[11] Em terceiro lugar,

---

[8] PAULO VI. Exortação apostólica *Evangelii Nuntiandi*, sobre a evangelização no mundo contemporâneo, 41.

[9] CONSELHO PARA O DIÁLOGO INTER-RELIGIOSO/CONGREGAÇÃO PARA A EVANGELIZAÇÃO DOS POVOS. *Diálogo e Anúncio*, 10.

[10] BOSCH, *Transforming Mission*, p. 420.

[11] NEWBIGIN, Lesslie. *The Gospel in a Pluralist Society*. Grand Rapids, Mich.: William Erdmans, 1989. p. 222-233.

nós podemos falar sobre o testemunho institucional da Igreja nas suas escolas, hospitais, agências de serviços sociais e orfanatos. E, finalmente, mas certamente não menos importante, há o "testemunho comum" dos cristãos de várias tradições, comprometido em orações comuns, aventuras educacionais comuns, esforços compartilhados por justiça e movimentos semelhantes. Como o *Manifesto de Manila* colocou tão habilmente: "Se a tarefa da evangelização mundial será alguma vez concluída, nós deveríamos nos engajar nisso juntos".[12]

João Paulo II falou de proclamação – da proclamação explícita da excelência de Jesus e de sua visão do Reino de Deus – como "a prioridade permanente da missão".[13] A tarefa da evangelização seria vazia, disse Paulo VI, sem a proclamação "do nome, ensinamento, vida, promessas, Reino e mistério de Jesus de Nazaré, o Filho de Deus".[14] Apesar disso, a proclamação deve sempre ser feita de forma dialógica, levando em conta a situação daqueles para os quais a boa-nova é destinada. Isso nunca pode ser feito separadamente do testemunho, pois "não importa quão eloquente seja nosso testemunho verbal; o povo sempre acredita primeiro com os olhos".[15] Mais do que isso, a proclamação é dada como um convite, respeitando a liberdade dos ouvintes; ela nunca é dada de forma manipuladora. "A Igreja propõe, ela não impõe nada", insiste o Papa João Paulo II.[16] Finalmente, a proclamação autêntica é a resposta a uma pergunta, fornecendo "a razão para a nossa esperança" (cf. 1Pe 3,15).

A primeira tarefa da evangelização, meditou o Cardeal Francis George em uma visita à escola em que ensinamos, é ouvir. Proclamar fora do

---

[12] Manifesto de Manila. In: SCHERER, James A.; BEVANS, Stephen B. (Ed.). *New Directions in Mission and Evangelization 1;* Basic Statements. Maryknoll, N.Y.: Orbis Books, 1992. p. 301.

[13] *Redemptoris Missio*, 44.

[14] *Evangelii Nuntiandi*, 22.

[15] San Antonio 1989. Mission in Christ's Way: Your Will Be Done. *New Directions in Mission and Evangelization 1;* Basic Documents. In: SCHERER, James A.; BEVANS, Stephen B. (Ed.). Maryknoll N.Y.: Orbis Books, 1992. p. 78.

[16] *Redemptoris Missio*, 39.

Diálogo profético

contexto, sem escutar como o Evangelho responde aos mais profundos anseios e esperanças do povo, é proclamar de maneira indigna do poder do Evangelho.

Liturgia, oração e contemplação

A Igreja, observa o liturgista luterano Robert Hawkins, "vive no centro, com os olhos voltados para as fronteiras".[17] A liturgia é um beco sem saída se ela é um fim em si. Nosso colega Richard Fragomeni observou que a meta da liturgia é a *adoração*, e adoração não é aquilo que tem lugar em uma Igreja, mas no mundo. A liturgia precisa ser celebrada "de dentro para fora",[18] como uma antecipação da "liturgia após a liturgia", como dizem os ortodoxos. A celebração da liturgia é um ato de evangelização em vários níveis. É sempre a evangelização do cristão cheio de fé que, dia após dia, semana após semana, está na assembleia litúrgica, plasmando-a mais perfeitamente no corpo de Cristo, no mundo, e chamando cada um, individualmente, para uma vida cristã mais autêntica.

Mas, como sempre há visitantes na congregação – pessoas não crentes ou desligadas de uma Igreja –, a celebração valiosa e vital da liturgia na Eucaristia, Batismo, casamentos ou funerais, pode ser aquele momento em que o Evangelho proclamado e celebrado encontrará ressonância particular naqueles que estão procurando algo mais profundo na vida; pode, até mesmo, ser capaz de superar indiferenças ou resistências.

Em 1927, o Papa Pio XI declarou Francisco Xavier e Teresa de Lisieux como patronos da atividade missionária da Igreja. O jesuíta Francisco Xavier não foi uma surpresa; sua bravura na proclamação do Evangelho na Índia e Japão fez dele um dos maiores missionários de todos os tempos. Contudo, mencionar Teresa não era algo comum. Afinal de contas, ela era uma freira carmelita rigorosamente enclausurada e que nunca deixou

---

[17] HAWKINS, Robert D. Occasional Services: Border Crossing. In: SCHATTAUER, Thomas H. (Ed.). *Inside Out; Worship in an Age of Mission*. Minneapolis: Fortress Press, 1999. p. 201.

[18] Cf. ibidem.

seu convento na França. Todavia, sua autobiografia, publicada alguns anos após sua morte, a revelou como uma mulher fervorosa para o Evangelho, que tinha seu coração sempre além dos muros de seu convento, chamando toda a humanidade para a fé em Cristo. Sua vida de pregadora foi tão intensa, tão universal, tão missionária, que ela pôde ser justamente chamada de padroeira das missões. A ação do papa, em 1927, aponta para a verdade que é o comprometimento de espalhar o Evangelho não simplesmente como uma questão de trabalho heroico em situações interculturais, mas como uma questão de permitir à tarefa missionária formar espiritualidade cristã. Oração e contemplação são vistos e sentidos com o Deus missionário, alinhando a necessidade e o desejo de alguém com a atividade salvadora de uma presença missionária de Deus no mundo. O seriado britânico *Dr. Who* fornece um notável exemplo de como rezar e contemplar podem ser elementos missionários. Dr. Who acessa uma central telefônica em que está o mundo inteiro. A clausura, a paróquia ou a sala de alguém são exatamente como aquela central telefônica.

Justiça, paz e a integridade da criação

"A ação a favor de justiça... [aparece] plenamente para nós como uma dimensão constitutiva da pregação do Evangelho."[19] "Se você quer paz, trabalhe pela justiça."[20] "Nós discernimos dois tipos de injustiça: a socioeconômico-política... e a ambiental."[21] "A responsabilidade da Igreja para com a terra é uma parte crucial da missão da Igreja."[22] O comprometimento com a justiça, a paz e a integridade da criação tece uma roupa em uma só peça de tecido, sem costuras. Todos são constitutivos na tarefa missionária da Igreja.

---

[19] 1971 Synod of Bishops. Justice in the World. In: O'BRIEN, David J.; SHANNON, Thomas A. (Ed.). *Catholic Thought;* The Documentary Heritage. Maryknoll, N.Y.: Orbis Books, 1992. p. 289.

[20] PAULO VI. Message for World Day of Peace. *Origins* 1, n. 29 (January 6, 1972) p. 491.

[21] BOFF, Leonardo. Social Ecology: Poverty and Misery. In: HALLMAN, David G. (Ed.). *Ecotheology:* Voices from South and North. Maryknoll, N.Y.: Orbis Books, 1994. p. 243.

[22] WILSON, Frederick R. (Ed.). *The San Antonio Report;* Your Will Be Done, Mission in Christ1's Way. Geneva: WCC Publications, 1990.

Diálogo profético

O comprometimento com os pobres e os marginalizados do mundo ganha consistência, em primeiro lugar, na forma como a Igreja atua como uma voz para as vítimas da injustiça; ganha consistência, também, ao cutucar a consciência dos ricos. Pessoas como Oscar Romero e Desmond Tutu, documentos como os emitidos pelos bispos dos Estados Unidos sobre paz e economia pastoral, assim como o Documento de Kairos, na África do Sul, são exemplos brilhantes desse ministério de justiça. Em segundo lugar, a Igreja precisa trabalhar para ajudar aqueles que sofrem injustiça a encontrarem *sua própria* voz. Se a Igreja só desenvolve a primeira das ações, torna-se somente uma patrocinadora. A meta do ministério de justiça é ajudar os pobres e marginalizados a encontrarem sua própria subjetividade e esperança. Em terceiro lugar, o compromisso com a justiça significa, inevitavelmente, o compromisso pessoal de solidariedade para com as vítimas do mundo através de uma vida simples, das instâncias políticas e da tomada de partido pelos pobres e oprimidos e por suas causas. Finalmente, como foi colocado pelo Sínodo de 1971, uma Igreja comprometida com a justiça deve ser, ela mesma, justa: "[...] cada um que se aventura a falar de justiça deve trazer a justiça em seus olhos".[23]

Em 1981, o Papa João Paulo II visitou Hiroshima, onde aconteceu o primeiro uso hostil da bomba atômica, em 1945. "A partir de agora", disse ele, "é somente através de uma escolha consciente e de uma política deliberada que a humanidade pode sobreviver."[24] A missão da Igreja envolve assegurar que governos e outros grupos continuem dando suporte a essa "escolha consciente" e sigam essa "política deliberada" na direção da paz. De forma semelhante, o comprometimento da Igreja com a justiça não pode deixar de abranger testemunhos pessoais e institucionais de vida simples, bem como de dar suporte à legislação e a movimentos que promovam a integridade da criação e os cuidados com a Terra. Arrependimento, escreveu o novelista canadense Rudy Wiebe, não é "sentir-se mal [diante de uma

---

[23] 1971 Synod of Bishops. Justice in the World, p. 295.
[24] JOÃO PAULO II. Moral Choices for the Future. *Origins* 10, n. 39 (March 12, 1981) p. 621.

situação]", mas *"pensar diferente"*.[25] O chamado celestial para "arrepender-
-se e acreditar" assume uma dimensão inteiramente nova à luz da atual
consciência sobre a fragilidade da criação e sobre a vocação humana para
a mordomia.

Diálogo inter-religioso/secular

"Diálogo é... a norma e a maneira necessária de cada forma da missão
cristã."[26] Essa norma geral de fazer missão, portanto, tem uma relevância
particular quando cristãos encontram pessoas de outras crenças ou que
não possuem crença. A missão é praticada "na peculiaridade de Cristo",
que reflete a natureza dialógica do próprio eu trinitário de Deus. O diálogo
é baseado na convicção de que "o Espírito de Deus está constantemente
trabalhando de uma forma que ultrapassa a compreensão humana e em
lugares que, para nós, são os menos esperados".[27] Os documentos falam de
quatro tipos de diálogo. Há, em primeiro lugar, o *diálogo da vida*, no qual
os cristãos vivem e se colocam ombro a ombro com pessoas de outras crenças e ideologias. Nesse caminho elas chegam a se conhecer mutuamente, a
se respeitar mutuamente, a aprender com seus semelhantes e a reduzir as
tensões existentes entre pessoas que podem ter visões de mundo radicalmente diferentes. Em segundo lugar, temos o *diálogo da ação social*, através
do qual mulheres e homens de diferentes afiliações religiosas trabalham
juntos por temas comuns de justiça. Trabalhar juntos por leis mais justas de imigração, pela abolição da pena de morte, pela sacralidade da vida
humana e contra o racismo e o sexismo são maneiras pelas quais pessoas
comprometidas podem aprender a conviver com seus semelhantes e ser

---

[25] WIEBE, Rudy. *The Blue Mountains of China*. Toronto: McClelland and Stewart, 1995. p.
258.

[26] SECRETARIADO PARA OS NÃO CRISTÃOS. A Igreja e as outras religiões. *Diálogo e
Missão*, 29.

[27] WORD COUNCIL OF CHURCHES (CONSELHO MUNDIAL DE IGREJAS). Ecumenical
Affirmation: Mission and Evangelism. In: SCHERER; BEVANS, *New Directions in Mission
and Evangelization 1*, p. 43.

Diálogo profético

inspiradas pelas doutrinas sociais de várias religiões e tradições seculares. Em terceiro lugar, há um *diálogo de intercâmbio teológico* que pode ser uma área para especialistas na qual eles são levados a testar a doutrina ou as práticas de seus semelhantes, transformando-se e inspirando-se mutuamente; ele também pode ter lugar entre cristãos comuns quando eles leem os documentos sagrados e os autores estimados pelos outros. Finalmente, há um *diálogo de experiências religiosas*. Enquanto permanecerem diferenças de conteúdo e método, essa será uma área na qual muitas tradições parecem convergir em suas linhas principais. Enquanto pessoas de crenças diferentes não conseguem rezar *juntas*, talvez elas possam – como o Papa João Paulo II fez em Assis, em 1986 e 2002 – se reunir para rezar de acordo com seus próprios costumes.

Inculturação

Ao longo da história da Igreja, houve muitos cristãos proféticos que praticaram, de alguma forma, aquilo que hoje em dia chamamos de "inculturação". Pedro e Paulo, o mártir Justino, Francisco de Assis, Clara, Raymond Lull, Matteo Ricci, Martinho Lutero, Madre Teresa, Roland Allen e Charles de Foucauld são somente alguns nomes que vêm à mente. Não obstante, existe hoje o entendimento de que inculturação não é somente algo para poucas mulheres e homens que vivem, perigosamente, "no limite". Ao invés disso, a inculturação é reconhecida, hoje, como parte integral da comunicação do Evangelho, se o Evangelho, de fato, está sendo *comunicado*. "Você pode e deve ter uma cristandade africana", proclamou Paulo VI em 1969.[28] "Contextualização... não é algo simplesmente 'legal'", escreve o missiólogo evangélico David Hesselgrave. "É uma necessidade."[29]

O lugar central da inculturação no entendimento atual da missão é algo que emergiu somente quando a teologia e a espiritualidade começaram

---

[28] PAULO VI. The African Church Today. *The Pope Speaks* 14, n. 3 (1969) p. 219.

[29] HESSELGRAVE, David J. *Communicating Christ Cross-Culturally;* An Introduction to Missionary Communication. Grand Rapids, Mich.: Zondervan, 1978. p. 85.

a reconhecer o papel essencial da experiência em toda forma de vivência humana. Tradicionalmente, a teologia foi vista como um reflexo da fé nas Escrituras e na Tradição. Havia uma teologia válida sempre e em todo lugar. Como a teologia começou a reconhecer a mudança antropológica que marcou tanto a consciência moderna ocidental, a função da experiência na teologia ficou mais influente. Mas isso não foi, portanto, um motivo para que essa experiência fosse simplesmente *adicionada* às tradicionais fontes da Escritura e da Tradição; a reviravolta antropológica revelou o fato de que as próprias Escritura e Tradição foram altamente influenciadas pelas experiências de mulheres e homens em momentos específicos, lugares e contextos culturais. E, assim, a experiência tomou um valor normativo que não possuía em tempos passados. A teologia ocidental, reconhecemos agora, era limitada, o produto contextual de um conjunto peculiar de experiências. Cada tempo e cada cultura precisam refletir sobre a fé conforme seus próprios termos, e precisam usar suas próprias lentes para interpretar as Escrituras, as formulações doutrinais do passado, as práticas éticas e os costumes litúrgicos. Hoje em dia, a experiência do passado (Escritura e Tradição) e a experiência do presente (contexto) podem interagir de várias formas que são condicionadas por circunstâncias particulares e/ou convicções teológicas, mas se a fé cristã deve se engajar autenticamente em um contexto, isso é simplesmente recebido como um imperativo missiológico.[30]

Reconciliação

Num mundo de crescente violência, tensões entre religiões, ações terroristas e ameaças contínuas, globalização e deslocamento de povos, o testemunho da Igreja e a proclamação da possibilidade de reconciliação podem constituir um novo caminho para a sua concepção de tarefa missionária. A missão, hoje em dia, reconhece que a reconciliação precisa tomar lugar em níveis diversos. Há, em primeiro lugar, o nível *pessoal* de cura entre

---

[30] Cf. BEVANS, Stephen. *Models of Contextual Theology*. Maryknoll, N.Y.: Orbis Books, 2002. p. 3-15.

Diálogo profético

esposos e esposas, entre vítimas e seus torturadores ou opressores, bem como entre vítimas de calamidades naturais, como terremotos ou tempestades tropicais. Há, então, a reconciliação entre membros de culturas oprimidas, como os aborígines australianos, as primeiras nações da América do Norte, as tribos indígenas da América Latina e aqueles que os oprimiram e marginalizaram por séculos. Um terceiro nível de reconciliação pode ser chamado *político*. Pode-se pensar na reconciliação demandada após os anos de *apartheid* na África do Sul ou após os anos de desaparecimentos forçados e massacres como os registrados na Argentina ou Guatemala.

Reconciliação, insiste Robert Schreiter, envolve muito mais *espiritualidade* do que *estratégia*.[31] Em primeiro lugar, reconciliação é a obra de Deus, uma obra de graça, e é oferecida, antes de mais nada e principalmente, pelas vítimas da injustiça e da violência. A tarefa da Igreja não é desenvolver estratégias para que isso aconteça, mas testemunhar isso em sua vida e proclamar, em destemida esperança, que a graça de Deus *realmente* cura e que, através da obra reconciliadora de Jesus Cristo, as barreiras de hostilidade podem ser postas abaixo, e aqueles que estavam divididos podem se tornar um. Para ter presente que "Ele é nossa paz" (Ef 2,14). Para facilitar o reconhecimento da obra graciosa de Deus em meio a tanta violência e tragédia, a Igreja precisa desenvolver comunidades de honestidade, compaixão e aceitação. Ministros de reconciliação precisam afiar suas habilidades de atenção contemplativa e de escuta. Estratégias devem ser encontradas para a aplicação de novas formas de celebração do sacramento da Reconciliação ou de ritualização, de alguma maneira, da ação reconciliadora de Deus.

Conclusão

A missão, hoje em dia, precisa ser entendida como "uma única realidade complexa". Enquanto é verdade que a proclamação explícita,

---

[31] SCHREITER, Robert J. *The Ministry of Reconciliation; Spirituality and Strategies.* Maryknoll, N.Y.: Orbis Books, 1997.

profética, do Evangelho *de* e *sobre* Jesus[32] possui certa "prioridade permanente" (*Redemptoris Missio*, 44), é igualmente verdade que as palavras da proclamação devem estar enraizadas numa autêntica *natureza* da Igreja e, assim, enraizadas naquilo que chamamos de *diálogo*. Da mesma forma, a Igreja está sendo chamada para encarnar aquilo que afirma em sua vida comunitária e no seu engajamento no mundo. Ela faz isso através de sua participação na missão de Deus – radicalmente dialógica, como Deus em si, e radicalmente profética, como visto especialmente na afirmação divina das palavras de Deus sobre esperança, encorajamento, desafio, e, quando necessário, condenação.

Em um mundo onde o Espírito é constantemente manifestado em movimentos sociais e políticos, na riqueza de cultura e na santidade de muitas formas religiosas, a missão pode servir aquele Espírito somente através de atos de justiça, confiança na experiência humana e diálogo com diferentes religiões. Em um mundo dilacerado por tantos conflitos religiosos e políticos e também por tragédias humanas, a Igreja precisa reconhecer, por sua vez, que o ministério de reconciliação e paz de Jesus lhe foi confiado (cf. 2Cor 5,19). A missão, finalmente, é o testemunho da esperança de um novo céu e uma nova terra, onde cada lágrima será enxugada (Ap 21,1-5) e onde cada língua de cada nação (Ap 7,9) confessará que Jesus Cristo é o Senhor (Fl 2,11) e que Deus é tudo em todos (1Cor 15,28).

---

[32] ARIAS, Mortimer. *Announcing the Reign of God;* Evangelization and the Subversive Memory of Jesus. Philadelphia: Fortress Press, 1984.

CAPÍTULO 6

Entrando no jardim de alguém. Missão/ministério intercultural*

Na "vila global" de nossos dias, cada vez mais pessoas de diferentes matrizes culturais (raciais, religiosas, econômicas e políticas) coexistem e trabalham juntas. Contudo, enquanto os indivíduos que representam um contexto multicultural estão, de fato, "na mesma sala, ao mesmo tempo", isso não significa que estejam compartilhando seu "mundo" com pessoas consideradas como o "outro". Coexistência e cooperação mínima para chegar a um objetivo comum – mesmo que expressas no respeito às leis de trânsito, em compras feitas em um mesmo *shopping*, no compartilhamento de áreas de recreação ou do ambiente escolar – estão em um determinado nível. Porém, avançar para entrar de fato em um relacionamento de compreensão, aceitação e cuidados que promovam o enriquecimento mútuo (a ponto de compartilhar mundos de significado em seu sentido mais profundo) com uma pessoa de uma cultura diferente da própria é algo muito diferente. Como sabemos, isso é bastante desafiador entre pessoas que possuem os mesmos referenciais, mas é ainda mais raro e difícil entre aquelas de "mundos" diferentes. Neste capítulo, esse último processo é referido como um "cruzamento de culturas" que implica um movimento mútuo e multidirecional entre culturas, algo que se reflete no uso do termo "intercultural" no título. A imagem de um jardim e muitas narrativas pessoais serão usadas para explorar as dinâmicas teológica e ministerial desse

---

* Esta é uma versão ligeiramente revisada de um artigo publicado por Roger Schroeder em: BEVANS, Stephen; DOIDGE, Eleanor; SCHREITER, Robert (Ed.). *The Healing Circle*; Essays in Cross-Cultural Mission. Chicago: CCGM Publications, 2000. p. 147-161.

processo para aqueles que escolhem tal caminho em nome da missão/ministério.[1]

Algumas poucas observações preliminares são necessárias. A referência à "cultura" pretendeu incluir os elementos colocados entre parênteses no primeiro parágrafo, como raça, religião, economia e política, e também o *locus* e a mudança sociais. Gary Riebe-Estrella observou que, em muitos contextos, o racismo é, de fato, a primeira barreira entre pessoas de culturas diferentes.[2] Em segundo lugar, experiências e expressões religiosas são mutuamente formadas e formadoras da cultura de uma pessoa. E diferenças econômicas e políticas, tanto interculturais quanto intraculturais, são, também, fatores determinantes dessa dinâmica. Em terceiro lugar, há de se observar que, enquanto a perspectiva daqueles que tentam "cruzar" rumo a outras culturas como parte de sua missão ou ministério deve ser assumida, essas reflexões também têm interesse para aqueles que buscam fazer o mesmo, mas por outras razões. Por exemplo, o que será observado neste capítulo pode ser de grande ajuda para ativistas sociais que atuam em comunidades carentes, mulheres e homens de negócios e assistentes de saúde, pessoas que não possuem uma afiliação cristã particular. Em quarto lugar, esse processo ocorre de várias formas, em níveis muito diferentes e por razões muito distintas. Por exemplo: por quanto tempo as pessoas viverão no contexto de outra cultura? Elas são solteiras, celibatárias ou casadas e com filhos? Viverão sob um regime repressivo ou em uma democracia florescente? Em quinto lugar – e de forma mais pessoal, em contraste com os demais capítulos deste livro –, boa parte deste capítulo é apresentada em primeira pessoa. Isso se deve ao fato de ele ser baseado na experiência pessoal e missionária de Roger Schroeder. Tendo reconhecido todos esses elementos, passo à descrição dos movimentos gerais na missão/ministério intercultural.

---

[1] Ao longo deste capítulo, os termos "missão/ministério" e "missionários/ministros" serão usados para incluir pessoas e situações pertencentes a ambas as categorias, seja qual for a maneira como a diferença é compreendida.

[2] RIEBE-ESTRELLA, Gary. On the Threshold: How the Present Is Shaping the Future of Ministry. In: BEVANS, Stephen; SCHROEDER, Roger (Ed.). *Word Remembered, Word Proclaimed*. Nettetal, Germany: Steyler Verlag, 1997. p. 175-188.

Imaginar o jardim

Provavelmente devido à minha origem familiar no campo, em uma fazenda em Ohio, e ao tempo significativo que passei, como missionário, com agricultores de subsistência em Papua Nova Guiné, uma imagem da agricultura me ajudou bastante na descrição do processo de cruzamento rumo ao mundo cultural do "outro", ou seja, no *ingressar no jardim de alguém*. Na agricultura de subsistência, o jardim (terreiro ou quintal) é o lugar do qual uma pessoa depende totalmente para o seu sustento e bem-estar. Pode-se imaginar que a vida ou a morte de alguém depende, em primeiro lugar, dos "frutos do próprio trabalho", mas, ao mesmo tempo, também depende das forças da natureza e de outros fatores que estão além do controle e que determinam o resultado final. No jardim, a pessoa vivencia, no dia a dia, alegria e aflições, bênçãos e maldições, vida e morte, o bem e o mal. Algumas vezes, uma pessoa e a comunidade testemunham a presença ou a ausência de Deus no jardim. Além disso, em muitas culturas o *status*, a identidade e um mundo de significados são associados à produtividade do jardim. Por exemplo: em Papua Nova Guiné, o tamanho e a quantidade dos grandes inhames (que se revestem de caráter cerimonial) nos jardins simbolizam a saúde e as bênçãos divinas.

Em cada jardim o jardineiro ou fazendeiro cultiva as plantas consideradas benéficas e elimina as que considera daninhas. Como sabemos, Jesus usou a imagem básica da semente e da erva daninha em várias de suas parábolas para falar sobre o Reino de Deus. Em sua explanação (Lc 8,11-15) na parábola do semeador e da semente (Lc 8,5-8), Jesus descreve a semente como a "Palavra de Deus", e em um dos vários cenários essa semente é sufocada por espinhos. Na parábola do joio (Mt 13,24-30.36-43), a boa semente (trigo) e as ervas daninhas (joio) coexistem no campo do agricultor, mas serão criteriosamente separadas na hora da colheita. Finalmente, Jesus lembra os ouvintes que a semente tem a força de crescer por si mesma para frutificar plenamente (Mc 4,26-29).

Teologicamente, proponho usar a referência "semente" como "sementes da palavra", tomando por base e expandindo o uso do termo *logos spermatikos* ("palavra que carrega semente"), de Justino, o Mártir, para a divina verdade já implantada na filosofia clássica helenística, a fim de representar a presença dessa verdade em cada "jardim" cultural.[3] Os elementos daninhos são aqueles elementos de uma cultura (ou filosofia) que sufocam a verdade, o amor e a vida de Deus, e que são contrários ao Reino de Deus. Enquanto Justino, o Mártir, salienta a *continuidade* entre a fé cristã e a filosofia clássica do seu tempo – isto é, a presença da "semente boa" –, seu contemporâneo Tertuliano de Cartago realça a *descontinuidade* entre ambas – isto é, a presença de "ervas daninhas". As perspectivas opostas desses dois primeiros apologistas cristãos apontam para uma questão que continua a ser central para o entendimento da própria Igreja e de sua missão, particularmente para o relacionamento entre Evangelho e cultura. De certa forma, essa tensão entre continuidade e descontinuidade representa a mesma dinâmica referida, neste livro, como "diálogo profético".

Por que você está entrando no jardim de alguém?

Antes de pular rápido demais para o "como" ingressar em outras culturas, é extremamente importante começar com o "por quê?". Enquanto missionários e ministros tinham e continuam a ter uma ampla faixa de motivações teológicas para encontrar outros povos, a perspectiva deste capítulo reflete a ideia de "missão em reverso" desenvolvida e descrita por meu colega e mentor Claude Marie Barbour.

> Quando o ministério é visto como dialógico, isso significa que seus ministros se tornaram pessoas imersas no mundo dos outros, como Jesus fez em nosso mundo. É *com* as pessoas, portanto, que o ministro começa a colocar questões; é *com* as pessoas que valores básicos humanos são endossados e desafiados; e é este o contexto que forma

---

[3] Para um futuro tratamento teológico e referências das primeiras fontes de Justino, o Mártir, e Tertuliano, cf.: BEVANS, Stephen B.; SCHROEDER, Roger P. *Constants in Context*; A Theology of Mission for Today. Maryknoll, N.Y.: Orbis Books, 2004. p. 84, 95-97.

Diálogo profético

o caminho que anuncia a boa-nova e denuncia as estruturas pecaminosas.[4]

Mais do que um modelo teológico da missão que está sujeito ao imperialismo cultural e ao etnocentrismo, Barbour propõe uma teologia que "nivela o campo do jogo" entre o ministro/missionário e a comunidade – assim, uma verdadeira mutualidade na missão/ministério pode ter lugar. Dessa forma, alguém se aproxima do "outro" com uma atitude inicial de discernimento a respeito de como Deus já está presente (diálogo) e então, eventualmente, junto *com* o povo, após ter desenvolvido um relacionamento respeitoso e mútuo, confronta as "ervas daninhas" com a "boa-nova" (profecia). Sublinhando essa passagem, é um princípio fundamental de fé e de crença no poder do Espírito de Deus que trabalha nas vidas e culturas dos povos – povos que são diferentes de nós, que muitas vezes podem ser pobres e marginalizados, que compartilham conosco uma dignidade humana fundamental, direitos e responsabilidades, e que são nossas irmãs e irmãos criados à imagem de Deus. Finalmente, a própria fé cristã e a experiência pessoal da "boa-nova" são a primeira motivação e a fonte da qual emana o comprometimento para a missão/ministério e para a identidade da missão/ministério. Ao mesmo tempo, esta fé e "boa-nova" são compartilhadas em palavras e ações de forma dialógica.

Intercalados e inter-relacionados com nossas motivações teológicas estão, muitas vezes, diversas motivações culturais, raciais, religiosas, econômicas e políticas. "Questões pessoais" e o senso pessoal de vocação contribuem para o complexo "pacote total" de razões e atitudes que leva um missionário/ministro a tentar se inserir em outras culturas. Obviamente, é muito importante estar o mais consciente possível da motivação de alguém, suas atitudes e fundamentos teológicos desde o início. Você está vindo para salvar as almas das pessoas? Você está levando desenvolvimento ou "civilização"? Você está vindo, como um mentor certa vez me perguntou,

---

[4] BARBOUR, Claude Marie. Seeking Justice and Shalom in the City. *International Review of Mission* 73, n. 291 (1984) p. 305.

com seu copo completamente cheio ou com um copo cheio até a metade e capaz de receber algo das pessoas locais? Habitualmente, essas pressuposições serão continuamente esclarecidas, revidadas e desafiadas no próprio processo de tentar chegar a outra cultura. Parte dessa desafiadora oportunidade tomará a forma de uma questão explícita ou implícita colocada pelos membros da comunidade de recepção: "O que você está fazendo em meu jardim?" ou "Por que, realmente, você está aqui?".

Como você entra no jardim de alguém pela primeira vez?

Assumindo a motivação inicial da "missão em reverso", a pessoa inicia o processo de ingresso no "jardim de alguém" "tirando os sapatos" (a bem conhecida imagem de Max Warren).[5] Da mesma forma como Moisés tirou suas sandálias diante da "sarça ardente", o missionário/ministro inicia seu contato com uma postura de respeito pela presença de Deus nas pessoas e em sua história, cultura e religião. O missionário/ministro, como "alguém de fora", aprende do povo a ser missionado/ministrado, permitindo que as pessoas optem (ou não!) por iniciar o processo de educação a partir do qual ele aprenderá coisas sobre o jardim onde está entrando. Obviamente, há muito a aprender sobre o jardim de alguém, e este é apenas o passo inicial para o desenvolvimento e um relacionamento de confiança e respeito. Ainda que o "forasteiro" seja um especialista em seu próprio jardim, será como uma criança no novo jardim. O aprendizado de línguas ilustra essa questão de forma imediata e intensa. A pessoa é, certamente, um estudante, que testa o próprio sentido *de* e a capacidade *para* a humildade, a dependência, a paciência e o humor.

No Capítulo 2, Steve Bevans e eu usamos a imagem de um estrangeiro para ilustrar a atitude dialógica que alguém deve ter na missão. Nós

---

[5] WARREN, M. A. C. Introduction. In: TAYLOR, John V. *The Primal Vision; Christian Presence amid African Religion*. Philadelphia: Fortress Press, 1963. p. 10.

Diálogo profético

tomamos essa imagem por empréstimo da obra de nosso colega Anthony Gittins, que a descreveu maravilhosamente em detalhes:

> Quando uma recém-chegada ou um recém-chegado se apresenta honestamente como estrangeira ou estrangeiro, esta atitude mostra respeito para com os anfitriões e lhes permite tomar certas iniciativas necessárias para facilitar a interação, mesmo que a resposta do interlocutor seja incerta e ineficaz. Apenas agindo assim é que os missionários estarão aptos a indicar sua abertura, integridade e boa vontade para o estabelecimento de relações.[6]

Outro aspecto desse processo é que o novato cometerá erros nesse novo mundo de significados. Após ter completado a primeira fase de aprendizado do idioma de Papua Nova Guiné, em 1975, eu imediatamente passei duas semanas em um vilarejo com meu "guia", Benjamin Wokwanje, que recentemente concluíra o ensino secundário. Isso foi parte da minha introdução ao povo de Yangoru-Boiken,[7] com o qual eu iria viver e trabalhar, como seminarista, por cerca de vinte meses. Das muitas coisas que aprendi nesse período inicial, um incidente foi inesquecível. Enquanto Benjamin e eu passávamos o dia fazendo tarefas designadas aos homens no jardim ou quintal da família, a mãe de Benjamin e algumas outras mulheres estavam preparando uma refeição especial em um *mumu* – trouxas de comida cozidas no vapor por horas com o calor de rochas quentes colocadas em uma cova coberta com folhas de bananeira. Quando a grande família se reuniu para participar do banquete, um jovem solteiro, que estava sentado do lado oposto do círculo, pediu a toalha que havia trazido para a refeição. Buscando ser prestativo, peguei a toalha e joguei para ele por cima da comida. Imediatamente, todos os olhos se viraram para mim, por alguma razão que até então eu não conhecia. Benjamin, então, me explicou que, *a*

---

[6] GITTINS, Anthony. *Gifts and Strangers;* Meeting the Challenge of Inculturation. New York e Mahwah, N. J.: Paulist Press, 1989. p. 132.

[7] Cf. GESCH, Patrick. Initiative and Initiation. In: *Studia Instituti Anthropos* 33. St. Augustine, Germany: Anthropos Institute, 1985. p. 11-26.

partir daquele momento, não seria possível às mulheres consumirem aquela comida. Em sua cultura, os poderosos "mundos" geradores de vida de homens e mulheres são separados por tabus estritos. Jogar a toalha de um homem, um objeto que é identificado e visto como a essência de seu dono, sobre a comida faz com que esta se torne parte exclusiva do "mundo dos homens" e, portanto, perigosa para o "mundo das mulheres". As mulheres precisaram encontrar comida preparada em um vilarejo vizinho, em vez de consumir a que elas próprias haviam preparado.

Fiquei muito constrangido com as consequências do meu estúpido erro cultural. Aprendi que não basta ter boas intenções, e que erros são cometidos quando alguém adentra o mundo alheio. Aprendi a respeito da sua hospitalidade e de seu respeito para com um "forasteiro". Benjamin e os outros não me censuraram, mas deixaram claro o que eu havia aprendido com o episódio. Tal lição não deve levar o "novato" a ficar paralisado, com medo de cometer futuros erros; deve, contudo, lembrá-lo de seu conhecimento infantil e de seu *status* na nova cultura – também deve lembrá-lo de ser um aprendiz atento. Além disso, o aprendizado dos comportamentos externos apropriados deve vir acompanhado do aprendizado do universo semântico que subjaz às manifestações exteriores. Ao ser lançada sobre a comida (comportamento externo), a toalha de um jovem homem fez, verdadeiramente, com que a comida se tornasse parte do mundo dos homens e, portanto, interdita para as mulheres (universo semântico interno).

Enquanto a história acima aponta para uma dinâmica que é comum a qualquer pessoa que busca seriamente ingressar em outro mundo cultural, o missionário/ministro precisa, em sua posição, também ter consciência do resultado teológico e das consequências que o acompanham. Se a atitude inicial de alguém é aquela que assume o jardim alheio como sendo *unicamente* de "ervas daninhas", ela implicará pouca consideração em relação à compreensão "cultural" de tabus sexuais/alimentares e manifestará, provavelmente, algum grau de antagonismo na direção de outros elementos considerados mais "religiosos".[8] Isso, obviamente, representa uma aproximação do tipo *tabula rasa* – que prevê a remoção total de todos os componentes da cultura ou religião contatadas –, que foi predominante em muitos períodos da história da missão cristã.

Contudo, se o missionário/ministro contempla o mesmo jardim como sendo possuidor *apenas* de sementes boas, uma posição teológica igualmente perigosa estar-se-á configurando no horizonte. Essa tendência pode diluir o "poder de corte" da boa-nova para cada sociedade, e fazer cultura ao invés de promover a normativa do Evangelho. Como resposta à perspectiva anterior, do tipo *tabula rasa* (negativa), muitos missionários/ministros naturalmente migram para uma posição que é o extremo oposto, uma visão utópica e ultrarromantizada da cultura. Uma posição teológica apropriada, que eu poderia chamar de diálogo profético, se situa entre os dois extremos e reconhece a presença de ambos os elementos, das boas sementes e das ervas daninhas, em cada jardim. Obviamente, isso se aplica igualmente à perspectiva teológica do missionário/ministro a respeito de sua própria cultura. A visão unilateral do jardim de alguém, como portador *somente* de boas sementes ou *somente* de ervas daninhas, certamente irá impactar negativamente sobre a atitude e sobre a tentativa de ingresso no jardim de alguém.

O que você "faz" no jardim de alguém?

Uma atitude básica do diálogo

Depois de meu retorno de Papua Nova Guiné para Chicago, em 1977, falei com Claude Marie Barbour sobre as possibilidades de um trabalho de "missão em reverso". Ela me apresentou a Hattie Williams, uma

---

[8] Muitas sociedades não possuem uma categoria separada para "religião/religioso" no contexto de sua visão de mundo mais holística. Por exemplo: a maioria – senão todas as oitocentas línguas faladas em Papua Nova Guiné – não possui uma palavra para "religião". Portanto, mesmo categorias como "cultural" e "religioso" refletem imagens e conceitos advindos de um jardim específico, e podem não ser apropriadas para outro.

comprometida cristã afro-americana envolvida, em muitos aspectos, com a proposta de "vida sustentável", tanto no âmbito pessoal quanto no sistemático, em sua vizinhança na porção sul de Kenwood-Oakland. Nunca me esquecerei de uma das primeiras coisas que Hattie, com muito afeto (e muito vigor), me disse: "Você é muito bem-vindo para trabalhar *conosco* na comunidade, mas lembre-se de que essa é a *nossa* comunidade. Não queremos que você chegue com as *suas* soluções para as *nossas* situações". Seguindo essa orientação, iniciei uma colaboração de dois anos com Hattie, permitindo que ela e outros me apresentassem para a sua comunidade. Por fim, Hattie pediu que eu começasse a me envolver em certas atividades com alguns jovens da vizinhança que estavam frequentando o ensino médio. Como resposta à minha pergunta inicial, sobre se aquilo era apropriado a um homem branco (e não a um homem negro), ela me assegurou que não haveria problemas, e que eu podia atender a uma verdadeira necessidade na vizinhança. Graças à posição de Hattie na comunidade, sua apresentação de minha pessoa aos estudantes foi o passo inicial. Com o passar do tempo, meu relacionamento com ela e com as outras pessoas começou a se enriquecer mutuamente e tornou-se desafiador em outros aspectos – ministerial, espiritual e pessoal.

Como insinuei anteriormente, nós certamente temos a tendência de perceber, entender e julgar o jardim de alguém a partir de nossas próprias lentes. Em Papua Nova Guiné, por exemplo, eu poderia considerar certa planta semelhante ao milho como de boa semente; agiria, de fato, segundo o olhar de Ohio. Mais tarde, descobri que, naqueles jardins, aquela espécie era vista como uma erva daninha. Da mesma forma, poderia considerar uma planta semelhante à violeta rastejante, vista nos jardins de Papua Nova Guiné, como uma erva daninha capaz de sufocar os pés de tomate, algo que acontecia em Ohio. Tal planta, contudo, era considerada de boa semente porque suas folhas possuíam valor medicinal. Cristãos julgam seus próprios jardins separando os elementos considerados do Reino de Deus daqueles que lhe são contrários. Contudo, missionários/ministros devem ter cautela para não fazer o mesmo tipo de julgamento sobre as "sementes" e as "ervas daninhas" nos contextos em que servem. Uma pessoa não caminharia pelo jardim alheio para, por conta própria, arrancar todas as plantas que lhe parecessem ervas daninhas. Nos séculos XVI e XVII, missionários europeus rapidamente rotularam o culto aos ancestrais na China como "idolatria", e isso levou à complexa e devastadora "Controvérsia dos Ritos".

Portanto, missionários/ministros são desafiados a entender o mundo do "outro" a partir da perspectiva do "outro". Essa compreensão, é certo, abrange tanto a cabeça quanto o coração.

> Um forasteiro pode saber mais sobre a história, sobre as características da cultura ou mesmo sobre a língua de um grupo étnico do que seus próprios membros e, ainda assim, ser um alienígena por conta da falta de empatia. O diálogo, uma consequência de empatia, é a interação na qual as pessoas procuram dar o mais original de si e receber e conhecer os outros em sua alteridade. O diálogo presume que uma pessoa está preparada para aprender dos outros e de suas culturas para abandonar os elementos que interferem no crescimento mútuo.[9]

Às vezes, uma posição profética

A fim de examinar as dinâmicas e complexidades do "ser" e do "fazer" de um missionário/ministro no jardim alheio, examino minha segunda experiência em Papua Nova Guiné, de três anos (1980-1983) na Paróquia Kaugia/Mui, com os povos Abelam e Arapesh.[10] Ao mesmo tempo que possuía uma percepção clara das "boas sementes" de seus "jardins" – tais como os cuidados compartilhados das crianças, idosos e deficientes pela comunidade –, também percebi exemplos que ilustram os aspectos mais

---

[9] ARBUCKLE, Gerald. Multiculturalism, Internationality, and Religious Life. *Review for Religious* 54, n. 3 (May-June 1995) p. 329.

[10] Cf. SCHROEDER, Roger. *Initiation and Religion;* A Case Study from the Wosera of Papua New Guinea, *Studia Instituti Anthropos* 46. Fribourg, Switzerland: University Press, 1992. p. 57-80.

desafiadores e ambíguos desse empenho. São exemplos – relaciono três deles – que demandam uma atitude de diálogo profético.

Bruxaria

Numerosos aldeões do vilarejo me contavam que a bruxaria era um dos maiores males em suas vidas. Com base em minhas leituras, pensava entender do tema. Não obstante, não percebi seu profundo e complexo significado até que um dos membros mais idosos do grupo me contou seu dilema. O pai desse idoso havia morrido, acreditava-se, em virtude de um ato de bruxaria. Perto de seu túmulo, os aldeões haviam colocado certa planta que significava que a morte do pai não estava "concluída a contento", ou seja, que ainda não havia sido vingada por meio de outro ato de bruxaria contra o suposto assassino. O idoso ia carregar a marca da vergonha até completar seu dever em relação ao pai, à família e aos outros aldeões. A crença na bruxaria está profundamente enraizada nas redes inter-relacionadas de crenças, comportamentos, estruturas e valores dessa visão particular do mundo. Nos termos da cultura, a "explanação sobre a morte" se liga tanto ao valor da reciprocidade na manutenção do relacionamento correto com os mortos quanto aos vivos e à viva conexão metafísica entre corpo e espírito nos cabelos, alimentos e secreções que podem ser usados em bruxaria para ferir o espírito de uma pessoa. Ainda que pareça que os rituais de bruxaria não são comumente realizados em Papua Nova Guiné, o padrão mental de admissão da bruxaria está disseminado em todas as coisas.

Como se sentia aquele ancião em tal situação? Como "forasteiro", fui duplamente desafiado. Antes de tudo, lutei (e sigo lutando) para entender, com a cabeça e o coração, o significado desse fenômeno da bruxaria, que é tão estranho para a minha visão de mundo.[11] Além disso, aos poucos eu precisava descobrir um caminho, como missionário/ministro, para

---

[11] Cf. GESCH, Initiative and Initiation, p. 189-197. SCHROEDER, *Initiation and Religion;…*, p. 107-110.

participar da conversação entre os anciãos da Igreja e os outros aldeões a respeito de como eles viam o tema da bruxaria à luz de suas respostas cristãs às questões básicas da humanidade relativas ao mal, à morte e à representação do outro ("Quem é meu vizinho?")

Violência doméstica

Um dia, depois de mais de um ano em Kaugia/Mui, eu estava dirigindo, não muito longe do centro paroquial, quando testemunhei um homem batendo em sua mulher, fora da casa deles. Parei o carro, fui até eles, e o homem parou de bater na mulher. Depois de ter falado somente algumas palavras, voltei para o carro e continuei minha jornada. Enquanto nós, missionários/ministros, entramos e vivemos no "jardim" de alguém como "forasteiros" em uma postura de aprendizagem respeitosa, algumas situações evocam uma resposta imediata, de nossa parte, para "interferir". Eu não poderia, em minha consciência, testemunhar tal cena de violência doméstica e ter seguido adiante sem fazer alguma coisa.

Numa situação similar em meu próprio jardim, nos Estados Unidos, alguma voz "profética" e ação contra as "ervas daninhas" da violência doméstica seriam apenas o necessário. Mesmo em minha própria cultura eu não entendo muitas das questões correlacionadas, problemas e dinâmicas. Quanto mais difícil seria isso se, nesse contexto, eu fosse "alguém de fora"? Na situação de Papua Nova Guiné, os próprios aldeões têm o conhecimento necessário e o direito primário, a responsabilidade e o poder de tomar conta de seu próprio jardim. Depois de voltar ao meu carro e seguir em frente, não sei o que aconteceu entre o homem e a mulher. Meu desafio foi o de achar a maneira apropriada para apresentar o tema para a comunidade, que, no caso, poderia ser representada por membros do conselho paroquial, da maior paróquia e/ou da comunidade da aldeia. O contexto para esse intercâmbio deve ser dado pela – para usar as palavras de Arbuckle, anteriormente mencionado – empatia, diálogo e mutualidade. Ao mesmo tempo, é necessário erguer uma voz profética ou encorajar a comunidade a fazer isso.

Iniciação masculina

Quando cheguei à paróquia de Kagia/Mui, em 1980, acontecia um reavivamento do elaborado sistema local[12] de rituais da iniciação masculina, que praticamente havia desaparecido da esfera pública por cerca de vinte e cinco anos. Por sugestão de vários missionários veteranos, e graças a meu próprio interesse pastoral de entender melhor os significados por trás desse reavivamento, dediquei muito de minha atenção ao tema. Obviamente, em primeiro lugar, eu precisava ganhar respeito e confiança da comunidade local antes que seus componentes permitissem meu ingresso em seu espaço sagrado. Eventualmente, alguns dos aldeões me convidaram para aprender sobre iniciação masculina através da observação, da escuta e da conversação – uma conduta semelhante à da metodologia antropológica da observação participante. Comecei a aprender o importante papel que os ritos de iniciação têm na preparação de jovens adultos capazes e na renovação da identidade e da força de todo o vilarejo. Os aldeões usavam duas imagens para explicar suas razões para reavivar os ritos de iniciação: em primeiro lugar, para restaurar a própria ordem e as relações no vilarejo, ameaçado pelo caos ("o crescimento da selva, que estava tomando conta do vilarejo"). E, segundo, para manter o equilíbrio perfeito entre sua holística visão do mundo e todos os aspectos interconectados de sua vida cultural-religiosa.

Meu aprendizado veio em um particular momento de transição e de criação, quando os aldeões estavam redesenvolvendo os rituais de iniciação a fim de se preparar para um mundo drasticamente novo e "moderno", o qual incluía a introdução da fé e valores cristãos. Observando esse último ponto, eu seria parte em algumas discussões nas quais as pessoas discerniam sobre como vários elementos culturais/religiosos eram ou não consistentes com o Reino de Deus – em outras palavras, como separar a "boa semente" das "ervas daninhas". Em uma dessas discussões, os anciãos da

---

[12] No passado, o sistema de iniciação consistia de oito estágios específicos ao longo de um período de trinta anos, no qual um homem passa da infância à maturidade. Nesse processo de acomodação a uma nova situação, exatamente como ocorre em um ano letivo formal, a extensão e a sequência desses estágios também se alteram.

Igreja descreveram como certos símbolos artísticos dentro do processo de iniciação apontaram para a identidade primária dentro da família estendida, e com Deus, a fonte de toda a vida. Ao mesmo tempo, observaram que a ingestão de determinada sopa – que, para mim, parecia uma sopa comum – seria contrária aos valores cristãos, dadas certas ações imorais envolvidas em seu preparo. Certamente, as pessoas de um grupo entendem melhor seu próprio mundo de significados do que alguém de fora, mesmo que ele ou ela tenha vivido muitos anos entre eles. Naquele momento, como missionário, eu precisava encontrar um caminho para contribuir apropriadamente, com a voz da tradição cristã e de minha própria igreja local, nessa conversação. É importante lembrar que esse processo representa um desafio contínuo, que cada geração de cristãos, de cada cultura e sociedade, precisa encarar repetidas vezes.

É certo que indivíduos, comunidades e igrejas locais podem estar em vários pontos culturais, históricos e teológicos nesse amplo processo de discernimento sobre qualquer questão em particular. A situação da paróquia de Kaugia/Mui oferece uma excelente ilustração disso. Os paroquianos do "lado de Kaugia" (povo Abelam) – na maioria cristãos de segunda e terceira geração, alguns com formação acadêmica de nível superior – geralmente me encorajavam, como sacerdote da paróquia, a ingressar no recinto de iniciação e incorporar o estudo bíblico como parte do conhecimento a ser passado para os jovens. Exatamente ao mesmo tempo, na mesma paróquia, os anciãos da Igreja que viviam do outro lado da serra, no "lado Mui" (o povo Arapesh) – na maioria cristãos de primeira geração, média de idade mais baixa e menos de seis anos de vida escolar – me desencorajaram a entrar no espaço de iniciação, uma vez que uma ação dessas seria interpretada como a aprovação da Igreja a todas as coisas associadas ao processo da iniciação. Nos respectivos contextos, acabei por seguir os conselhos dos povos de Kaugia e Mui.

Relacionamentos interculturais

Ao tempo que um "forasteiro" segue aprendendo com muitas pessoas da sociedade/cultura hospedeira, é muito útil encontrar mentores "avançados", quer dizer, indivíduos aptos a refletir sobre o significado de sua própria cultura e a articular tal significado (provavelmente, em função de uma experiência significativa de enxergar o fenômeno a partir de outra perspectiva cultural). Ambrose Gumbira foi uma dessas pessoas durante minha estadia em Kaugia/Mui. Ambrose tinha deixado a Paróquia de Kaugia para obter o certificado de professor e, mais tarde, ensinou em vários lugares de Papua Nova Guiné. Ele retornou a Kaugia pouco antes de minha chegada, e assumiu a direção da escola primária da paróquia a fim de retribuir a seu povo. À medida que nosso relacionamento se desenvolvia, Ambrose me ajudou a adquirir uma melhor "visão de dentro" do "jardim" do seu povo, especialmente a respeito das circunstâncias em torno dos rituais de iniciação masculina. Às vezes, tais discussões viravam verdadeiros momentos de "reflexão teológica"; era quando Ambrose e eu nos engajávamos no diálogo para formar uma ponte entre o Evangelho e as mais amplas tradições cristãs de um lado e, do outro, a vida diária e a visão do mundo dos aldeões. Em outras palavras, nós fomos representantes de um processo intercultural mais amplo. O esforço missiológico iria, eventualmente, subdividir-se em duas direções complementares. Em primeiro lugar, como as pessoas da Paróquia de Kaugia/Mui, na condição de cristãos e membros da Igreja Católica Romana, poderiam celebrar e entender sua tradicional iniciação masculina? Em segundo lugar, como essas mesmas pessoas poderiam celebrar, como povo de Papua Nova Guiné, o processo da iniciação cristã dentro da tradição católica? Uma descrição mais detalhada desse esforço não é necessária aqui.[13] Portanto, minha pesquisa sobre esse caso trouxe à luz vários fatores subjacentes à tentativa do missionário/ministro de cruzar culturas.

---

[13] SCHROEDER, *Initiation and Religion;...*, p. 235-242, 246-248.

Um ponto adicional pode ser mostrado através deste exemplo: quando meditava sobre meu relacionamento intercultural com Ambrose, sabia que nunca seria alguém "de dentro". Um missionário/ministro tenta cruzar para o mundo do "outro", mas nunca será o "outro". Certa noite, após a refeição, sentado ao redor do fogo da cozinha, com Ambrose, sua mulher Aida e alguns outros membros de sua família, fui tomado de surpresa ao perceber o quão "em casa" me sentia com eles, compartilhando histórias de dor e temas de interesse, e rindo com naturalidade. E, então, a conversa mudou para o assunto da bruxaria, que, para mim (como mencionei anteriormente), era muito difícil de entender. Naquele momento me senti como se estivesse "sentado na lua". Em outras palavras, fui completamente lembrado de que eu pertenceria sempre a um outro mundo. Eu nunca me esquecerei daquela noite, quando fui confrontado com o dilema de ser alguém de fora, mas também valorizei, acima de tudo, a bênção do relacionamento com Ambrose, com quem, a despeito das limitações e dificuldades, cruzei culturas para outro mundo de significados, presença e ações de Deus.

O que acontece em seu próprio jardim?

Livros dirigidos a pessoas que se preparam para viver por um longo período em outros países – em função, por exemplo, de negócios, educação ou envolvimentos dirigidos por serviços – normalmente contêm uma sessão sobre "choque cultural". Uma orientação desse tipo, certamente, é importante para preparar indivíduos a sobreviver e mesmo a prosperar quando encontram as ambiguidades, embaraço e desconforto associados à sua entrada no novo mundo. Por outro lado, isso é extremamente importante para os missionários/ministros que ingressam em outras culturas, especialmente quando eles pretendem se movimentar para além da simples convivência e chegar a um nível mais profundo (como destacamos anteriormente) –, o que, em contrapartida, exerceria um impacto mais profundo. Por outro lado, focalizar o "choque cultural" normalmente enfatiza o impacto negativo de viver em outra cultura. Portanto, se alguém ingressa em outra cultura e nela se engaja, ganha uma oportunidade de desenvolvimento positivo e humano através de um processo de transformação, ou seja, da transformação da visão de mundo em termos culturais, raciais, religiosos, econômicos e políticos. Mudanças ocorrem nas atitudes de alguém em relação ao "outro", nas perspectivas sobre o sistema econômico/político do mundo atual, na imagem que se tem de Deus e nas "respostas" para os mistérios básicos, humanos e espirituais, da vida. Em outras palavras, o horizonte se amplia.

Teologicamente falando, voltamos à "missão em reverso", fundada sob a crença cristã de que a revolução de Deus ocorre em um tempo e espaço determinados, não somente (mas, certamente, em uma forma absolutamente original) em Jesus Cristo, mas também dentro da história e da experiência humana – nesse caso, na experiência e história humana do "outro". Edward Schillebeeckx afirma que existe "um eco do Evangelho" na profundidade da experiência humana.[14] Em sua própria e transformadora experiência missionária entre os Maasai, no leste da África, Vincent Donovan descreve isso como uma *cristandade redescoberta*.[15]

Por isso, somos enriquecidos e desafiados através da revelação de Deus durante o processo do engajamento em um relacionamento mútuo, intercultural, *com* povos. Esperançosamente, as boas sementes em nosso jardim vão crescer e florescer em uma nova forma, e as ervas daninhas no nosso jardim serão desafiadas e arrancadas. Podemos até mesmo introduzir uma nova planta, "híbrida" – enxertando o rebento de uma boa "planta que carrega bons frutos" do jardim de alguém. Nunca seremos o "outro", mas indivíduos que são realmente transformados e que se convertem, eles próprios, em pessoas "híbridas". Ademais, as fronteiras do jardim de alguém são, muitas vezes, estendidas e deslocadas.

---

[14] Citado em: HEALEY, Joseph; SYBERTZ, Donald. *Towards an African Narrative Theology*. Maryknoll, N.Y.: Orbis Books, 1996. p. 33.

[15] DONOVAN, Vincent. *Christianity Rediscovered*. Maryknoll, N.Y.: Orbis Books, 1982.

Diálogo profético

Desde 1991, quase todos os anos, faço uma pequena viagem para passar cerca de cinco dias com o povo Lakota, nas reservas Rose Bud e Pine Ridge, em Dakota do Sul. Atuo como cofacilitador de um grupo de estudantes que participam desse seminário-jornada, normalmente como parte de um treinamento de dez semanas de missão e ministério transcultural da União Teológica Católica de Chicago. Tal imersão ou "seminário" somente é possível devido a um duradouro relacionamento de confiança e respeito mútuo entre meus colegas Claude Marie Barbour e Eleanor Doidge e o povo Lakota, que nos ensina a respeito de seu próprio "jardim". Obviamente, os participantes aprendem mais sobre eles mesmos – quem são quando ingressam na cultura alheia – do que sobre os Lakota em um período de tempo tão curto. Na medida em que estou envolvido no processo de facilitar a experiência e a reflexão do grupo, é algo que também vale para mim. Isso envolve ser atencioso para com os temas individuais e as dinâmicas de grupo dos estudantes de Chicago, bem como para com os poderosos ensinamentos e experiências de nossos professores Lakota. Eu continuo a ser desafiado para entrar novamente, o tempo todo, nesse processo de transformação que é sustentado através da natureza intensa, refletiva, dinamicamente orientada e intensa natureza da experiência. Também as dinâmicas e contextos moldados pelo povo Lakota, pelo grupo de Chicago e por mim são diferentes e únicos, em sua amplitude, todo o tempo.

As seguintes questões representam algumas das mais recentes afirmações e desafios que apareceram para mim durante as viagens para Dakota do Sul:

- Como posso deixar a posição de "culpa por" pela de "solidariedade para com"?
- Como minha reza e estilo de vida podem se direcionar para o "foco nos outros" expresso na frase dos Lakotas "reze para o povo" e "sofra para o povo"?
- Como Deus está expandindo minha compreensão cristã de "Quem é meu vizinho" através da memorável experiência de suor e esforço com homens que representam a diversidade de todos os povos?

- Como a espiritualidade Lakota, de *mitakuye oyas'in* ("todos são meus parentes"), que inclui os vivos e os mortos, todas as criaturas vivas e toda a criação, enriquece e desafia minha resposta cristã ao racismo, à pobreza e às questões ambientais?
- Como o meu entendimento da masculinidade e da feminilidade se reflete em minha espiritualidade e na vida diária?
- Para onde Deus está me levando, por meio das experiências com os Lakotas, no sentido do desenvolvimento de uma vida cristã mais holística e integrada?

Conclusão

Gerald Arbuckle descreve o processo de interação entre povos de culturas diferentes em termos de três estágios: 1. Fascinação e prazer diante de culturas diferentes; 2. Desilusão e tensão devido às diferenças de comunicação e interação; e 3. Movimento para superar essas dificuldades e alcançar um diálogo real e uma interação mútua.[16] Eu concordo com a observação de Arbuckle, de que a maioria das pessoas não vai além do segundo estágio. Este capítulo aponta para as dinâmicas subjacentes ao desafio de entrar no terceiro estágio, no qual pessoas de culturas diferentes podem alcançar o ponto de dialogar levando em consideração ambas as partes, tanto as boas sementes como as ervas daninhas do jardim do outro.

Nos moldes da boa maneira Lakota, eu completaria o círculo retornando a uma citação anterior de Barbour:

> Quando o ministério é visto como dialógico, isso significa que os ministros se tornaram pessoas imersas no mundo alheio, tal qual Jesus fez em nosso mundo. É *com* as pessoas, portanto, que o ministro começa a fazer perguntas; é *com* as pessoas que valores básicos humanos são endossados e desafiados; e é esse contexto que molda a maneira de anunciar a boa-nova e de denunciar as estruturas pecaminosas.[17]

---

[16] ARBUCKLE, Multiculturalism, Internationality, and Religious Life, p. 330.

[17] BARBOUR, Seeking Justice and Shalom in the City, p. 305.

Como comentário final: um potencialmente mais completo ideal e uma imagem real do Cristianismo irão emergir na medida em que povos de culturas diferentes compartilhem suas expressões e experiências da "boa--nova". Tal imagem enriquecedora e desafiadora do Reino de Deus pode nos permitir escutar e participar mais plenamente, hoje, da missão do Deus de justiça, amor e compaixão.

CAPÍTULO 7

"Deixar seguir" e "Falar para". O diálogo profético e a espiritualidade da inculturação[*]

"Vocês podem e devem ter uma cristandade africana."[1] Essas palavras, ditas pelo Papa Paulo VI em Kampala, Uganda, no ano de 1969, continuam a ser palavras de desafio e encorajamento não somente para os africanos, mas também para mulheres e homens de todas as culturas e em todas as situações sociais. De fato, afro-americanos podem e devem ter uma cristandade afro-americana; filipinos podem e devem ter uma cristandade filipina; mulheres podem e devem ter uma cristandade que fale de sua experiência e para sua experiência; nativos americanos devem e podem ter uma cristandade nativo-americana. Aquilo que o Papa Paulo VI reivindicou quatro décadas atrás na África é, hoje, reconhecido como tarefa da encarnação, contextualização ou inculturação da fé cristã. E os cristãos, hoje em dia, devem reconhecer que um comprometimento desse tipo está no centro do coração da vocação missionária da Igreja.[2]

---

[*] Este capítulo é uma versão revisada de um ensaio originalmente escrito por Stephen Bevans e publicado como "Letting Go and Speaking Out: Toward a Spirituality of Inculturation" em: *The Healing Circle; Essays in Cross-Cultural Mission*. BEVANS, Stephen; DOIDGE, Eleanor; SCHREITER, Robert (Ed.). Chicago: CCGM Publications, 2000. p. 133-146.

[1] PAULO VI. Discurso de encerramento do Simpósio Africano. Citado em: SHORTER, Aylward. *African Christian Theology*. Maryknoll, N.Y.: Orbis Books. p. 20.

[2] Cf. WORLD COUNCIL OF CHURCHES. Report from the Ecumenical Conference on World Mission and Evangelization. Salvador da Bahia, Brazil. In: SCHERER, James A.; BEVANS, Stephen B. (Ed.). *New Directions in Mission and Evangelization 3; Faith and Culture*. Maryknoll, N.Y.: Orbis Books, 1999. p. 42-43. JOÃO PAULO II. *Redemptoris Missio* ("A missão do Redentor"), sobre a validade permanente do mandato missionário, 52-54.

Mas inculturação é, como o Papa João Paulo II apontou em várias ocasiões, uma "longa", "difícil e delicada tarefa".[3] Isso ocorre porque ela engaja, em uma arriscada missão de equilíbrio, referências, contextos e sabedorias locais na apresentação cheia de fé da verdade cristã, bem como na Igreja ampliada. A inculturação demonstra ser, de muitas maneiras, uma tarefa interessante, mas também, normalmente, ela provoca dor – dor que finalmente liberta, que dá vida, mas, mesmo assim, dor. Aqueles que foram "objeto" da missão da Igreja às vezes se debatem para recuperar e reclamar as identidades que, em nome do Evangelho, lhes foram tiradas equivocadamente. Aqueles que trabalharam como missionários ou representantes oficiais da Igreja – muitas vezes durante muitos anos, e com sacrifício considerável – podem ser obrigados a enfrentar o fato de que seu entendimento da cristandade foi condicionado pelo expansionismo colonial, racismo e "supremacia cultural" do Ocidente. Se, como Bernard Lonergan atesta, o conhecimento sempre faz uma "vagarosa e até mesmo sangrenta entrada",[4] aprender a conhecer o verdadeiro Evangelho em circunstâncias concretas é uma tarefa particularmente árdua. Talvez o risco e a dor envolvidos no processo tenham feito com que os resultados sejam tão escassos, a despeito dos muitos testemunhos eloquentes de sua necessidade.

É por isso que aqueles que trabalham pela inculturação precisam de espiritualidade. Não é o suficiente deter os valores, os símbolos-chave de uma determinada cultura ou as nuances de uma situação. Também não é suficiente ter dominado o conteúdo da tradição cristã. Assim como fazer teologia autêntica, trabalhar pela inculturação é uma arte; certamente exige treino, conhecimento e exatidão, mas requer muito mais do que isso. Mas o que faz o processo da inculturação ser mais do que uma atividade mecânica são as mais elusivas qualidades da introspecção, profundidade, criatividade, imaginação, sabedoria, abertura para a graça, coragem diante

---

[3] *Redemptoris Missio*, 52. JOÃO PAULO II. Exortação apostólica pós-sinodal *Ecclesia in Asia*, 62.

[4] LONERGAN, Bernard. *Insight; A Study in Human Understanding*. New York: Philosophical Library, 1957. p. 187.

Diálogo profético

de um risco e reconhecimento do inesperado. O mais importante não é o que somos capazes de *fazer*, mas o que somos capazes de *ser*.

Neste capítulo, tentaremos desenvolver outro aspecto do ministério, que exige mais o próprio envolvimento, ascese e piedade. Baseando-nos nos princípios que nossa colega Claude Marie Barbour chamou de "missão em reverso"[5] – reverenciar o "outro", aprender com nossos anfitriões, ser vulnerável –, esperamos desenhar nestas páginas um esboço do que poderia ser chamado de "espiritualidade da inculturação". Tal espiritualidade, estamos convencidos, é também uma espiritualidade que emerge da prática de um diálogo profético.

Existem várias maneiras de entender e definir espiritualidade, mas aqui a identificamos como uma espécie de "estrutura" ou "jogo" de valores, símbolos, doutrinas, atitudes e práticas que pessoas ou uma comunidade aplicam na tentativa de, à sua maneira, ser hábeis em lidar com uma situação particular, crescer no amor de Deus a na autotranscendência e/ou cumprir uma tarefa particular na vida ou no mundo. Uma espiritualidade, em outras palavras, é como um reservatório que a pessoa ou comunidade pode acessar para motivar ações, continuar no caminho, assegurar comprometimento e evitar o desânimo quando os tempos se tornam difíceis. Quando falamos de uma "espiritualidade da inculturação", então falamos de todo um complexo de ideias e práticas que pode abrir as pessoas para o Espírito, de tal forma que disso venha a emergir entendimento e expressão da cristandade em forma de amor, criatividade e, às vezes, de diálogo crítico com um contexto social ou cultural específico.

Uma "espiritualidade de inculturação", portanto, também pode ser concebida como possuindo duas formas, dependendo da posição que a pessoa ocupe dentro do contexto cultural no qual trabalha pela compreensão contextualizada do Evangelho. De um lado, existe uma espiritualidade

---

[5] BARBOUR, Claude Marie; BILLMAN, Kathleen; DESJARLAIT, Peggy; DOIDGE, Eleanor. Mission on the Boundaries: Cooperation without Exploitation. In: THISTLETHWAITE, Susan B.; CAIRNS, George F. (Ed.). *Beyond Theological Tourism;* Mentoring as a Grassroots Approach to Theological Education. Maryknoll, N.Y.: Orbis Books, 1995. p. 82-83.

do "forasteiro" – o estrangeiro, o convidado, o missionário. Isso, acreditamos, constitui uma espiritualidade que orbita a prática do "deixar seguir": escutar, observar e deixar ser, assumindo intencionalmente uma postura dialógica. De outro lado e, de fato, mais importante para o processo da inculturação, é a espiritualidade do "nativo" (*insider*) – o tópico de um contexto específico, os membros e líderes de uma igreja local. Ser um "nativo" no processo de inculturação é participar da espiritualidade do "falar para": atender cuidadosamente, ser criativo, experimentar, arriscar. A posição do "nativo" é uma posição de diálogo, na qual ela ou ele precisa estar em contato com os valores ou movimentos do Espírito em seu próprio contexto pessoal. Por outro lado, é uma posição de profecia, na qual ela ou ele precisa discernir aqueles valores e movimentos e "seguir falando", mesmo diante de oposição – dos "forasteiros" ou, mesmo, da comunidade. Vez ou outra, mas somente depois de ter ouvido de perto e respeitosamente, depois de ter observado com muita atenção e lutado para realmente "deixar que o povo seja", a espiritualidade do forasteiro pode apelar para algum tipo de "falar para" de caráter profético.

No Capítulo 2, falamos sobre o diálogo como sendo, em última instância, espiritualidade. No Capítulo 3, enfatizamos o fato de que o profeta – e a Igreja profética – deve, em primeiro lugar, escutar intensamente a Palavra de Deus antes de, corajosa e confiantemente, vivê-la ou proclamá-la. Viver a vida de um profeta é, também, em última análise, estar enraizado em uma espiritualidade. É nessa espiritualidade de dois lados, dialética, de "diálogo profético", que o presente capítulo se baseia. Fazer missão – e engajar-se na contextualização desta missão – é viver na espiritualidade do diálogo profético: "deixar seguir" e "falar para".

"Deixar seguir": a espiritualidade de um "forasteiro"

Como observaram Claude Marie Barbour e seus companheiros, "nós não precisamos procurar longe para encontrar uma vasta literatura sobre

Diálogo profético

os danos causados por missões e igrejas do Ocidente às culturas e costumes tradicionais dos povos indígenas".[6] De fato, qualquer um que esteja familiarizado com a teologia e a literatura de missão das últimas décadas sabe que foi dada merecida atenção aos aspectos negativos da atividade missionária e dos missionários. Com esse reconhecimento, ainda assim nós podemos dizer que o "forasteiro" tem e pode ter um papel vital – ainda que definitivamente subordinado – no processo da inculturação.[7] Um "forasteiro" pode estar mais apto a ver coisas de valor, em um contexto específico, do que aqueles mais familiarizados – e que jamais as perceberiam como interessantes ou extraordinárias. Por exemplo: um norte-americano poderia apontar a beleza da cerâmica ou das roupas locais, assim como o seu papel para o embelezamento de um ambiente litúrgico local – mesmo que as pessoas do lugar tenham sido condicionadas a pensar na decoração litúrgica em termos de folhados a ouro e seda lavada. Além disso, alguém que não está familiarizado com uma cultura ou um contexto pode, muitas vezes, perceber mais facilmente as inconsistências do que os nativos; o "forasteiro" pode facilmente oferecer uma crítica penetrante no contexto de sua própria compreensão do mundo. Viver por muitos anos em uma comunidade multicultural, com efeito, nos fez muito conscientes dos valores e das atitudes antievangélicas de nossa própria cultura de classe média dos Estados Unidos. E, mesmo se o "forasteiro" enxerga erradamente ou critica de forma injusta, ela ou ele podem ser o elemento catalisador capaz de despertar, na população local, pensamentos renovados sobre quem eles próprios são e sobre como poderiam expressar sua fé mais autenticamente.

Mesmo tão prestativos, contudo, os "forasteiros", em seu envolvimento no processo de inculturação, correm o risco de prejudicar o desenvolvimento de uma expressão autêntica de uma fé inculturada. Eis porque, por consequência, o "forasteiro" deve praticar uma forma específica de espiritualidade que gira em torno do ascetismo de "deixar seguir".

---

[6] Ibid., p. 135.

[7] Cf. BEVANS, Stephen B. *Models of Contextual Theology*. Revised and expanded edition. Maryknoll, N.Y.: Orbis Books, 2002. p. 18-21.

O que isso quer dizer, em primeiro lugar, é que os "forasteiros" precisam *constantemente* – não somente em seus primeiros meses ou anos, mas ano a ano depois disso – trabalhar em um *verdadeiro olhar* e em uma *escuta verdadeira*. Um provérbio de Gana destaca, ironicamente, que "o estrangeiro tem olhos do tamanho de pires, mas não vê nada!". Poderíamos dizer a mesma coisa, e mais: que o estrangeiro também não escuta nada, apesar de ter orelhas gigantes! Ver o que realmente há e ouvir o que realmente é falado pede uma grande autodisciplina – são uma genuína prática de *kenosis*,* que é, talvez, a virtude mais básica de uma espiritualidade missionária.[8]

Cada um de nós vê o mundo através de um jogo específico de lentes e escuta seus outros semelhantes através de um filtro específico – desvestir-nos destes filtros e lentes é um trabalho árduo e, de muitas formas, uma obra para toda a vida. Quando Steve, muitos anos atrás, era um recém-chegado às Filipinas, disseram-lhe que a melhor coisa que um missionário poderia fazer era, no primeiro ano, "manter a boca fechada" e aprender a ver e ouvir. Após quase nove anos ali, com efeito, ele constatou que provavelmente não deveria ter falado tanto ou, no mínimo, que deveria ter falado somente depois de ter escutado e observado com muito mais cuidado e respeito. Quanto mais foi hóspede da cultura filipina, tanto mais percebeu quão pouco, de fato, ele a compreendia. Bernard Lonergan observou certa vez, a respeito dos cinco "imperativos transcendentais" que devem ser praticados para se alcançar uma humanidade autêntica ("ser atencioso, ser inteligente, ser razoável, ser responsável e, se necessário, mudar"), que o primeiro deles, "ser atencioso", é, de longe, o mais difícil.[9]

---

* O esvaziamento da vontade própria de uma pessoa e a aceitação do desejo divino de Deus (N.T.).

[8] RAGUIN, Yves. *I am Sending You;* Spirituality and the Missioner. Manila, Filipinas: East Asian Pastoral Institute, 1973.

[9] David Tracy em discurso por ocasião da inauguração do Catholic Theological Union Project on Spirituality and the Vocation of the Theological Education e da instalação de Gary Riebe-Estrella como deão acadêmico da Catholic Theological Union, em 17 de outubro de 1996. A referência a Lonergan foi feita de improviso e não é encontrada, nesses

Atenção requer esforço, é uma verdadeira ascese, e, se isso é importante até mesmo em nossa vida diária, em nosso próprio contexto social e cultural, é uma demanda absolutamente necessária para estranhos – principalmente se eles proclamam um ministério nesses contextos. Somente quando sentimos nosso coração, nas palavras de Alice Walker, "tão aberto que o vento sopra através dele", é possível começar a ousar fazer tal reivindicação.[10]

Em segundo lugar, "deixar seguir" significa "deixar ser", e isso sempre envolve um risco para a causa do Evangelho. Forasteiros precisam "deixar seguir" suas certezas a respeito do conteúdo do Evangelho. Eles precisam "deixar seguir" ideias e práticas altamente estimadas, que os nutriram e sustentaram em sua própria jornada na direção de uma maturidade cristã. Eles precisam deixar ir embora os símbolos que os ancoram em sua identidade humana e cristã e deixar ir embora a ordem que os mantêm no conforto. Como Vincent Donovan argumenta tão eloquentemente, o papel de um forasteiro, de um missionário, é somente pregar o Evangelho. E isso é feito, como ele ilustrou, através de verdadeira sensibilidade e diálogo; o Evangelho apresentado é um "Evangelho nu", desvestido o mais possível das pressuposições dos pregadores. Mas uma vez que o Evangelho é aceito, ele não pertence mais ao missionário – pertence ao povo.[11] O forasteiro precisa acreditar que as pessoas, a partir de então, são como ele sob a condução do Espírito de Deus, e que o Espírito os guiará a uma expressão crente em sua fé, que, contudo, jamais será igual à sua própria fé.

Esse é um risco real, mas necessário. Como o pastor luterano Mark Schultz colocou tão poderosamente em uma conversa, a não ser que estejamos dispostos a *perder* o Evangelho no processo de inculturação, nunca veremos o Evangelho tornar-se parte integral de uma cultura. O missiólogo

---

termos, no texto em si. Para o texto publicado do discurso, cf.: TRACY, David. Traditions of Spiritual Practice and the Practice of Theology. *Theology Today* 55, n. 2 (July 1998) p. 235-241.

[10] WALKER, Alice. A Wind through the Heart: A Conversation with Alice Walker and Sharon Salzberg on Loving Kindness in a Painful World. *Shambhala Sun* (January 1997) p. 1-5.

[11] DONOVAN. Vincent. *Christianity Rediscovered*. Maryknoll, N.Y.: Orbis Books, 1982.

suíço Walter Hollenweger pontuou isso de forma muito incisiva. O missionário, ou, em suas palavras, o "evangelizador"

> aposta, por assim dizer, em seu próprio entendimento da fé no curso de sua evangelização. Ele, de fato, submete sua compreensão de mundo, de Deus e de sua fé a um teste do diálogo. Ele não tem a garantia de que sua compreensão da fé emergirá inalterada daquele diálogo. Ao contrário: na medida em que espera um intercâmbio de confiança de seus parceiros de diálogo, ele mesmo tem de se manter aberto ou sensível aos argumentos da pessoa a ser evangelizada. Como alguém poderia esperar que o seu ouvinte, em princípio, estivesse pronto para mudar a vida e a maneira de pensar, se ele próprio, o evangelizador, não está... preparado para se submeter à mesma disciplina?[12]

A despedida mais difícil, disse Mestre Eckhart em uma famosa passagem, é a de Deus para Deus – reconhecendo, em outras palavras, que a verdade última é algo impossível de ser compreendido a partir de conceitos e símbolos meramente humanos.[13] Da mesma forma, uma das mais difíceis, porém enriquecedoras, tarefas do forasteiro é a de "despedir-se do Evangelho" pelo Evangelho – de modo que a Escritura possa ser entendida de forma radicalmente nova e expressiva entre povos e em circunstâncias novas. O forasteiro não pode ficar parado no caminho; colocar-se ao largo – deixando seguir o que para ela ou ele parece tão claro, certo, natural e verdadeiro – é, de fato, algo tremendamente doloroso. Contudo, a não ser que ela ou ele *se coloque ao lado*, nunca poderá reivindicar ser parte do surgimento de uma nova e renovada compreensão de Cristo e seu Evangelho.

Deixe-nos oferecer duas imagens que forasteiros comprometidos com a inculturação podem guardar na mente quando passam pelo doloroso processo de "deixar seguir" formas de ver, ouvir e entender. A primeira é uma

---

[12] HOLLENWEGER, Walter J. Evangelization in the World Today. *Concilium* 114 (1979) p. 40-41.

[13] CAMPBELL, Joseph (with Bill Moyers). *The Power of Myth.* New York: Doubleday, 1998. p. 49.

Diálogo profético

sobre a qual Steve escreveu alguns anos atrás em um artigo sobre imagens do missionário – a do "missionário como fantasma".[14] Seu ponto de vista é o de que boa parte do ser missionário reside no estar disposto a olhar suas próprias conquistas com alguma "indiferença sagrada", estar disposto a deixá-las para trás, permitindo a outros construírem a partir de sua obra ou modificá-la de acordo com suas próprias visões do que seja o mais correto. Isso não é fácil; é duro construir uma paróquia, escola ou organização e, depois, simplesmente se retirar e deixar tudo isso para outra pessoa. Nós conhecemos missionários que se sentiram magoados ao perceber que, depois de tantos anos de serviço, sua obra não havia sido plenamente apreciada pelo povo local, o qual, tão logo recebeu a liderança, mudou as coisas a partir de suas próprias visões. Parece-nos, portanto, que "deixar seguir" é parte e parcela do ser missionário, e que, em certo ponto da jornada, os missionários devem ir em frente e deixar a comunidade local assumir. Se o missionário está magoado e decide esperar, ou se está magoado por não poder se mover, algo está errado. Em muitas circunstâncias, a melhor coisa que os missionários podem fazer é ir embora de sua obra, como se morressem para ela, e permanecer como fantasmas amigáveis. Talvez o mais difícil de todos os sacrifícios seja o necessário para que seu trabalho frutifique.

Uma segunda imagem aparece em um trecho da narrativa em forma de diálogo da ex-escrava afro-americana Sojourner Truth: "Oh, Deus, eu não sabia que você era tão grande".[15] A imagem de Deus que é "maior" do que jamais podemos imaginar é maravilhosa para aqueles que estão se debatendo para "deixar seguir" pré-concepções sociais, culturais e teológicas a fim de fazer com que as pessoas "sejam". Referindo-nos mais uma vez a Vincent Donovan, precisamos admitir que, realmente, ainda *não* sabemos o que é todo o Evangelho, e só saberemos plenamente quando

---

[14] BEVANS, Stephen. Seeing Mission through Images. *Missiology: An International Review* 19, n. 1 (January 1991) p. 45-57.

[15] TRUTH, Sojourner. Document 3. Sojourner Truth: The Conversion of a Female Slave. RUETHER, Rosemary Radford; KELLER, Rosemary Skinner (Ed.). *In Their Own Voices; Four Centuries of American Women's Religious Writing.* San Francisco: HarperCollins, 1995. p. 173.

todos os povos e todas as culturas tiveram se apropriado do Deus de Jesus Cristo à sua própria maneira.[16] A "grandeza" de Deus é maravilhosamente atestada nos Atos dos Apóstolos, que mostram como os "seguidores do caminho" deixam de ser apenas uma dentre tantas facções do Judaísmo da época para se tornar uma comunidade que assume uma identidade em face de uma religião maior e se torna a Igreja. Como os Atos revelam, e como apontamos várias vezes neste livro, aqueles que acreditam em Jesus são premidos pelo Espírito para caminhos que eles, como judeus, jamais poderiam imaginar; a fé em Jesus lhes mostrou, de forma cada vez mais cristalina, que Deus era de fato muito grande – tão grande quanto o mundo inteiro, suficientemente grande para abraçar todas as culturas, todos os povos, todas as raças.

É nesse contexto de compromisso com a dor e a luta de "deixar seguir" que podemos admitir a possibilidade de o forasteiro "falar para", dando voz à crítica do contexto no qual ele ou ela vive, apelando para que tal contexto se adapte, por si, ao Evangelho. Mas esse "falar para", repetimos, pode se dar *somente* no contexto de "deixar seguir"; *jamais* pode ser o resultado da própria frustração, e jamais pode decorrer da raiva ou de um sentimento de superioridade. Os profetas da Bíblia apresentam um belo exemplo: sua crítica – especialmente a do "forasteiro" Amós, o profeta (cf. Am 7,12-15) –, por mais veemente que seja, nasce não porque eles ou o Deus pelo qual eles falam odeia Israel; pelo contrário – sua veemência nasce do amor passional que Deus possui pelo povo especialmente escolhido como seu.

A espiritualidade da inculturação esperada do forasteiro, em síntese, está diretamente ligada à missão em reverso. É uma espiritualidade que se desenvolve como hóspede em um contexto específico, evitando controlar o relacionamento, crescendo em respeito e confiança mútua, referenciando-se aos povos como professores e abrindo-se para seus hospedeiros em

---

[16] DONOVAN, Vincent. *The Church in the Midst of Creation*. Maryknoll, N.Y.: Orbis Books, 1989. p. 119.

Diálogo profético

verdadeira vulnerabilidade.[17] É um trabalho tremendamente duro, que vai plasmar e forçar aqueles que nele se engajam em caminhos quase que infinitamente além da imaginação. Mas há outra espiritualidade – aquela do "nativo", o "objeto" de uma cultura ou contexto –, uma espiritualidade de inculturação que é tão desafiadora como transformadora. É a essa espiritualidade que iremos nos dirigir a seguir.

"Falar para": a espiritualidade do nativo

A história diz respeito ao Cardeal Cajetan, o grande teólogo e comentador de Tomás de Aquino do século XVI, que dizia ser a mulher que lavava suas roupas não apenas uma crente melhor do que ele próprio, mas uma teóloga melhor.[18] Se Cajetan estava certo ou não, contudo – se sua "senhora da lavanderia" era, *de fato*, melhor teóloga do que ele –, isso não é tão importante como a intuição que suas palavras traduziam, de que a teologia é, primeiro e principalmente, a tarefa e a atividade de cada cristão. *"Ser cristão é ser um teólogo. Não há exceções."*[19] Da mesma forma, é verdade que a tarefa de inculturação não é, em primeiro lugar e na maioria das vezes, o trabalho de especialistas – especialmente os do tipo "forasteiro" –, mas o trabalho de pessoas comuns, sujeitos de contextos sociais e culturais locais. Como Peter Schineller fala sabiamente, o processo da inculturação é complexo demais para ser deixado somente para os teólogos profissionais – não precisamos falar que tal complexidade dificilmente pode ser compreendida pelos forasteiros.[20] A inculturação vai ser alcançada somente por "cristãos comuns, membros de sociedades indígenas ou tradicionais... que

---

[17] BARBOUR et al., Mission on the Boundaries:..., p. 82-83.

[18] Cf. GILBY, Thomas. Theology. In: MEAGHER, Paul Kevin; O'BRIEN, Thomas C.; AHERNE, Sister Consuelo Maria (Ed.). *Encyclopedic Dictionary of Religion*. Washington D. C.: Corpus Publications, 1979. Volume O-Z, p. 3498.

[19] STONE, Howard W.; DUKE, James O. *How to Think Theologically*. Minneapolis: Fortress Press, 1996. p. 2. Ênfase no texto original.

[20] Cf. SCHINELLER, Peter. Inculturation and Modernity. *Sedos Bulletin* 2 (February 15, 1988), p. 47.

redescubram e reclamem suas raízes e identidades culturais, incluindo os valores e rituais espirituais próprios"[21] – quando pessoas que muitas vezes são ignoradas ou descartadas têm a possibilidade de contar suas histórias como negros, hispânicos, sem-teto, deficientes, leigos, mulheres, *gays*, lésbicas ou americanos de origem asiática. Uma contextualização autêntica acontece somente quando as "pequenas teologias", assim como as "grandes teologias", podem ser articuladas.[22]

Tão essencial para os verdadeiros "nativos" como ter uma voz é o fato de que eles não imaginam possuir algo que valha a pena ser dito. Esse é, provavelmente, um dos piores legados deixados pelo colonialismo ocidental e pelo clericalismo. Por um lado, anos ou mesmo séculos da dominação política e/ou desvalorização cultural deixaram muitos povos num estado de "pobreza antropológica". O antropólogo Darrell Whiteman, por exemplo, conta a história de uma de suas estudantes tailandesas que, em sua classe de contextualização, fez a surpreendente descoberta de que ela poderia ser, ao mesmo tempo, uma genuína tailandesa e uma cristã. Sempre lhe haviam dito que, para ser cristã, ela precisava virar as costas para sua família budista e condenar sua cultura.[23] Por outro lado, muitas pessoas foram intimidadas por líderes de Igreja que viam a si mesmos como os únicos intérpretes autênticos do Evangelho. Todo tipo de expressão popular de fé era visto como suspeito e taxado de "sincretismo".

É por isso que os nativos de um contexto social e cultural particular precisam praticar a espiritualidade de "falar para", uma espiritualidade que nasce do ascetismo que confia na própria cultura e que experimenta e resulta numa coragem que lhes dá energia, introspecção, e criatividade

---

[21] BARBOUR, Claude Marie; DESJARLAIT, Peggy; DOIDGE. Eleanor; CARR, Amy. Gospel, Culture, Healing and Reconciliation: A Shalom Conversation. *Mission Studies* 16, n. 2/32 (1999) p. 135.

[22] SEDMAK, Clemens. *Doing Local Theologies*; A Guide for Artisans of a New Humanity. Maryknoll, N.Y.: Orbis Books, 2002. p. 119-157.

[23] WHITEMAN, Darrell. Contextualization: The Theory, the Gap, the Challenge. In: SCHERER, James A.; BEVANS, Stephen (Ed.). *New Directions in Mission and Evangelization 3*; Faith and Culture. Maryknoll, N.Y.: Orbis Books, 1999. p. 43.

Diálogo profético

para articular como Deus está presente nas suas vidas, trabalho e lutas. Levando em consideração as formas como sua fé e sua imaginação foram moldadas no passado, isso representará um esforço árduo; mas é no estiramento e na dor que mulheres e homens de contextos locais irão vivenciar tanto o crescimento pessoal quanto o avanço rumo ao Cristianismo inculturado.

Ainda mais do que os forasteiros, os nativos precisam desenvolver habilidades de realmente ver e ouvir a própria cultura. É preciso desenvolver uma espécie de "visão de raios X", pela qual possam começar a ver os caminhos nos quais Deus está presente e ativo em sua situação, e os valores em sua cultura ou contexto que possam até mesmo adicionar elementos à compreensão total da Igreja a respeito do Evangelho. A mulher jovem à qual Darrell Whiteman se refere encontrou uma fonte rica de significado para sua própria vida cristã no ensinamento budista da brandura;[24] todos os cristãos poderiam ganhar se prestassem mais atenção ao conceito das preces que curam, e que são vivas, que as Igrejas Africanas Iniciadas – principalmente aquelas com laços pentecostais – sublinharam em anos recentes.

Enquanto o forasteiro precisa agarrar-se ao reconhecimento de Sojourner Truth, de que Deus é "maior" do que poderíamos pensar, um dito que o nativo poderia seguir é expresso em algo que poderia ser considerado uma visão contraditória: Deus é, verdadeiramente, muito, muito pequeno. Em outras palavras, a transcendência e inefabilidade de Deus precisam assomar amplamente nas mentes e corações dos forasteiros, e os nativos precisam focalizar a imanência de Deus, a proximidade de Deus, a presença de Deus em realidades normais e cotidianas. O que precisamos, em outras palavras, é buscar Deus em lugares onde normalmente não o procuramos; Deus está nas fendas, esquinas, lugares negligenciados; Deus está na urdidura e na trama de um contexto. Podemos, nas famosas linhas de Wiliam Blake, "ver o mundo em um Grão de Areia, / e um Céu em uma

---

[24] Ibid.

Flor Silvestre, / Segurar o Infinito na palma da mão, / e a Eternidade em uma hora".[25] O nativo precisa acreditar que Deus pode ser encontrado *em qualquer lugar* dentro de seu contexto – talvez em uma frase de uma língua local, talvez em um costume disseminado, talvez em um mito ou lenda. Tal como Elias na caverna do monte Horeb (1Rs 19,9-13), o nativo pode vir a reconhecer Deus não nos lugares onde ele poderia esperar por uma teofania. Deus não estava no vento forte nem no terremoto, nem no fogo, mas em um "minúsculo sussurro". Como na carta roubada da famosa história de Edgar Allan Poe,[26] a presença de Deus em um contexto pode estar nos lugares mais óbvios, portanto negligenciados, e até mesmo nos lugares para os quais somente o nativo poderia dirigir o olhar. A espiritualidade do nativo trata da disciplina da procura e da coragem de proclamar aquilo que foi achado.

E coragem significa correr riscos. O grande teólogo do século XX Paul Tillich intitulou sua autobiografia *On the Boundary* (*Na fronteira*) porque, segundo ele, "a fronteira era o melhor lugar para adquirir o conhecimento".[27] Os limites nos quais Tillich achou conhecimento foram aqueles situados entre religião e cultura, entre Igreja e sociedade, entre heteronomia e autonomia, e até mesmo entre fé e dúvida.[28] Nativos que desejam ser agentes de inculturação também precisam viver na fronteira – nos limites entre o Cristianismo e outras religiões, entre o Cristianismo e culturas locais, entre ortodoxia e superstição, entre sincretismo autêntico e inautêntico.[29] Como eles "falam para" a partir desses limites, precisam ter a coragem de querer experimentar, de testar novas fórmulas, de tentar novo rituais, de explorar novos símbolos. A espiritualidade do "falar para" também

---

[25] BLAKE, William. Auguries of Innocence. In: *The Viking Book of Poetry of the English Speaking World*. New York: Viking Press, 1962. p. 621.

[26] POE, Edgar Allan. The Purloined Letter. In: *The Complete Tales and Poems of Edgar Allan Poe*. Introduction by Wilbur S. Scott. Edison, N. J.: Castle Books, 2002. p. 185-197.

[27] TILLICH, Paul. *On the Boundary*; an Autobiographical Sketch. London: Collins, 1967. p. 13.

[28] Id. *Dynamics of Faith*. New York: Harper Torchbooks, 1958. p. 16-22.

[29] A respeito da complexa discussão envolvendo sincretismo, cf.: SCHREITER, Robert. *Constructing Local Theologies*. Maryknoll, N.Y.: Orbis Books, 1985. p. 144-158.

Diálogo profético

significa que os nativos estarão dispostos a virar suspeitos para aqueles que estão no poder; talvez, é possível, até mesmo, que sejam condenados por falar a verdade. Alguns dos maiores contribuintes do século XX para uma cristandade que buscava engajar o contexto real de vida das pessoas foram homens e mulheres como Karl Rahner, Dorothy Day, Yves Congar, Martin Luther King, Cesar Chavez, e inúmeras mulheres e homens da América Latina, membros de comunidades eclesiais de base que sobreviveram à injustiça e à tortura física e que muitas vezes sofreram martírio.

Pode nos auxiliar, aqui, uma analogia tirada da reflexão de uma feminista contemporânea sobre a natureza do pecado. O estudo de Judith Plaskow sobre o pecado e a graça no pensamento de Reinhold Niebuhr sustenta que a teologia do pecado de Niebuhr é "inclinada na direção da experiência dos homens".[30] Para Niebuhr – e Plaskow poderia dizer para a teologia ocidental de forma geral –, a raiz do pecado é orgulho, autoafirmação, obstinação, e a missão correspondente do cristão é a de se submeter à disciplina da humildade, autoanulação e autossacrifício. Mas enquanto tal *kenosis* é libertadora nos contextos de vida daqueles que detêm poder e prestígio (quer dizer, homens em uma cultura patriarcal e androcêntrica), ela é verdadeiramente opressiva para as mulheres, que são encorajadas a permanecer em situações nas quais elas continuam dominadas pelos homens e por uma cultura mal orientada.

> O problema para as mulheres não foi elas terem procurado a auto-transcendência ou o cumprimento da imagem de Deus de maneira excessiva e orgulhosa... Antes, a maioria das mulheres se inclinou para a tentação de passividade, uma aceitação resignada das contingências concretas que limitam suas vidas, a distração e perder-se ao definir sua própria identidade usando termos dos outros.[31]

---

[30] Cf. PLASKOW, Judith. *Sex, Sin, and Grace;* Women's Experience and the Theologies of Reinhold Niebuhr and Paul Tillich. Lanham, Md.: University Press of America, 1980.

[31] ALLIK, Tina. Human Finitude and the Concept of Women's Experience. In: BARR, William R. (Ed.). *Constructive Christian Theology in the Worldwide Church.* Grand Rapids, Mich.: William B. Eerdmans, 1997. p. 225.

O que as mulheres precisam reconhecer é que a santidade, para elas, muitas vezes implica orgulho pessoal, autoafirmação e o desenvolvimento de uma autêntica percepção de si. Enquanto o ascetismo requerido pelos homens envolve um caminho de humildade, o ascetismo requerido pelas mulheres pode, muito bem, envolver uma disciplina por meio da qual aprendam a reconhecer seu próprio valor, dignidade e poder. No contexto da espiritualidade da inculturação, para os nativos, portanto, a analogia é muito clara: enquanto o ascetismo demandado pelos forasteiros – missionários – reside certamente na imitação do Jesus que se autoesvazia e sofre pacientemente, para os nativos – aqueles que foram obrigados a rebaixar e a negar seus valores culturais e sociais – a disciplina necessária é aquela da imitação do Jesus que se levantou por aqueles à margem da sociedade. A disciplina dos nativos, em outras palavras, é a de aprender a ter orgulho de sua cultura e identidade para praticar a difícil tarefa de articular esta identidade com orgulho, para arriscar "ir longe demais" em termos dos recursos que sua cultura ou posição social pode trazer para sua identidade cristã. Mais do que a dor de "deixar seguir", os nativos precisam ensinar a si próprios a disciplina libertadora e autoconstrutora do "falar para".

Obviamente, o Evangelho e o contexto nunca são completamente compatíveis, e os nativos são aqueles que descobrirão as áreas em que os valores da experiência local são inconsistentes com os valores do Evangelho. Eles também são aqueles que devem assinalar e explicar por que certas tradições e práticas precisam ser criticadas, revisadas ou mesmo abandonadas de todo. Mas esse exercício de "deixar seguir" deveria acontecer somente depois de um claro e cuidadoso "falar para". A tarefa espiritual dos nativos em relação à inculturação está, em primeiro lugar, no discernir e proclamar os valores positivos em um contexto, a despeito daquilo que lhes foi falado no passado; sua espiritualidade é forjada no cadinho do testemunho para a santidade de sua própria experiência. A crítica, se necessária, deveria vir em segundo lugar. O ascetismo dos nativos está no discernimento positivo da presença da graça.

Conclusão: "deixar seguir" e "falar para"

Pessoas que desejam ser agentes da inculturação precisam praticar a espiritualidade baseada na disciplina do "deixar seguir" e do "falar para". Isso é uma espiritualidade nascida na prática do diálogo profético. Enquanto um dialógico "deixar seguir" é provavelmente a tarefa mais difícil para um forasteiro em dado contexto, ocorre, às vezes, que o "deixar seguir" está também vinculado à necessidade profética de "falar para" – mas, somente e sempre, por causa do contexto e somente e sempre pelo amor às pessoas entre as quais ele ou ela vive como hóspede. Habitualmente, portanto, o desafio dos forasteiros está na ascese de ouvir atentamente, mesmo quando eles pensam que já sabem o que vai ser dito, na observação atenta até ao que parece familiar, e – talvez o mais difícil de tudo – a suspensão do julgamento quando pensam que sabem como dizer ou fazer algo de uma forma melhor.

Disciplina espiritual envolve, para o nativo, o crescimento na coragem de um profeta: coragem de ouvir em um diálogo profundo com o próprio contexto, coragem de pensar diferente, coragem de imaginar formas que são consoantes com a situação local, coragem de apontar os erros do passado, coragem de ver Deus naquilo que pode ter sido menosprezado, negligenciado ou ignorado. Haverá momentos em que os nativos serão desafiados a praticar a disciplina do "deixar seguir" quando forem confrontados com o lado sombrio de seu conforto, ou quando o Evangelho, a tradição cristã ou a Igreja mais ampla derramarem uma luz mais clara sobre os seus valores costumeiros. Mas esse profético "deixar seguir" deveria ser, provavelmente, o último recurso. O desafio espiritual de um nativo é confiar na convicção de que Deus, de fato, não havia deixado "sem um testemunho qualquer nação ou qualquer hora"[32] (cf. At 14,17), e que o mundo verdadeiramente é "carregado com a grandeza de Deus".[33]

---

[32] WARREN, M. A. C. Introduction. In: TAYLOR. John V. *The Primal Vision;* Christian Presence amid African Religion. Philadelphia: Fortress Press, 1963. p. 10.

[33] HOPKINS, Gerard Manley. God's Grandeur. In: UNTERMEYER, Louis (Ed.). *Modern American Poetry and Modern English Poetry.* Combined new and enlarged edition. New York: Harcourt, Brace and World, 1958. p. 2-42. 1958.

CAPÍTULO 8

A mesa de comunhão.
Missão no Areópago de hoje[*]

A missão de Jesus tinha a finalidade de proclamar, servir e testemunhar o amor, a salvação e a justiça do Reino de Deus. Nesse processo, Jesus tanto confirmou quanto confrontou certos aspectos de seu próprio contexto. A mesa de comunhão foi o ponto de interseção essencial para o serviço do Reino de Deus, e pode continuar a ser uma desafiadora mensagem e uma prática afirmativa da missão hoje em dia. Este capítulo começa com o fundamento teológico da natureza missionária da Igreja e, em seguida, examina a prática da mesa de comunhão dentro da missão de Jesus e dos Atos dos Apóstolos, incluindo o encontro de Paulo no Areópago. Focalizamos, então, o contexto dos Estados Unidos para desenvolver a ideia contextualizada e expandida da missão como mesa de comunhão no Areópago de nosso mundo globalizado. Concluímos situando a mesa de comunhão dentro da espiritualidade e do diálogo profético.

A missão de Deus, a Igreja e o Concílio Vaticano II

No Concílio Vaticano II, a Igreja Católica reafirmou uma identidade original missionária em sua própria natureza essencial.[1] Mais do que uma tendência pré-conciliar na direção de um entendimento eclesiocêntrico

---

[*] Este capítulo é uma revisão de um trabalho produzido por Roger Schroeder e originalmente distribuído na conferência da International Association of Catholic Missiologists (IACM), realizada na cidade de Tagaytay, Filipinas, em julho de 2010. O texto é publicado pela primeira vez neste volume.

[1] PAULO VI. *Ad Gentes*, decreto sobre a atividade missionária da Igreja, 2.

da missão, a Igreja baseia a si mesma numa teologia trinitária (*missio Dei*). Como fonte de amor que transborda e dá vida (*Ad Gentes*, 2), Deus Pai criou o universo e chamou a humanidade, que foi criada à sua imagem, para compartilhar a plenitude da vida de Deus. A humanidade se recusou a viver um verdadeiro relacionamento com Deus e consigo mesma, mas a missão de Deus, de resgatar a humanidade e toda a criação para seu abraço caloroso, foi constante, como a do pai na parábola do Filho Pródigo. Jesus Cristo, o Filho de Deus, encarnou, e a presença do Espírito Santo através da história, desde o início dos tempos, é parte do mesmo plano (*Ad Gentes*, 3-4).

Após a Ressurreição, o primeiro homem e a primeira mulher do movimento de Jesus continuaram sua missão. Atos dos Apóstolos é um maravilhoso relato acerca do Espírito guiando os primeiros discípulos na missão de fundação da Igreja.[2] A Igreja existe *em função da* e *para a* missão de Deus.

A partir de Israel, os discípulos continuaram a levar o Evangelho aos quatro cantos do mundo. Enquanto muitos cristãos fora do Império Romano – em lugares como o leste da Síria, a Pérsia, a Índia e a Armênia – podiam praticar sua fé abertamente, aqueles que residiam nos domínios do Império Romano antes de Constantino foram proibidos de fazer isso e sofreram perseguições ocasionais. Os cristãos se reuniam nas maiores casas de seus confrades, as "Igrejas-casas", para o "partir o pão" e revelar a Palavra de Deus, assim como para integrar mais profundamente a fé em suas vidas diárias, compartilhar a "boa-nova" com conhecidos e vizinhos e oferecer assistência médica e econômica àqueles que delas necessitavam. O lar estava no coração da vida cristã e da missão. O estudioso bíblico Wayne Meeks afirma que a casa familiar estendida "foi a unidade básica do estabelecimento da cristandade na cidade; e foi, de fato, a unidade básica da própria cidade".[3] Além disso, o testemunho dos mártires, que professaram sua fé a ponto de morrer por ela, também nutriu e desafiou a fé dos vivos.

---

[2] Cf. BEVANS, Stephen; SCHROEDER, Roger P. *Constants in Context*; A Theology of Mission for Today. Maryknoll, N.Y.: Orbis Books, 2004. p. 10-31.

[3] MEEKS, Wayne A. *The First Urban Christians*; The Social World of the Apostle Paul. New Haven: Yale University Press, 1983. p. 29.

Homens e mulheres cristãs também compartilharam sua fé fora de seus lares. Michael Green descreve isso como "tagarelar sobre o Evangelho": "Isso deve ter sido, muitas vezes, não uma pregação formal, mas um tagarelar informal com amigos e conhecidos em casa e em tavernas, nos passeios e em tendas de feira. Em todos os lugares aonde iam, eles 'tagarelavam sobre o Evangelho'".[4] A cristandade cresceu a uma taxa surpreendente, de talvez 40% em uma década ao longo do Império Romano,[5] primeiramente devido ao *testemunho* e à *proclamação* informal do Evangelho por cristãos "comuns".

A Igreja primitiva possuía uma eclesiologia de missão com uma interconexão inseparável entre Igreja, missão e batismo. Na redescoberta de suas raízes mais antigas, o Concílio Vaticano II recuperou e reafirmou explicitamente a natureza missionária da Igreja, e também é possível afirmar que, ao mesmo tempo, recuperou e reafirmou a natureza missionária do batismo. Isso se reflete, por exemplo, na renovação da liturgia, no ministério do RCIA* e nos sacramentos em geral.

Outra mudança do Concílio Vaticano II que teve impacto profundo na eclesiologia missional diz respeito à relação da Igreja com o mundo. Antes de ver a si mesma como uma "sociedade perfeita" e completamente identificável com o Reino de Deus, em oposição a um mundo completamente mau, a Igreja reconheceu que Deus está presente no mundo, e que graça e pecado existem em ambos, na Igreja e no mundo. A *missio Dei*, como uma fonte transbordante, não pode estar completamente "contida" na Igreja.

---

[4] GREEN, Michael. *Evangelism in the Early Church*. Grand Rapids, Mich.: William B. Erdmans, 1970. p. 173.

[5] STARK, Rodney. *The Rise of Christianity*. San Francisco: HarperCollins, 1996. p. 6. [Ed. bras. *O crescimento do cristianismo*; um sociólogo reconsidera a história. São Paulo: Paulinas, 2006.]

* Rite of Christian Initiation for Adults [Ritual da Iniciação Cristã de Adultos] (N.T.).

Jesus Cristo, o Reino de Deus e a mesa de comunhão

Baseando-se na experiência e na deliberação dos bispos no Sínodo de Evangelização de 1974, no ano seguinte o Papa Paulo VI promulgou a exortação apostólica *Evangelii Nuntiandi*.[6] Mais do que começar com a teologia trinitária da missão, ele começou com o ministério concreto de Jesus, que estava concentrado no Domínio ou no Reino de Deus. "Em primeiro lugar, Cristo proclama um reino, o Reino de Deus; e isso é tão importante que, em comparação, todas as outras coisas viram 'o resto', o que é 'dado adicionalmente'. Portanto, somente o Reino é absoluto, e ele faz todas as coisas relativas" (*Evangelii Nuntiandi*, 8).

O próprio Jesus não veio para pregar ou estabelecer a Igreja, mas para pregar, servir e testemunhar o Reino de Deus. Jesus prega o Reino de Deus por meio de muitas parábolas; e ele serviu ao Reino de Deus nas curas, exorcismo e perdão dos pecados; e testemunhou o Reino através de seu estilo de vida e comportamento, especialmente através da prática que derruba fronteiras da mesa de comunhão com pecadores, coletores de impostos e outras pessoas marginalizadas em suas sociedades. Das dez histórias de refeição no Evangelho de Lucas, começando com o banquete na casa de Levi (5,27-32) e terminando com o banquete dos Onze, bem antes da Ascensão (24,36-43), três se passam nas casas de fariseus e três deles foram com mulheres e pecadores marginalizados. Observando o último grupo, o teólogo filipino e superior-geral da Sociedade do Verbo Divino (SVD), Antonio Pernia, constata: "A imagem primária de Jesus usada para o Reino, de uma mesa de comunhão, foi o tópico de muitas de suas parábolas e o objetivo das refeições que ele compartilhou com párias e pecadores. Através dessa imagem, Jesus anuncia que Deus... estava convidando a todos – sem exceção – para a comunhão com ele".[7]

---

[6] PAULO VI. Sobre a evangelização no mundo contemporâneo.

[7] PERNIA, Antonio et al. *The Eucharist and Our Mission. Following the Word 7*. Roma: SVD Publications, 1996. p. 38.

As normas culturais e religiosas judaicas associadas à pureza formaram um sistema que buscava situar pessoas e coisas em seus devidos lugares. Como a antropóloga Mary Douglas ilustrou em seu trabalho seminal *Purity and Danger*, impureza se aplica àquilo que está fora do lugar.[8] "Em Israel, pureza e impureza, limpo e não limpo, sagrado e profano foram determinados através do critério de localização – se as coisas, pessoas, e lugares estavam 'no lugar' ou 'fora do lugar'."[9] Dentro da visão do mundo integral e cultural religiosa dos judeus, as leis da pureza serviram para preservar sua identidade e proteger seus limites em relação aos outros, e também para honrar a Santidade de Deus (Lv 10,10-11). Nos termos da mesa de comunhão, certos alimentos e pessoas eram considerados puros, enquanto outros eram tidos como impuros. Quebrar tais leis de pureza poderia levar os judeus a "se exporem à probabilidade de impureza e contaminação ritual, a qual os isolaria de uma plena e irrestrita participação nos assuntos religiosos e sociais da comunidade e... poderia, eventualmente, levar a uma tal integração racial e social que sua identidade única como povo poderia ser perdida".[10]

O comprometimento total de Jesus com o Reino de Deus, enraizado na visão inclusiva dos profetas (por exemplo, Is 2,22 e 66,18-21), o levou para além das leis cultural-religiosas de pureza da mesa de comunhão. Isso é mais evidente em Lucas-Atos. Jesus quebra tabus ao comer com o coletor de impostos Levi (Lc 5,29-30), ao ter seus pés lavados por uma mulher durante uma refeição (Lc 7,36-38) e ao ir à casa de Zaqueu, o coletor de impostos (Lc 19,5-6). Na recepção na casa de Levi, os fariseus perguntaram:

---

[8] DOUGLAS, Mary. *Purity and Danger:* An Analysis of the Concepts of Pollution and Taboo. London: Routledge & Kegan Paul, Ark Paperbacks edition, 1984 (1966).

[9] NGUYEN, Thanh Van. *The Legitimation of the Gentile Mission and Integration:* A Narrative Approach to Acts 10:1–11:18. Doctoral diss. Pontificia Università Gregoriana, 2004. p. 80-81.

[10] ROGERS, Glenn. *Holistic Ministry and Cross-Cultural Mission in Luke-Acts* (Mission and Ministry Resources, 2003), p. 93. Cf. ESLER, P. F. *Community and Gospel in Luke-Acts;* The Social and Political Motivation of Lucan Theology. Cambridge: Cambridge University Press, 1987. p. 86.

"Por que você como e bebe com os coletores de impostos e com os pecadores?", ao que Jesus respondeu: "Eu vim não para chamar os justos, mas para que os pecadores se arrependam" (Lc 5,30.32). Jesus se referia àqueles que estavam abertos à conversão e à transformação através do Reino de Deus.

No Evangelho de João, Jesus proclamou: "Aquele que vier a mim jamais terá fome, e aquele que acreditar em mim jamais terá sede" (Jo 6,35). A saciedade da fome e da sede se estendia para além de qualquer limite cultural. Além disso, na mesa de comunhão Jesus ofereceu mais do que um alimento físico; ele falou a Zaqueu: "Hoje a salvação veio para esta casa" (Lc 19,9).

No Capítulo 14, Lucas elaborou outro aspecto da mesa de comunhão: a cura é mais importante do que uma rigorosa interpretação da lei (vv. 1-6); a refeição não é uma ocasião em que alguém se coloca acima dos outros (vv. 7-11); hóspedes não deveriam ser convidados segundo sua habilidade para a reciprocidade (vv. 12-14); e a parábola do banquete (vv. 15-24) ilustra que o convite à mesa se estende aos marginalizados.

Atos dos Apóstolos, mesa de comunhão e Areópago

O tema da mesa de comunhão segue nos Atos dos Apóstolos, o segundo volume da obra de Lucas. Após o Pentecostes, o Espírito conduziu homens e mulheres discípulos de Jesus para novas direções, a fim de realizar a missão crística. No início, eles próprios se viam como mais uma seita judaica. Contudo, a missão do amor inclusivo, salvação e justiça de Deus, manifestados tão poderosamente na prática inclusiva de Jesus à mesa de comunhão, levou os discípulos, passo a passo, a algo novo: a explícita fundação da Igreja, distinguindo-se da (mas não, contudo, em total descontinuidade em relação à) tradição cultural-religiosa dos judeus e alcançando intencionalmente os gentios.[11]

---

[11] BEVANS; SCHROEDER, *Constants in Context...*, p. 10-31.

Os judeus seguidores de Jesus que falavam grego tomaram a liderança na indicação dessa nova direção. Estêvão foi um dos sete helenistas indicados para dar assistência na justa distribuição de alimentos para as viúvas. Diante do sinédrio, Estêvão proclamou Jesus como o Justo (At 7,52) e como o Senhor (7,59), maior até do que Moisés, e isso o levou ao apedrejamento. Filipe, outro dos sete helenistas, levou o Evangelho para os samaritanos, também chamados "meio judeus", como Jesus também havia feito com a mulher. Mais tarde, o Espírito levou Filipe a pregar para um eunuco etíope que estava muito próximo do Judaísmo, ou que talvez quisesse ser um prosélito judeu. O primeiro caso explícito de gentio convertido ao Cristianismo ocorreu no incidente de Pedro e Cornélio, e a mesa de comunhão foi um elemento-chave e um símbolo. O estudioso do Novo Testamento Luke Timothy Johnson e outros pensadores consideraram esse evento "a fase mais crítica da expansão do Povo de Deus".[12]

O Capítulo 10 dos Atos começa com Cornélio, um devoto temente a Deus, recebendo, em sua oração, uma visão que indicava que ele deveria procurar um homem de nome Pedro em Jope (10,3-6).

Ao mesmo tempo, Deus aparece a Pedro em uma visão em que ele é instruído a escolher algo para comer entre todos os tipos de pássaros e animais (vv. 9-12). Pedro constata, enfaticamente: "Senhor, eu nunca comi nada que é profano ou impuro" (v. 14), ao que a voz responde: "Aquilo que Deus declarou puro você não deve chamar de profano" (v. 15). Isso aconteceu três vezes e, enquanto Pedro tentava entender seu significado, os mensageiros de Cornélio chegaram. Depois de ter ouvido sua mensagem, "Pedro os convidou e lhes deu pouso" (v. 23). Pedro convidou esses gentios a serem seus hóspedes e a passar a noite na casa e, talvez, eles tenham até mesmo compartilhado a refeição juntos. Seja como for, Pedro estava se engajando em uma associação que era inaceitável para um judeu.

---

[12] JOHNSON, Luke Timothy. *The Acts of the Apostles*. Sacra Pagina 5. Collegeville, Minn.: Liturgical Press, 1992. p. 186.

No dia seguinte, ele se dirigiu a Cesareia para visitar Cornélio e seu clã. Pedro percebeu ser "contra a Lei, para um judeu, associar-se a ou visitar um gentio". Pedro, contudo, também reconheceu: "Deus mostrou que eu não deveria chamar alguém de profano ou impuro" (v. 28). As pessoas se referem a esse incidente como o da conversão de Cornélio – e foi, também, o da conversão de Pedro.[13] Ele experienciou a inversão de sua visão cultural-religiosa do mundo: "Eu realmente entendo que Deus não mostra parcialidade, mas em qualquer nação, qualquer um que tema a Deus e faça o que é certo é aceitável" (vv. 34-35). Então, quando Pedro estava pregando o Evangelho, o Espírito desceu sobre ele e ele proclamou: "Poderá alguém reter a água do batismo dessas pessoas, que receberam o Espírito Santo, como nós o recebemos?" (v. 47). Pedro ficou alguns dias com eles e, à luz das acusações posteriores, certamente também comeu com eles.

Após seu retorno a Jerusalém, os líderes cristãos-judeus criticaram Pedro por ter batizado gentios, mas a preocupação primordial dizia respeito à mesa de comunhão. "Por que você foi aos homens incircuncisos e comeu com eles?" (At 11,3). Depois de ter ouvido de Pedro toda a história, a liderança de Jerusalém deu sua aprovação inicial ao importante avanço que se pautava na crença de que *até mesmo* os gentios poderiam receber "o arrependimento de Deus que leva à vida" (11,18). O que ocorreu em um único lar gentio em Cesareia expandiu-se até Antioquia (11,19-29), onde os seguidores judeus de Jesus que falavam grego conduziram uma missão intencional aos gentios, e crentes judeus e gentios moravam porta a porta. A ruptura entre o Judaísmo e o nascimento de algo novo, a Igreja, se reflete ainda em um novo termo em Antioquia: "Senhor Jesus" (11,20). Ele mostra que a significância de Jesus não é indicada somente no título judaico "Messias" (Christos), mas que também expressa a satisfação das aspirações religiosas dos gregos pelo uso do título *Kyrios* (Senhor). Finalmente, o reconhecimento, por outras pessoas, de que algo novo, diferente do Judaísmo, estava se desenvolvendo é perceptível no fato de que, em Antioquia, os discípulos "foram, pela primeira vez, chamados de 'cristãos'" (v. 26).

---

[13] Cf. VAN ENGEN, C. E. Peter's Conversion: A Culinary Disaster Launches the Gentile Mission, Acts 10:1–11:18. In: GALLAGHER, R.; HERTIG, P. (Ed.). *Mission in Acts;* Ancient Narratives in Contemporary Context. Maryknoll, N.Y.: Orbis Books, 2004. p. 133-143.

Mais tarde, o Capítulo 15 dos Atos descreve o divisor de águas daquilo que seria chamado de Concílio de Jerusalém, quando a jovem Igreja tratou formalmente dos assuntos referentes à aceitação dos gentios pelos cristãos. Depois de muitas discussões e de um período de silêncio, Tiago, o líder da comunidade de Jerusalém, proclamou que, desde que Deus havia elevado dos gentios "um povo para o seu nome [...] nós não deveríamos incomodar aqueles gentios que estão voltando-se para Deus (15,14b.19b). É comum reconhecer a importância da dispensa da circuncisão como parte crucial da decisão do concílio. Portanto, no contexto da reflexão da mesa de comunhão, é bastante interessante observar o fato de que as outras dispensas principais diziam respeito, todas, à área das leis dietéticas; assim, havia muito mais possibilidades diante de uma nova forma de tomar as refeições em comum.

No restante dos Atos dos Apóstolos (Capítulos 15–28), Paulo é a primeira figura por meio da qual a missão para os gentios tem continuidade. O símbolo e a questão central da mesa de comunhão, portanto, permanecem, mas de forma mais implícita. Paulo e seus companheiros ficaram na casa de Lídia, uma gentia (At 16,15); Paulo e Silas participaram de uma refeição com a família do carcereiro (16,34); Paulo apreciou, por provavelmente dezoito meses, a hospitalidade do gentio Tício Justo, quando estava em Corinto (18,7.11); em um navio, após uma tempestade, Paulo preparou uma refeição para o marinheiro não judeu (27,33-37). Há outro evento-chave relacionado, não explicitamente, à *ação* da mesa de comunhão; propomos que ele reflita uma futura extensão do *significado* da mesa de comunhão e da missão: o encontro com Paulo no Areópago.

Como a mesa de comunhão aponta para o caráter universal que derruba os limites do Reino de Deus em relação aos judeus e gentios "impuros", o autor de Lucas-Atos vai em frente, mostrando Paulo cruzando outra fronteira. Ele forneceu sua única fala aos não crentes nas instalações da Universidade de Atenas. Paulo entrou em discussão com judeus, simpatizantes dos judeus, pessoas que passavam por ali, epicuristas e filósofos estoicos; é possível, mesmo, que a atitude deste último grupo, mais positiva em relação à religião e à piedade, tenha levado Paulo à praça do mercado do Areópago para contatar alguns filósofos. Ele iniciou seu discurso afirmando a religiosidade dos seus ouvintes e reconhecendo um dos altares atribuído "a um Deus desconhecido" (17,22-23). Rapidamente, Paulo declara sua proposta de lhes dar a conhecer o Deus que eles estavam adorando em ignorância. O Deus Criador, que não precisa de santuário ou presentes religiosos, ordenou a vida humana com uma proposta, "assim, eles irão procurar por um Deus e talvez tatear por ele, e o acharão" (17,27a). O Paulo descrito por Lucas contextualiza seu discurso usando e adaptando duas citações da poesia grega – "nele vivemos e nos movimentamos, e temos o nosso ser" e "para nós, também somos sua prole" (17,28). Ele então proclama que Deus está chamando todos os povos para reformar suas vidas, e que ele irá julgar o mundo por meio de um homem que Deus apontou e levantou da morte. Enquanto alguns respondem com zombarias às suas observações sobre a ressurreição, outros dizem que gostariam de ouvir mais no futuro; Dionísio, Dâmaris e alguns outros se convertem na hora. O evento do Areópago representa Paulo na escrita de Lucas e, provavelmente, a comunidade de Lucas engajando-se na filosofia e na cultura secular do mundo greco-romano, ou seja, cruzando outra fronteira cultural e religiosa como parte da missão do Reino de Deus. Assim como Lucas, Paulo, no Areópago, estava fazendo o que a mesa de comunhão, que ultrapassa as fronteiras, significa e implica para as comunidades de Jesus e dos cristãos: a missão está se movendo além das zonas de cultura e conforto para testemunhar a visão de Deus de inclusão universal.

Missão, mesa de comunhão e os Areópagos de hoje em dia

Na encíclica *Redemptoris Missio*,[14] o Papa João Paulo II fez a comparação entre o Areópago, que representou o centro cultural e intelectual de Atenas, e os "novos setores nos quais o Evangelho deve ser proclamado" (*Redemptoris Missio*, 37) no mundo de hoje. Com base nas fundações

---

[14] *A missão do Redentor.*

Diálogo profético

teológicas, bíblicas e culturais antes mencionadas, propusemos a imagem da missão como mesa de comunhão para corresponder ao "Areópago" de nosso mundo globalizado. Usaremos documentos-chave e o contexto da Igreja Católica dos Estados Unidos, mas a imagem é relevante em muitas outras situações.

A Conferência dos Bispos Católicos dos Estados Unidos publicou, em 2002, um documento com o título *Um lugar à mesa: uma renovação católica para superar a pobreza e respeitar a dignidade de todos os filhos de Deus.*[15] Como indicado no subtítulo, o foco principal estava na pobreza do mundo e na dignidade humana. Portanto, eles também desenvolveram a ideia da "mesa", que pode enriquecer uma compreensão mais abrangente da mesa de comunhão como missão. Os bispos apontam para as ligações importantes entre a vida diária, a Eucaristia e a situação do mundo. Propusemos formular essa inter-relação em termos de três "mesas" da mesa de comunhão – a mesa da sala de jantar da Igreja doméstica, a mesa Eucarística da comunidade paroquial e a mesa global que abrange os diversos povos de Deus.

A "mesa da sala de jantar" simboliza a confraternização da mesa em casa. Jesus comeu nas casas dos coletores de impostos Levi e Zaqueu. Essas refeições foram momentos que marcaram o início da expansão do Reino de Deus. Jesus falou para Zaqueu: "Hoje a salvação veio para esta casa" (Lc 19,9). Na Igreja primitiva, a casa foi muitas vezes o local de encontro e a origem da vida e missão cristãs. O cenário da família cristã deveria, idealmente, ser o lugar inicial de inculturação, quer dizer, aquele em que a fé cristã cria raízes e desafia nossas vidas e relacionamentos diários – nossas alegrias e preocupações, sonhos e desapontamentos, desafios e realizações. A "mesa da sala de jantar" não é somente um lugar para os alimentos do corpo, mas também um lugar do alimento de Deus em vários níveis. Pais ou avós ensinam a criança a rezar, adolescentes discutem os desafios de

---

[15] UNITED STATES CONFERENCE OF CATHOLIC BISHOPS [Conferência dos Bispos Católicos dos Estados Unidos]. *A Place at the Table*; A Catholic Recommitment to Overcome Poverty and to Respect the Dignity of All God's Children. Washington, D.C.: USCCB, 2002.

viver com valores cristãos, marido e esposa compartilham suas preocupações e fé na mesa do café da manhã; toda a família se encontra no Natal, férias e reuniões de família, para celebrar a vida e dar graças a Deus. A partilha dos alimentos e da fé dentro das famílias cristãs, no entanto, está presente em todas as culturas. Num nível humano, a comida é compartilhada nos momentos de reconciliação e nos ritos de passagem, nascimento, puberdade, casamento e morte. Muito mais, são oportunidades para a fé cristã, esperança e amor para alimentar e talvez desafiar nossa vida diária "em casa". Muitos lares nos Estados Unidos – e, certamente, em qualquer lugar – ruíram por causa de divórcio, separação e morte, e a dificuldade de fazer refeições familiares juntos uma vez por semana é sintomática para a mudança social. E muitas pessoas estão sem teto em virtude da pobreza, instabilidade mental, deficiências físicas e imigração clandestina. Nesses casos, ter um "lar" é a ordem do dia antes que se possa falar da mesa de comunhão em torno de uma mesa da sala de jantar.

A segunda "mesa" é a Eucaristia. A Igreja primitiva, especialmente no Império Romano, reunia-se em igrejas domésticas. A ligação entre o lar e o "partir o pão" era íntima. Hoje em dia, muitas vezes, há uma grande distância entre os "mundos" onde os católicos vivem de fato e onde fazem sua adoração. Porém, teologicamente, "a Eucaristia é a soma e o sumário de nossa fé: 'nossa maneira de pensar está afinada com a Eucaristia, e a Eucaristia, por sua vez, confirma nossa maneira de pensar'".[16] Além disso, e desde que a Igreja e, poderíamos adicionar, o batismo, são missionários por natureza, como, então, a Eucaristia e expressões e experiências de adoração da missão de Deus se situam na vida real? O teólogo luterano Thomas Schattauer[17] descreve três diferentes relacionamentos entre missão e liturgia.[18] Em primeiro lugar, a liturgia é "dentro e fora", por meio

---

[16] *CATECHISM OF THE CATHOLIC CHURCH* [*Catecismo da Igreja Católica*]. 2d ed. Vatican City: Libreria Editrice Vaticana, 1997. 1327, quoting Irenaeus.

[17] SCHATTAUER, T. H. Liturgical Assembly as Locus of Mission. In: Id. (Ed.). *Inside Out:* Worship in an Age of Mission. Minneapolis: Fortress Press, 1999. p. 1-21.

[18] Cf. BEVANS; SCHROEDER, *Constants in Contexts...*, p. 362-366.

Diálogo profético

do que ela fortalece e equipa a comunidade cristã por "dentro" para ser um testemunho e um instrumento da missão "fora". Em segundo lugar, a liturgia também é "de fora para dentro", pelo fato de os eventos e pessoas da vizinhança e do mundo enriquecerem e desafiarem a comunidade cristã. Finalmente, a liturgia "de dentro para fora" reconhece que a própria liturgia – o mundo proclamado, a comida compartilhada, a comunidade formada, e a reconciliação oferecida – já é a missão de Deus em ação para ambos, o evangelizado e o não evangelizado, numa congregação peculiar.

Nesses múltiplos caminhos, a "mesa" da Eucaristia está inter-relacionada com a "mesa" da sala de jantar da vida diária e com a "mesa" do mundo. Em 1986, no documento *Até os confins do mundo*, os bispos dos Estados Unidos especificaram: "A Eucaristia alimenta nossa espiritualidade da missão e fortalece nosso comprometimento em nos doarmos e doar os nossos recursos para o desenvolvimento para uma Igreja diocesana e universal – como um povo consciente de sua interdependência e de sua responsabilidade para com todos os povos do mundo".[19] Esse aspecto missionário da Eucaristia é especificamente evidente no momento da comunhão, quando pessoas de todas as idades, experiências de vida e culturas chegam para compartilhar um pão e um cálice. Esse momento eloquentemente simboliza o que a Igreja é em sua mais profunda identidade, e por que ela é chamada a testemunhar isso na vida diária.

A declaração dos bispos dos Estados Unidos reflete dois aspectos sobrepostos da terceira "mesa" – a mesa global dos diversos povos de Deus. De um lado, aponta para a comunhão das igrejas locais – paróquias, dioceses e conferências episcopais – com outras igrejas locais situadas perto ou longe. Muitas paróquias católicas, instituições e dioceses na América do Norte desenvolveram "relações mútuas entre gêmeos" com comunidades eclesiais paralelas dentro e fora do continente. Ao mesmo tempo, existe uma visão de comunhão de todos os povos no nível humano. Os bispos

---

[19] UNITED STATES CONFERENCE OF CATHOLIC BISHOPS. *To the Ends of the Earth*; A Pastoral Statement on World Mission. Washington, D. C.: USCCB, 1986. p. 58.

dos Estados Unidos afirmam no documento *Chamado para a solidariedade global: desafios internacionais para paróquias dos Estados Unidos*: "Em nossas paróquias, a Eucaristia representa um cenário central para descobrir e expressar nosso comprometimento com nossos irmãos e irmãs de todo o mundo. Reunidos ao redor do altar, somos lembrados de nossa conexão com todos os povos de Deus através do místico Corpo de Cristo".[20] Os Serviços Católicos de Assistência, agências de assistência e desenvolvimento oficial da comunidade católica dos Estados Unidos, apoiam o programa Operação Quaresmal da Tigela de Arroz com um calendário-guia doméstico que convida pessoas e famílias a rezar e jejuar "em solidariedade aos famintos do mundo", para aprender sobre sua situação e dar assistência financeira. A seguinte declaração de seu programa é uma clara expressão da ligação entre as três "mesas": "Assim como celebramos a Eucaristia aos domingos, podemos usar a Operação Tigela de Arroz como forma de 'partir o pão' junto com a família e aqueles a quem amamos. Nós... aprendemos sobre as alegrias e desafios nas vidas de nossos irmãos e irmãs ao redor do mundo, e damos assistência concreta àqueles que mais precisam".[21] Por meio dessas e de outras iniciativas, os católicos empenham-se, diante da globalização, em ser solidários com os outros que estão nas ruas e em torno do mundo. Lembramos que os cristãos primitivos testemunharam sua fé para seus vizinhos não cristãos necessitados, e eles "tagarelaram o Evangelho" nas suas vizinhanças, ao longo de rotas de comércio e em outros países.

Devemos também incluir mais uma extensão dessa terceira "mesa", à qual os bispos dos Estados Unidos aludem como *Um lugar à mesa*,[22] ou seja, de toda a criação. Nossa compreensão da missão de hoje está sendo estendida para além da perspectiva estritamente antropocêntrica, rumo a

---

[20] UNITED STATES CONFERENCE OF CATHOLIC BISHOPS. *Called to Global Solidarity; International Challenges for U. S. Parishes.* Washington, D.C.: USCCB, 1997. p. 8.

[21] CATHOLIC RELIEF SERVICES [Serviços Católicos de Assistência]. *Home Calendar Guide.* 2006.

[22] *A Place at the Table...*, section V, "A Tradition: The Biblical Vision".

um interesse cosmocêntrico voltado à integridade da criação e da responsabilidade ecológica.

A mesa de comunhão foi a imagem primária de Jesus para o Reino e um teste decisivo para os seguidores de Jesus nos Atos dos Apóstolos, tais como Pedro com Cornélio e Paulo no Areópago. Na variedade dos contextos do Areópago no século XXI, propomos que a "mesa de comunhão é um modelo poderoso e uma motivação para a missão – interligando Jesus como o pão da vida com nossa vida diária (mesa do jantar), nossa fé cristã (mesa eucarística) e nosso relacionamento com pessoas que estão perto e longe (a mesa do 'outro')".[23]

Mesa de comunhão e a espiritualidade do diálogo profético

No livro *Constants in Context: A Theology for Mission Today*, descrevemos o desenvolvimento ecumênico de três linhagens da teologia de missão durante e desde o Concílio Vaticano II: missão como participação na vida e missão da Trindade (*missio Dei*); missão como serviço libertador do Reino de Deus; e missão como proclamação de Jesus Cristo como Salvador Universal. Cada uma dessas teologias é fundamental para um dos três maiores documentos católicos sobre missão nos últimos quarenta e cinco anos, respectivamente: *Ad Gentes, Evangelii Nuntiandi* e *Redemptoris Missio*. Propusemos, então, "diálogo profético" como uma síntese dessas atuais três linhas e como a melhor expressão da teologia e prática da missão hoje em dia.[24] O missiólogo sul-africano David Bosch usou uma expressão parecida, "humildade arrojada", para capturar as duas dimensões essenciais da missão que identificamos como profecia e diálogo.[25] Anos após

---

[23] SCHROEDER, Roger. *What Is the Mission of the Church? A Guide for Catholics*. Maryknoll, N.Y.: Orbis Books, 2008. p. 8.

[24] BEVANS; SCHROEDER, *Constants in Context...*, p. 348-395.

[25] BOSCH, David. *Transforming Mission*; Paradigm Shifts in Theology and Mission. Maryknoll, N.Y.: Orbis Books, 1991. p. 489.

a publicação de nosso livro, percebemos que o diálogo profético também expressa uma espiritualidade da missão.

Brevemente falando, a dimensão do *diálogo* extrai primeiramente da teologia *missio Dei*, com sua ênfase na santidade do mundo, culturas, religiões, experiência humana e contexto em geral. Reconhecendo esses presentes maravilhosos de Deus, respeitamos a dignidade e liberdade dos seres humanos e deles nos aproximamos com humildade e vulnerabilidade. A dimensão da *profecia* extrai primeiramente da teologia do Reino de Deus o falar e agir contra injustiças, e obtém da teologia cristocêntrica a proclamação e testemunho da verdade de Jesus Cristo e sua visão do futuro do cosmo. Da mesma forma que Deus chamou pessoas para a conversão, os cristãos estão sendo chamados a reconhecer pecados individuais e sociais dentro deles mesmos, como também dentro de outros, e a se preocupar com a salvação num sentido holístico. A ênfase específica nas três teologias da missão, mesmo que não necessariamente em contradição com alguma outra teologia, pode levar a conflitos caso ela seja compreendida em um sentido mais exclusivo. Contudo, quando trazidas juntas em síntese (ou em tensão criativa), elas representam a plenitude e a diversidade da teologia e prática da missão católica. Todas as três possuem uma eclesiologia fundamental e missionária que interliga Igreja, missão e batismo. Falando em termos escatológicos, "diálogo" indica como o Reino de Deus *já* está presente, e como "profecia" representa o Reino de Deus que *ainda não* está presente, ou como ele pode ser reconhecido. A Federação das Conferências Episcopais Asiáticas (FCEA) expressaram isso de forma clara: dialogamos com os pobres e nos manifestamos contra aquilo que os mantêm pobres; dialogamos com a cultura e criticamos o lado sombrio da cultura; dialogamos com outras religiões e mantemos a convicção de que Jesus Cristo é o Caminho, a Verdade e a Vida (Jo 14,6).[26] Ambas as dimensões, do diálogo e da profecia, fornecem uma síntese necessária ou o equilíbrio para todas as formas da missão e do ministério – testemunho e proclamação; liturgia,

---

[26] BEVANS; SCHROEDER, *Constants in Context...*, p. 349.

Diálogo profético

reza e contemplação; justiça, paz e integridade da criação; diálogo inter-religioso; inculturação; e reconciliação.[27]

Em nosso mundo globalizado, a imagem da mesa de comunhão desenha uma resposta da missão dos níveis inter-relacionados da família, igreja local/paróquia e de toda a humanidade. Em cada nível é necessário, para cristãos individuais e comunidades, de um lado, estar enraizado e ser alimentado na fé e na identidade. De outro lado, também é necessário movimentar-se além de todas as fronteiras para entender e, eventualmente, engajar-se no mundo do "outro" – seja ele um parente, um companheiro cristão ou alguém de um outro contexto, raça, nação ou religião. Em todos os casos, é preciso dialogar com o fato de o quanto o Reino de Deus já está presente e reconhecer aqueles lugares onde ainda ele não está presente.

Na forma como Jesus praticou a mesa de comunhão e como as comunidades primitivas partiam juntas o pão – especialmente depois da inflexão de Antioquia –, a dimensão da profecia estava presente no chamado para a conversão à visão do Reino de Deus, que conquistava o mundo. A dimensão do diálogo é representada pela inclusão por Jesus e pela Igreja primitiva, e através da abertura para todos os povos como filhos de Deus.

No incidente no Areópago, a dimensão dialógica é refletida nas referências iniciais gravadas no altar "Para o Deus Desconhecido" e no uso de dois poemas gregos. Paulo, em Lucas, fala sobre Deus de uma forma que poderia ser entendida pelos gregos. Em termos de dimensão profética, Paulo certamente estava pleno de fé quando proclamava o Evangelho, incluindo Jesus Cristo, a ressurreição no final de sua fala e chamando os ouvintes à conversão. Nas palavras do professor evangélico bíblico Lynn Allan Losie, "a fala no Areópago reconhece a existência de uma revelação geral e usa isso como base para um apelo evangelístico".[28] Paulo reconheceu que os intelectuais seculares focavam na satisfação espiritual e ele falou para suas

---

[27] Ibid., p. 348-395.

[28] LOSIE, L. A., Paul's Speech on the Areopagus: A Model of Cross-Cultural Evangelism. Acts 17:16-34. In: GALLAGHER, R.; HERTIG, P. (Ed.). *Mission in Acts*; Ancient Narratives in Contemporary Context. Maryknoll, N.Y.: Orbis Books, 2004. p. 232.

aspirações e visão do mundo, convencendo-os de que o Evangelho era a resposta que eles estavam procurando.

Conclusão

Terminamos com a imagem bíblica da mesa de comunhão: o banquete. Isaías descreve o reino messiânico como "uma festa de comida em abundância e vinhos selecionados" (25,6). Essa passagem é referida em várias narrativas presentes em todos os quatro Evangelhos. Mateus (22,2-14) e Lucas (14,16-24) falam sobre a parábola do banquete de casamento. O convite havia sido estendido para "o pobre, o aleijado, o cego e o paralítico" (Lc 14,21b). Todos eram convidados do banquete, mas cada um precisava estar aberto para a conversão, ou seja, "usando roupas para casamento" (Mt 22,11-13). Referências são desenhadas entre o banquete celestial e o "partir o pão" por Jesus na Última Ceia (Lc 22,16.18.29-30), e, como a teologia da Eucaristia revela, ele é visto como sacramento e como a entrada no banquete celestial. Essa revelação é expressa de forma muito bela na antífona medieval O *Sacrum Convivium* – o banquete sagrado no qual a garantia de um futuro glorioso nos é dada.[29] No nosso mundo globalizado, o banquete é uma imagem poderosa e desafiadora, assim como uma visão do Reino de Deus nas três "mesas". Todos estão convidados para o banquete que Deus preparou, e nós somos privilegiados por ajudar Deus a estender esse convite por meio do trabalho de profecia e diálogo.

---

[29] "Sacrum Convivium", como mencionado em: <www.preces-latinae.org/thesaurus/Euch/SacrumConv.html>.

CAPÍTULO 9

Uma breve história da missão da Igreja.
O diálogo profético ao longo dos séculos*

A Igreja, de acordo com o decreto do Vaticano II sobre a atividade missionária da Igreja, é "missionária por sua própria natureza" porque participa da própria vida do Deus Trino, cuja identidade é o amor autodifusivo.[1] Desde o primeiro nanossegundo da criação, Deus esteva presente através do Espírito, e Deus tornou-se concretamente presente na história através da Encarnação do Verbo Divino. Quando falamos da história da missão da Igreja, portanto, estamos falando da história da Igreja. Tornou-se prática comum nos estudos históricos da Igreja falar sobre a "história da Igreja" como algo distinto da "história da Missão", mas tal distinção vem se tornando cada vez menos válida. Obras como *History of the World Christian Movement*, de Dale Irvin e Scott Sunquist; *Christianity: A Short Global History*, de Frederick A. Norris; e a obra em um volume que está sendo escrita atualmente por Roger Schroeder contribuem para uma inversão da perspectiva do entendimento da história da Igreja.[2]

---

* Este capítulo foi originalmente escrito por Stephen Bevans para uma assembleia de membros dos Missionários do Preciosíssimo Sangue em Salzburgo, Áustria, em julho de 2009. Subsequentemente, Bevans e Roger Schroeder o revisaram cuidadosamente para a publicação neste volume.

[1] Cf. PAULO VI. Decreto *Ad Gentes*, sobre a atividade missionária da Igreja, 2.

[2] Cf. IRVIN, Dale; SUNQUIST, Scott. *History of the World Christian Movement*. Maryknoll, N.Y.: Orbis Books, 2001. NORRIS, Frederick A. *Christianity; A Short Global History*. Oxford: One World Publication, 2002.

A missão não é marginal para a história da Igreja. Ela está, sobretudo, no coração da vida da Igreja. Nossa história será sobre a atividade missionária da Igreja e sobre como esta atividade demonstra a prática de um diálogo profético. Por isso, não nos iremos estender sobre coisas como concílios, papas e tratados celebrados entre Igreja e Estado. Mas os eventos, os movimentos e as pessoas que iremos encontrar nas próximas páginas serão, acima de tudo, importantes para a história abrangente da Igreja. Enquanto alguns dos eventos e personagens centrais serão os mesmos da história padrão da Igreja, muitos não serão. Tal história certamente falará de Gregório, o Grande, Carlos Magno, Lutero, Francisco, Clara, Niceia, Trento, Inácio de Loyola e Rosa de Lima, mas também serão incluídos grandes missionários, como Alopen, Agostinho de Canterbury, Cosme e Damião, Raymond Lull, Matteo Ricci, Maria da Encarnação. Olhar a história da Igreja sob uma perspectiva missionária nos ajudará a entender que nossa Igreja sempre foi uma Igreja global, e que o movimento cristão sempre foi um movimento cristão mundial. A missão da Igreja Síria Oriental na Rota da Seda e na China é tão importante como a missão de Patrício na Irlanda e de Bonifácio na Alemanha. A conversão da Núbia (atual Sudão) é tão importante para a história da Igreja como a conversão de Constantino. Durante séculos existiram mulheres e homens comprometidos com o diálogo (Cirilo e Metódio, Mateo Ricci, Anna Dengel) e mulheres e homens comprometidos com a profecia (Francisco Xavier, Bartolomeu de Las Casas, Dorothy Day).

"A Igreja existe por meio da missão" escreveu o teólogo protestante do século XX Emil Brunner, "tal como o fogo existe por meio da chama".[3] Nós esperamos que estas páginas, mesmo em forma de esboço, mostrem justamente isso. Os leitores interessados em obter mais detalhes podem consultar nosso livro *Constants in Context*, Capítulos 3 a 8.[4]

---

[3] BRUNNER, Emil. *The Word in the World*. London: SCM Press, 1931. p. 11.

[4] BEVANS, Stephen B.; SCHROEDER, Roger P. *Constants in Context:* A Theology of Mission for Today. Maryknoll, N.Y.: Orbis Books, 2004.

A missão de Jesus cria a Igreja

Jesus foi um missionário, um enviado por Deus para pregar, servir e testemunhar o Reino de Deus. Ele trouxe uma mensagem sobre o incrível amor de Deus, perdoando pecadores, incluindo aqueles que normalmente eram excluídos pela sociedade religiosa culta, curando os doentes e expulsando os demônios, desafiando mulheres e homens a viverem em reconciliação com seus vizinhos e até mesmo com seus inimigos. Ele teve uma visão de uma sociedade nova e foi dele o chamado para o arrependimento das pessoas – não, contudo, no sentido da paráfrase do novelista canadense Rudy Wiebe, que toma por base o mal-estar, mas sim o "pensar diferente".[5] Cada coisa que ele disse em suas atraentes parábolas e discursos, cada coisa que fez em seus trabalhos de cura e exorcismo e sua própria maneira de incluir todos, até mesmo desafiando a Lei judaica para ajudar os seres humanos, explica sua mensagem básica: "Completou-se o tempo e aproxima-se o Reino de Deus; fazei penitência, crede no Evangelho" (Mc 1,15). A missão de Jesus é o modelo para o diálogo profético.

O desafio de Jesus foi reimaginar o mundo, pensar diferente sobre Deus, a religião e a comunidade; sobretudo, porém, foi um desafio *dentro do* Judaísmo – imaginar um novo tipo de Judaísmo, "ser um judeu em uma nova forma", como expressou o teólogo norte-americano Kenan Osborne.[6] Apesar de ter reunido um grupo de discípulos e de lhes ter dado uma estrutura básica com Pedro e os Doze, ele provavelmente não tinha nenhuma ideia (pelo menos no início de seu ministério) de que havia lançado a pedra fundamental daquilo que, mais tarde, viria a emergir como uma "Igreja", uma comunidade diferente daquela do Judaísmo e que iria continuar sua missão após ele ser levado deste mundo.

---

[5] WIEBE, Rudy. *The Blue Mountains of China*. Toronto: McClelland and Stewart, New Canadian Library Edition, 1995. p. 258.

[6] OSBORNE, Kenan. *A Theology of the Church for the Third Millenium;* A Franciscan Approach. Leiden: Brill, 2009.

A despeito disso, Jesus foi executado como blasfemo e criminoso, um resultado direto da visão por ele vivida e proclamada. Seu desafio de reimaginar foi mal-entendido pelos inseguros líderes do Judaísmo como uma traição à tradição judaica e como uma visão que poderia minar o poder colonial de Roma. Mas os laços da morte não puderam amarrá-lo, e ele foi vivenciado por seus tímidos seguidores como se ainda estivesse vivo. E, assim, a comunidade que ele formou em seu tempo de ministério continuou a se reunir em seu nome, a partir o pão em sua memória como ele lhe havia dito, e a ouvir a sabedoria de Pedro e dos apóstolos. Mesmo assim, porém, e mesmo depois da experiência do Espírito Santo no Pentecostes, a comunidade ainda via a si mesma, basicamente, como judaica. Sim, eles perceberam que tinham sido chamados para continuar a missão de Jesus de pregar, servir e testemunhar o Reino de Deus para o povo judeu. Deus tinha dado uma nova chance aos judeus depois da ressurreição de Jesus, e os judeus foram encorajados a proclamar Jesus como o Messias e a se arrepender antes que ele viesse de novo e reestabelecesse o Reino de Israel. Mas dificilmente eles compreenderam a si mesmos como uma "Igreja", uma realidade distinta da identidade e tradição judaica.

Gradualmente, contudo, a comunidade percebeu (de acordo com a narrativa dos Atos dos Apóstolos) que Deus, no Espírito Santo, tinha outros planos para o pequeno rebanho. Foi somente em Antioquia que a reduzida comunidade de Jesus começou a perceber a plena dimensão de seu destino e a apropriar-se de sua identidade. Ouvindo o sussurro do Espírito Santo que ultrapassa fronteiras, eles reconheceram que aquele era o início de uma nova forma de ser religioso. O povo de Antioquia começou a chamar a comunidade de "cristã" (At 11,26). A comunidade viu a si mesma como "Igreja".

Foi, em outras palavras, na prática da missão – movendo-se além dos limites exclusivos do Judaísmo e aceitando em sua comunidade pessoas de outras nacionalidades e culturas – que a antiga seita judaica começou a se reconhecer como mais do que judaica em sua identidade. O Espírito Santo empurrara a comunidade para além do Judaísmo a fim de ajudá-la a ver que sua fé em Jesus e a missão em seu nome lhes tinham dado uma nova identidade.

Assim, a comunidade de Jesus moveu-se para além do Judaísmo e se tornou Igreja. Da mesma forma, hoje, a repetição dessa dinâmica missionária continua a criar a Igreja. A Igreja é missionária por sua própria natureza, pois dialoga com as culturas, as religiões e os pobres do mundo, assim como proclama e testemunha profeticamente o Evangelho.

Paulo e a Igreja do Novo Testamento

Mesmo que um tipo de Cristianismo judaico continuasse a ser a forma vital do Cristianismo até o século IV ou V, especialmente no leste da Palestina e no Império Persa, o Cristianismo formado em sua maior parte por gentios começou a aflorar no Império Romano, especialmente na Ásia Menor, na atual Turquia. Um dos grandes missionários desses primeiros anos do Cristianismo foi o cristão-judeu Paulo, que fez extensas viagens missionárias pela Turquia e pela Grécia e cujos escritos tiveram tanta influência que alguns sábios argumentaram que foi Paulo o real fundador da religião chamada Cristianismo. Nas cartas de Paulo, podemos ver que ele, em seu trabalho missionário, foi assistido por um grande número de colaboradores, homens e mulheres. Parece que esses primeiros missionários cristãos fizeram uso da vasta rede de estradas romanas para pregar o Evangelho em muitas das maiores cidades do Império, e nós sabemos por meio das cartas de Paulo que a Igreja já estava firmemente estabelecida até mesmo em Roma. Na Carta aos Romanos, Capítulo 16, Paulo menciona muitas dessas mulheres e homens pelo nome: a diaconisa Febe, o casal Prisca e Áquila, Epêneto, Maria, Andrônico e Júnia (aos quais ele numera entre os apóstolos), Aristóbulo, Pérside, Hermes, e assim por diante.

As cartas de Paulo também nos dão um vislumbre de alguns dos ministérios em que a antiga comunidade do Império Romano estava engajada. Havia diáconos, apóstolos, colaboradores, curandeiros, profetas, evangelizadores, pastores e professores (cf. Rm 16; 1Cor 12; Ef 4). Outros testemunhos do Novo Testamento falam de presbíteros ou anciãos, muitas vezes identificados como bispos ou supervisores (por exemplo: 1Tm 3; Tt 1; Tg 5,14). Alguns desses ministérios tinham por objetivo, certamente, o cuidado interno do grupo, mas o constante crescimento da comunidade cristã testemunha o fato de que deve ter existido uma atividade missionária intencional, mesmo em face da suspeita e da perseguição. A Primeira Carta de Pedro incita as pessoas a expressarem a esperança que levam consigo (1Pd 3,15).

Papeando sobre o Evangelho

Outros documentos antigos da Igreja revelam que também existiam outros apóstolos e profetas peregrinando, os quais, assim como Paulo, iam de vilarejo em vilarejo e de cidade em cidade pregando o Evangelho. Isso aparece em um dos mais antigos textos cristãos documentados, talvez mais antigo que nossos textos canônicos: o *Didaquê* ou *Instrução dos Doze Apóstolos*, datado do início do século II e escrito, provavelmente, na Síria. Não obstante, como argumenta Michael Green, talvez os melhores missionários da Igreja primitiva fossem mulheres e homens comuns, que pregaram na integralidade de suas vidas e compartilharam seu entusiasmo com vizinhos e parentes: pessoas que "papeavam sobre o Evangelho"[7] nas feiras livres, lavando roupas ou comprando alimentos nos armazéns locais. Esse trabalho missionário informal também é atestado pelo sociólogo da religião Rodney Stark, que observa que o mais provável é que a cristandade tenha se espalhado através de redes pessoais e familiares, de mulheres que convenceram seus esposos, mães que compartilharam o Evangelho com filhas e filhos e amigos que o compartilharam com amigos.[8]

---

[7] GREEN, Michael. *Evangelism in the Early Church*. Grand Rapids, Mich: William B. Eerdmans, 1970. p. 173.

[8] STARK, Rodney. *The Rise of Christianity*. San Francisco: HarperCollins, 1996. [Ed. bras.: *O crescimento do cristianismo*; um sociólogo reconsidera a história. São Paulo: Paulinas, 2006.]

Isso se deu de uma forma natural. O Evangelho era algo para se compartilhar. Mas talvez ainda mais efetivo, em termos de comunicação do Evangelho, foi o testemunho dos cristãos. É provável que não cristãos daquela época tenham percebido como os cristãos se amavam uns aos outros. Rodney Stark dá credibilidade a tal afirmação ao relatar como o povo ficava impressionado com o jeito como os cristãos cuidavam uns dos outros nos momentos de doença, durante as inevitáveis pestes que grassavam nas cidades populosas e pouco higiênicas. Mas, de acordo com ele, os cristãos iam além disso. Eles também cuidavam de pessoas que não eram membros de sua comunidade e, por causa deste testemunho, muitos passaram a frequentar a Igreja. Geralmente, pessoas que haviam contraído a peste eram colocadas para fora, nas ruas, para morrer. Os cristãos cuidavam tanto dos cristãos quanto dos não cristãos. Talvez valesse a pena se associar a essa nova religião.

Da mesma forma, pessoas – especialmente mulheres – foram atraídas pela seriedade com a qual os cristãos encaravam o casamento e a paternidade. O divórcio era proibido. O assassinato de bebês do sexo feminino foi proibido, assim como o aborto. O fato de alguém assumir a prática cristã poderia ter um alto custo – até mesmo a vida – e poderia, também, ser um tipo de testemunho. A lista dos mártires inclui Policarpo, Blandina, Cosme e Damião, Perpétua e Felicidade. O fato de as pessoas estarem dispostas a morrer por sua crença e até mesmo a esperar por uma vida mais plena após a morte também foi um fator de atração. Finalmente, o Cristianismo cresceu por causa das vidas autênticas e proféticas de pessoas comuns, que viveram a missão em suas vidas diárias. Olhando além de Roma e do norte do Mediterrâneo, provavelmente a maior área geográfica de crescimento cristão é a que abrange a moderna Turquia, a Grécia, o Egito e toda a costa norte da África. No norte da África estava Alexandria, o centro intelectual do Império Romano, lugar da famosa escola catequética sob a liderança de Panteno, Clemente de Alexandria e Orígenes, o qual se distinguiu como um lugar de diálogo com a cultura helenística e com as religiões de mistério do Império. Clemente falou até mesmo a respeito da presença de Cristo (o *Logos*) nas religiões indianas. O conceito helenístico de *Logos* foi usado mais cedo, no século II, pelo teólogo e filósofo Justino, o Mártir.

O Cristianismo também se alastrou rapidamente por Antioquia, passando por ela e indo além de seus limites a leste do Império Romano, chegando mesmo ao grande rival de Roma, o Império Persa. Os apóstolos Tomé e Bartolomeu, assim como o professor Panteno, seguiram mais a rota marítima do que a terrestre e são tradicionalmente associados às raízes do Cristianismo na Índia; muitos cristãos do sul da Índia continuam, ainda hoje, referindo-se a si mesmos como "cristãos de São Tomé". No início do século IV, o rei da Armênia, convertido pelo capadócio Gregório, o Iluminador, declarou seu reino como cristão alguns anos antes que o Império Romano fizesse o mesmo.

Apesar de a Etiópia encontrar suas raízes evangelísticas no eunuco etíope anônimo indicado em At 8, a primeira evidência histórica do Cristianismo, aí, remonta a Frumêncio, um jovem sírio do século IV. Frumêncio foi vendido como escravo para o rei de Axum, na Etiópia; ele pregou o Evangelho e converteu o rei. O rei o enviou para a Igreja de Alexandria, no Egito, para pedir que missionários viessem ao seu país, mas, ao invés disso, o próprio Frumêncio foi consagrado bispo e enviado de volta à Etiópia em nome do patriarca da Alexandria.

Missão e monaquismo

No início do século IV, os cristãos somavam 10% da população do Império Romano. De acordo com Stark, para que esse número tenha sido alcançado, o crescimento precisou chegar a 40% em cada década e, neste ritmo, no ano de 350 os cristãos já constituíam quase a metade da população do Império.[9] No final do século III, o imperador Diocleciano reconheceu essa expansão como uma ameaça às religiões tradicionais de Roma e dirigiu uma perseguição – que atingiu todo o império – contra os cristãos

---

[9] Ibid., p. 3-27.

e qualquer outra sociedade religiosa que não se submetesse à prática religiosa romana. Mas a perseguição falhou na tentativa de barrar o crescimento dos cristãos. Nas famosas palavras do teólogo latino Tertuliano, o sangue dos mártires equivaleu a sementes lançadas, e a conversão cristã continuou. Um novo imperador, Constantino, percebeu que os cristãos eram um grupo que não podia ser detido e, assim, aliou-se a eles. Ele só se tornou imperador após a batalha da ponte Milvan, fora de Roma, quando ordenou aos seus soldados que pintassem uma cruz sobre seus escudos. Em 313, ele emitiu o Édito de Tolerância ou Édito de Milão, que finalmente legalizou o Cristianismo no império. Em 381, o imperador Teodósio declarou o Cristianismo a religião oficial do império.

Enquanto esse desenvolvimento foi, de certa forma, benéfico para o Cristianismo – ele foi saudado entusiasticamente por escritores como Eusébio de Cesareia, que até se referia a Constantino como um décimo terceiro apóstolo! –, houve um custo a pagar por tal prosperidade. O Cristianismo havia sido uma religião à qual era custoso seguir. Agora, era vantajoso professá-la. Aí começou uma conversão em massa e, com isso, ela passou a ser contaminada lentamente por certa mediocridade de fé e prática.

Foi nesse contexto que um novo movimento começou a se desenvolver na Igreja, o do monaquismo. Alguns homens e mulheres perceberam que o "martírio vermelho" não era mais possível para os cristãos; então, começaram a procurar o "martírio branco" de uma vida mais profética e ascética. Um dos primeiros mártires brancos foi Antônio, o Eremita, que viveu no deserto do Egito; ele foi um dos incalculáveis eremitas que fugiram da boa vida das cidades para uma vida dura no deserto. Muitas mulheres, como a famosa Sinclética de Alexandria, igualmente fizeram parte desse movimento. Tais homens e mulheres buscavam fugir do mundo, mas, de várias formas, não conseguiam fazer com que isso acontecesse. Tornaram-se figuras procuradas por muitas pessoas que a eles recorriam para orientação e inspiração espiritual, de modo que sua vida solitária e ascética constituiu uma nova forma de testemunho no mundo.

O deslocamento de um ascetismo mais individual para o monaquismo comunitário foi marcado por pessoas como Pacômio e João Cassiano, que começaram como eremitas na África do Norte, mas logo acabaram cercados por comunidades de monges. Eles se tornaram líderes desses grupos e escreveram famosas regras que, em virtude de sua sabedoria, ainda são lidas em nossos dias. Tanto Pacômio quanto Cassiano viajaram para a Europa e estabeleceram comunidades onde hoje é a França. Alguns monges egípcios provavelmente foram os primeiros a levarem a mensagem do Evangelho para a Núbia, e diz-se que outros viajaram para a Irlanda e foram, talvez, os fundadores do rico monaquismo irlandês que aflorou depois que São Patrício converteu a ilha, no século V.

O monaquismo irlandês desenvolveu o seu próprio método missionário. Como forma de penitência individual, monges irlandeses eram mandados para fora da Irlanda, em grupos de doze, como "peregrinos para Cristo" (*peregrini pro Christo*), para os territórios das atuais Inglaterra e Escócia. Eles pregavam o Evangelho enquanto viajavam e, uma vez que se fixavam, atraíam homens para a comunidade monástica, a partir da qual outros seguiam em sua própria *peregrinatio*. O importante mosteiro da ilha escocesa de Iona foi fundado pelo monge irlandês Columba, e outro monge, Columbano, peregrinou até a Itália, onde também fundou um mosteiro. O monaquismo irlandês também é famoso por causa de seus "mosteiros duplos" – de monges e freiras que viviam em alojamentos separados, mas adorando e trabalhando juntos. Foram famosos entre esses mosteiros duplos aqueles liderados pela Abadessa Bridget de Kildare, na Irlanda, por Cuthburga de Wimborne, no sul da Inglaterra, e por Hilda em Whitby, no norte da Inglaterra.

O movimento monástico também aflorou na Ásia Menor (atual Turquia) e Grécia. Na Capadócia, na Ásia Menor, homens como Basílio, seu irmão Gregório de Nissa e seu melhor amigo, Gregório de Nazianzo, assim como mulheres, como a irmã de Basílio e Gregório, Macrina, viveram pelo menos parte de suas vidas em comunidades monásticas. Todos os três, vale observar, foram nomeados bispos (a despeito de sua própria

Diálogo profético

oposição pessoal), um fenômeno comum naquela época. Todos os quatro capadócios se basearam profundamente na filosofia grega e continuaram nesse diálogo trabalhando na defesa e no desenvolvimento da teologia da Trindade, que foi expressa por completo no Concílio de Niceia, em 325.

Como muitos dos monges no deserto e do leste da África, Bento começou sua vida monástica no início do século VI como eremita. Entretanto, em pouco tempo, seu eremitério, que ficava em Subiaco, perto de Roma, foi cercado de homens que queriam tê-lo como líder. Ele logo escreveu sua famosa Regra, mudou-se para o sul, para o Monte Cassino, e sua irmã gêmea, Escolástica, uniu-se a ele em um mosteiro próximo. A versão de monaquismo de Bento foi menos ascética do que aquelas do deserto e dos monges irlandeses. Ele equilibrou trabalho e oração, e encorajou seus monges a comer e beber devidamente. Sua versão de monaquismo logo se tornou a forma mais popular do movimento monástico na Europa, e, assim, espalhou-se por mais de mil mosteiros em todo o continente. Quando o Império Romano do Ocidente foi invadido por tribos do norte e levado à beira da ruína, os monges beneditinos deram testemunho de constância e civilização. Seus mosteiros, como antes haviam feito os mosteiros irlandeses, preservaram os tesouros da cultura secular e religiosa ocidental, preservaram as tradições da agricultura e farmacologia e educaram jovens homens em escolas monásticas. Seus mosteiros eram postos avançados da evangelização, como evidenciado na obra dos anglo-saxônicos Bonifácio e Lioba, situada onde hoje é a Alemanha, e Agostinho de Canterbury, na Inglaterra. Bonifácio talvez tenha rejeitado demais a cultura saxônica local, mas, ironicamente, seu mosteiro foi o lugar onde o grande evangelho saxônico, o *Heliand* – um modelo de diálogo profético –, foi escrito no século IX.

Paralelamente ao movimento de ascetismo no Egito, pessoas migraram para o deserto da Síria com um propósito similar, e uma forma única de monaquismo se desenvolveu a partir dessa fonte. Esses monges vestidos de preto (religiosos) e de branco (seculares) do leste da Síria e Pérsia viajaram com comerciantes na Rota da Seda, atravessando o Império Persa, em direção à China. Após a legitimação do Cristianismo por Constantino no Império Romano, o Império Persa começou uma perseguição terrível, que custou a vida de cerca de dez mil cristãos. Depois do surgimento do Islã, no século VII, os cristãos sobreviveram, nem sempre muito bem, sob as leis muçulmanas. Mas os monges continuaram a existir, isso porque haviam estabelecido uma rede de mosteiros que também serviam como lugares de hospitalidade e tratamento médico ao longo da Rota da Seda. Um monumento descoberto no século XVII na China mostra que monges do leste da Síria, liderados pelo clérigo Alopen, já tinham estado ali no século VII, e alcançaram Changan [atual Xian], capital do Império Chinês e a maior cidade do mundo naquela época, sob a hospitaleira dinastia Tang. Eles provavelmente construíram mosteiros e igrejas, e também escreveram o primeiro texto cristão em chinês. Há relativamente pouco tempo, uma coleção de sutras (documentos em estilo literário típico do Budismo) foi descoberta. Pois esses sutras são inculturações maravilhosas da fé cristã, sem dúvida o resultado de um diálogo sério dentro do contexto multirreligioso da China do século VII. Cerca de um século mais tarde, um bispo de nome Adão vivia na capital e trabalhou com monges budistas na tradução de escrituras cristãs e escrituras budistas. Infelizmente, esse grande primeiro período cristão na China terminou no início do século X, quando a dinastia Tang caiu e o Cristianismo não foi mais bem-visto.

Os monges do leste da Síria também viajaram para a Índia, onde tiveram contato com os "cristãos de São Tomé", e provavelmente viajaram mais longe, até o Sri Lanka ou mesmo à Indonésia. Eles ergueram mosteiros nesses lugares, serviram a negociantes e comerciantes cristãos e, sem dúvida, evangelizaram também as populações locais. Anos depois, quando os portugueses chegaram à Índia (século XVI), descobriram aí uma comunidade cristã que tinha ligações com os patriarcas da Pérsia e usava o siríaco em suas liturgias.

No século X, os monges Cirilo e Metódio, irmãos de sangue, foram enviados pela Igreja Bizantina Oriental para evangelizar os eslavos em uma área situada onde hoje é o centro-norte da Europa. De muitas formas, nós os entendemos como pioneiros daquilo que hoje chamamos inculturação, pois eles insistiam em que o Evangelho devia ser pregado e as Escrituras deviam ser traduzidas para as línguas eslavas locais. De modo que, ao fazer isso, eles inventaram um alfabeto para aquela língua, o qual, mesmo tendo mudado ao longo dos anos, continua sendo chamado de cirílico. Entretanto, os missionários da Igreja latina se opuseram ferozmente aos seus esforços de adaptação, e os irmãos tiveram que viajar para Roma e ver o papa, que justificou seus esforços. Em torno do ano 1000, a Rússia foi evangelizada pelos monges de Bizâncio. A história conta que, quando representantes russos viajaram para Bizâncio e experimentaram o esplendor da liturgia monástica, converteram-se imediatamente e pediram missionários para a Rússia, que, por sua vez, converteram o czar e o povo russo.

Missão e o movimento dos frades mendicantes

O monaquismo continuou a contribuir para a evangelização depois do primeiro milênio, como ainda hoje o faz. Outro movimento, porém, começou a emergir no século XII, e ele viria a estabelecer o modo fundamental de pregação efetiva do Evangelho do século XIII até o século XVI. Foi o movimento mendicante, especialmente o desenvolvido pela Ordem dos Frades Menores sob Francisco de Assis e a Ordem dos Pregadores, conduzida por Domingos Guzmán de Caleruega.

Os franciscanos e os dominicanos são, entretanto, apenas dois exemplos dos movimentos que se espalharam especialmente na cristandade Ocidental da época. No Ocidente, a liderança da Igreja tornou-se poderosa e inevitavelmente corrupta, de forma que surgiram muitos chamados para retornar à pureza e simplicidade do Evangelho e viver a *vita apostolica* (vida apostólica). Na França, Pedro Waldo liderou um desses movimentos – fortemente leigo em seu caráter – que clamava por uma reforma hierárquica e um maior cuidado pastoral com os cristãos. Infelizmente, o movimento de Waldo caminhou para o lado errado da liderança da Igreja e acabou condenado, como aconteceu com vários outros grupos (tal como a provavelmente ortodoxa Humiliati e os certamente heterodoxos cátaros). Francisco e Domingos foram habilidosos trabalhadores para a reforma e renovação da Igreja e, ao mesmo tempo, continuaram tendo fé na instituição.

Desde o início, o movimento de Francisco foi um movimento de leigos. A história da conversão de Francisco e de como ele abraçou a pobreza é bem conhecida. Ele passou por toda a Úmbria, na Itália central, pregando o Evangelho sempre que podia, e logo atraiu seguidores. Em certo momento, viajou para o leste com o exército cruzado e atravessou as linhas de batalha para pregar ao sultão perto de Damieta. Naquilo que poderíamos chamar de prática de diálogo profético, permaneceu vários dias com o sultão, pregando, ouvindo e conversando. Ao invés de ser condenado à morte, como Francisco esperava – para morrer como mártir pela fé –, ele pregou para o sultão, que ficou muito impressionado com sua mensagem e, certamente, ainda mais com sua pessoa. Francisco, por sua vez, impressionou-se com a devoção dos muçulmanos, e a conversa com o sultão viria a afetar, mais tarde, a redação das Regras dos Franciscanos. Nas Regras, Francisco falou de dois tipos de pregação do Evangelho – pregação direta e pregação do testemunho. Pode ser que dessas instruções tenha nascido o dito atribuído a Francisco: "Prega sempre. Se for necessário, use palavras".

Quase desde o início mulheres se juntaram a Francisco. A primeira e também a mais próxima dentre elas foi Clara de Assis, que se mudou, com várias outras, para um mosteiro no centro da pequena cidade, com um ministério de rezar não para si mesmas, mas para a obra que Francisco e seus irmãos estavam fazendo. Muito mais do que *reclusae*, ou excluídas do mundo, elas foram *inclusae*, abraçando espiritualmente o mundo, apesar de fisicamente enclausuradas, como prescrevia a Igreja para comunidades femininas na época. Clara enviou muitas de suas irmãs a territórios muçulmanos para testemunhar o Evangelho, ainda que a maioria tenha sido martirizada pouco tempo após sua chegada.

Dois outros franciscanos importantes devem ser mencionados nesta curta história. Raymond Lull foi irmão leigo na Terceira Ordem Franciscana e também uma das mais marcantes figuras na história da Igreja e de sua missão. Ele tinha convicção de que os muçulmanos poderiam ser convertidos se o Evangelho lhes fosse apresentado em sua própria língua e de forma que pudessem entender. Assim, passou a sua vida aprendendo árabe, escrevendo centenas de volumes e ensinando em vários lugares da Europa. Ele fez três viagens missionárias indo da Espanha à África do Norte. Em duas delas, foi quase que imediatamente deportado; na terceira e última, foi martirizado.

Outro franciscano importante em sua época foi João de Montecorvino, bispo franciscano enviado para a corte imperial mongol, lá chegando em 1294. Mais uma vez, por certo tempo, o Cristianismo se desenvolveu naquela área do planeta. Imagens de João mostram-no em vestes episcopais, mas com características chinesas bastante acentuadas.

Na Espanha, Domingos Guzmán de Caleruega foi o cônego regular de Osma. Ele viajou com seu prior, Diego, então bispo, em duas missões diplomáticas que, mais tarde, teriam grande impacto em sua vida. Numa dessas missões, em Toulouse, França, ele encontrou um cátaro com quem conversou por toda uma noite, tentando convencê-lo da verdade da Igreja e dos erros dos cátaros. No final, o cátaro se arrependeu e voltou para a Igreja. Noutra ocasião, quando Domingos encontrou um grupo de inquisidores que estavam viajando com grande pompa, ele sugeriu a eles que poderiam fazer melhor se vivessem de modo mais simples – talvez seu exemplo pudesse ajudar a mudar os hereges que eles queriam erradicar. Quando Diego morreu e Domingos ficou sozinho, ele reuniu alguns seguidores para que vivessem sua própria convicção de uma vida simples ligada à piedade e ao estudo. Esse foi o início da Ordem dos Pregadores ou Dominicanos, que, no século XIII, avançou com a velocidade de uma tempestade. Os dominicanos foram homens altamente instruídos, excelentes pregadores e praticantes da simplicidade da vida; foram pessoas que viajaram por toda a Europa pregando e ensinando reformas. Eles também enviaram representantes para a China.

Assim como no movimento dos franciscanos, mulheres estiveram envolvidas no apostolado dominicano desde o início da Ordem. Além da Ordem Conventual para as mulheres, os Dominicanos incluíram a Terceira Ordem de mulheres e homens, os quais viviam a visão e espiritualidade de um movimento mendicante em suas vidas diárias normais. A mais famosa integrante deste último grupo foi Catarina de Sena, conhecida em sua cidade natal pelas ações caritativas, espiritualidade mística e habilidade de promover a paz entre famílias feudais. Ela viajou até mesmo para Avignon, a fim de persuadir o papa a retornar a Roma e deixar a esfera de influência do rei da França. Nos Países Baixos, e principalmente aí, emergiu um movimento de mulheres conhecidas pelo nome de beguinas (um movimento paralelo para homens foi chamado de begardos). Essas leigas viviam juntas em comunidades (chamadas beguinários), mas não eram enclausuradas em mosteiros. No mundo, elas viviam vidas ativas de caridade. Notamos especialmente entre elas Mary de Oignes, Mechtilde de Magdeburgo e Mechtilde de Hackenborn. Por conta de seu estilo de vida ativo, elas sempre foram tidas como suspeitas pela Igreja, e algumas acabaram executadas como hereges. Mas elas representam esforços constantes de mulheres para viver uma vida cristã dedicada e ativa no meio do mundo – esforços que não foram reconhecidos com sucesso antes dos séculos XVIII e XIX.

No final dessa era, em 1453, a grande cidade de Bizâncio (atual Istambul) finalmente sucumbiu aos invasores muçulmanos. O Império Bizantino, que durara mil anos, atacado por todos os lados por ameaças muçulmanas, finalmente foi conquistado. Havia atividade missionária esporádica no leste mesmo sob a ameaça islâmica, mas, então, a missão tornou-se impossível. O bastão da Igreja Bizantina ou Ortodoxa passou, então, para a Rússia.

Diálogo profético

Missão no século XVI e o surgimento dos jesuítas

O maior desenvolvimento da missão na história da Igreja ocorreu no século XVI, o século em que o horizonte do Ocidente foi indelevelmente transformado pelo encontro inicial com os povos das Américas e por um maior contato com os povos da Ásia. Também nesse século, a cristandade foi dilacerada por cismas conduzidos por Lutero, Calvino e muitos outros reformistas.

No final do século XV, Cristóvão Colombo "descobriu", "encontrou" ou "invadiu" (dependendo do ponto de vista pessoal) um mundo até então desconhecido na Europa. Ele e outros exploradores europeus que vieram em seguida encontraram vastas terras repletas de pessoas que nunca tinham ouvido falar de Cristo ou do Evangelho. Enquanto muitas das motivações da Espanha – e, também, de Portugal – foi de ganância, seus reis e rainhas também estavam interessados em convencer os povos indígenas dessas terras recém-descobertas a assimilarem os costumes dos povos europeus. E assim, missionários – franciscanos, dominicanos, agostinianos – acompanharam os vários exploradores em suas viagens de conquista e futuras descobertas. Foi a famosa política da cruz e da espada.

Conversões foram feitas, mas a prevalência era de exploração dos povos indígenas das Américas. Em Hispaniola (ilha onde se situam a República Dominicana e o Haiti), missionários dominicanos logo se encarregaram da defesa dos povos indígenas. Pouco antes do Natal, em 1501, o dominicano Antonio Montesinos pregou um sermão no qual condenou o abuso dos *encomendero** sobre o povo local: "Vocês todos estão em pecado mortal", exclamou, "e têm tantas chances de salvação quanto aqueles que não foram batizados".[10]

---

* "*Encomienda*, sistema de distribuição de terra na América espanhola que consistia na doação de terra pela autoridade competente, em nome de El-Rei, aos colonizadores, com direito ao emprego no cultivo dela da mão de obra assalariada. *Repartimiento* era um sistema próprio das colônias espanholas da América que consistia na distribuição de índios cativos, nas ditas 'guerras justas', entre os colonizadores. A Coroa espanhola dava direito ao colonizador de aprisionar índios e torná-los seus escravos": apostila de *Estudos da História da Igreja*, Prof. Dr. Teodoro Hanicz, 2012, p. 40 (N.T.).

[10] Texto original em: GUTIÉRREZ, Gustavo. *Las Casas; In Search of the Poor of Jesus Christ*. Maryknoll, N.Y.: Orbis Books, 1993. p. 29.

Um jovem religioso e *encomendero* de nome Bartolomeu de Las Casas passou por uma autêntica transformação, resultado do testemunho profético desses primeiros dominicanos e da crueldade cometida pelos colonizadores contra o povo local e que ele mesmo testemunhou. Las Casas tornou-se um dominicano e, pelo resto de sua vida, assumiu a causa dos povos indígenas das Américas. Ele fez muitas viagens de ida e volta cruzando o Atlântico para defender os direitos humanos dos indígenas perante o rei da Espanha e os oficiais da Igreja, e escreveu várias obras neste sentido. Las Casas é chamado, corretamente, de O Defensor dos Índios. Mesmo assim, em certo momento, ele advogou o uso de escravos africanos para ocupar o lugar dos povos indígenas, que possuiriam uma estrutura corporal mais frágil. Depois, ele reconheceu a inconsistência dessa opinião e se arrependeu por ter defendido a escravidão africana. Ele é uma das grandes "vozes da compaixão" dos missionários da América Latina nessa fronteira – foi um verdadeiro profeta, profundamente respeitoso para a humanidade dos povos a quem serviu.[11]

No outro lado do mundo, nos anos 1530, a Espanha começou a colonizar as Filipinas e, como ocorrera na América Latina, os dominicanos, agostinianos e franciscanos foram mandados para evangelizar o país. No início, os missionários se mostraram abertos à cultura local. Eles aprenderam a língua e até mesmo traduziam o catecismo, originalmente escrito no México, para o tagalog, uma das línguas locais filipinas. Logo, entretanto, aliaram-se firmemente ao governo espanhol, e, em troca, receberam gigantescas áreas de terras e oprimiram a população local. Algumas das mais belas igrejas espanholas que lá ainda existem foram erguidas, de fato, com trabalho escravo fiscalizado por missionários espanhóis. No final do século XIX, o novelista e nacionalista filipino José Rizal escreveu sarcasticamente contra os frades. Mesmo assim, as Filipinas são, hoje, o terceiro maior país católico do mundo, reconhecido por sua lealdade à Igreja Católica.

---

[11] Cf. GONZÁLEZ, Justo L. Voices of Compassion. *Missiology: An International Review* 20, n. 4 (1992) p. 163-73.

Enquanto Las Casas lutava desesperadamente para persuadir os espanhóis e o papa a respeitarem a humanidade dos povos da América Latina, Lutero e depois Calvino começaram suas importantes carreiras como arquitetos do Protestantismo. Eles combateram alguns dos principais abusos da Igreja medieval – a corrupção do clero, a falta da assistência pastoral, o esquecimento da Palavra de Deus, as práticas supersticiosas em torno do sacramento e a venda das indulgências. Entretanto, Roma não aceitou as críticas e eles estabeleceram as suas próprias igrejas. A Europa estava dividida entre católicos e protestantes e não havia somente um tumulto religioso, mas também um tumulto político. Os duzentos anos seguintes seriam de guerras sem sentido e de perseguições: católicos perseguindo protestantes e protestantes perseguindo católicos.

Nesse contexto nasceu a Sociedade de Jesus (Ordem Jesuíta), fundada por Inácio de Loyola, um antigo soldado que experienciou a conversão enquanto se recuperava de um ferimento de batalha, e que modelou sua Sociedade, ou Companhia de Jesus, na forma de uma brigada militar. Altamente disciplinados, altamente educados, altamente motivados e altamente mobilizados, os jesuítas incorporaram uma maneira completamente diferente da vida religiosa: eles foram religiosamente *ativos* – não eram monges, não eram mendicantes. Eles criaram um quarto voto, de ser diretamente disponível ao papa, e se espalharam rapidamente pela Europa, usando seus estudos e habilidades como uma poderosa ferramenta de pregação a fim de trazer aqueles que tinham optado pelo Protestantismo de volta para a Igreja Católica.

Os jesuítas foram também um novo tipo de missionários. Eles foram para a América Latina e deram início às chamadas "reduções", principalmente no Paraguai. Elas eram assentamentos em que os jesuítas reuniam os indígenas para protegê-los dos exploradores espanhóis e portugueses. O filme *A Missão* apresenta uma imagem vibrante da obra dos jesuítas nessas "reduções".

Os jesuítas também foram para a Ásia. Talvez o mais famoso deles tenha sido Francisco Xavier, um companheiro e bom amigo de Inácio. Xavier foi primeiro para a Índia, região onde seu fervor para a conversão é lendário. Mais tarde ele foi para o Japão e ficou tão impressionado com a cultura que a ela se referiu positivamente em um relatório para Inácio. Os japoneses foram as melhores pessoas que havia encontrado em suas viagens, afirmou, com uma cultura elevada, honestidade, e, quando convencidos da verdade, prontos a agir efetivamente. Enquanto na Índia ele havia aplicado mais uma forma de missão do tipo *tabula rasa*, que não levava em conta a cultura local, no Japão Xavier teve muito mais consciência da cultura. Ele se vestia como um local, empregava ajudantes japoneses e tentava explicar o Evangelho de maneira que eles pudessem entender. Não era suficiente ser um pregador profético do Evangelho – diálogo também era necessário.

Um dos mais importantes missionários jesuítas foi o italiano Alessandro Valignano. Valignano estava convencido de que os missionários precisavam sair da esfera de domínio dos portugueses, o principal poder europeu na Ásia naquela época. Para os portugueses, tornar-se um cristão significava deixar sua própria cultura e tornar-se um europeu. Valignano estava convencido de que a cristandade não estava amarrada à Europa, e que podia prosperar em qualquer cultura. Ele tentou treinar os jesuítas que estavam sob sua liderança nessa perspectiva, e vários deles se destacaram como modelos para sua aproximação mais dialógica.

O mais famoso protegido de Valignano foi Matteo Ricci. Ricci trabalhou na China e ficou famoso por seu domínio do idioma e dos clássicos confucionistas, assim como por seu conhecimento da ciência do Ocidente. Seus imensos estudos, afinal, o colocaram em contato com o imperador, e, ao morrer, foi enterrado com as mais altas honrarias chinesas. Ele conseguiu converter um pequeno, mas importante grupo de chineses, dentre os quais havia até mesmo homens ordenados sacerdotes.

Na Índia, o jesuíta Roberto de Nobili adaptou-se da mesma forma à cultura. Ele se vestiu como um guru ou homem sábio hindu, um *sannyasi*, e dominou a língua sânscrita – foi o primeiro europeu a fazer isso. Foi instruído na filosofia hindu e em textos sagrados, e falou da cristandade nos

Diálogo profético

termos da visão indiana de mundo. Tristemente, houve muitas oposições ao seu método e, quando foi vindicado, suas adaptações do Evangelho, como as de Ricci, foram condenadas no que foi chamado de Controvérsia dos Ritos. Esse foi um triste e complicado capítulo da história da missão, que desencorajou qualquer tipo real de contato com as culturas locais. A decisão da Controvérsia dos Ritos foi revertida somente por volta de 1940.

Outro missionário jesuíta na Ásia deveria ser mencionado aqui, mesmo que ele tenha vivido mais tarde, no século XVII. Foi Alexandre de Rhodes, missionário no Vietnã. De Rhodes desenvolveu o alfabeto para escrever o idioma vietnamita que ainda hoje é usado. Num fascinante exemplo daquilo que chamamos hoje em dia de diálogo profético, ele escreveu um catecismo que integrou princípios confucionistas na doutrina cristã e formou um grupo de homens como catequistas, os quais eram responsáveis por evangelizar e ensinar. Ele deu poder aos leigos, incluindo mulheres, para papéis de liderança na comunidade cristã. Finalmente, foi expulso do Vietnã, e morreu como missionário na Pérsia.

Os jesuítas também trabalharam na América do Norte, na área do atual Canadá, entre iroqueses e hurões. Seus trabalhos também foram adaptados à situação local. Eles se movimentaram com os povos da Primeira Nação, de características marcadamente nômades, e deram o melhor de si para aprender a língua e os costumes. Eles estavam implicados nas guerras tribais; assim, acabaram vistos por um dos lados como aliados do outro. Muitos foram martirizados, entre eles Isaac Jogues e John de Brebeuf, bem como o leigo René Gupil. Maria da Encarnação foi a primeira missionária na América do Norte. Ela se estabeleceu em Montreal, no Canadá, construiu escolas para meninas francesas e nativas americanas. Outras mulheres oriundas da França também vieram para Montreal. Uma nativa americana, Kateri Tekakwitha, converteu-se à fé cristã inspirada pelos missionários franceses, e a Igreja a santificou.

A Europa da época havia sido devastada por guerras religiosas e, por consequência, uma grande suspeita recaiu sobre a religião; em contrapartida, dava-se maior confiança à razão humana. Nessa Era das Luzes começou a existir, pela primeira vez na história, a confiança no potencial humano, uma dúvida sobre a existência de uma dimensão transcendente da vida e o início de um secularismo que levou ao ateísmo.[12] Como um resultado de muitos fatores, entre os quais se contavam as Controvérsias dos Ritos e dos Jansenistas, os jesuítas foram suprimidos em 1773 (mesmo assim, eles nunca foram suprimidos na Rússia). A bancarrota emocional e religiosa da Europa, a supressão dos jesuítas e o desastre da Revolução Francesa em 1789, tudo isso conspirou para a quase extinção do trabalho missionário no mundo inteiro. Dizem que, em 1800, havia apenas algumas centenas de missionários católicos trabalhando ao redor do mundo. Essa imagem fria, contudo, mudaria drasticamente no século seguinte.

O "grande século" da missão cristã e a sociedade modelo da missão

O ano de 1800 foi o ponto mais baixo da atividade missionária católica ao redor do mundo, mas também assinalou o início do grande surgimento do trabalho missionário protestante que marcou o século XIX e, minimamente, a primeira metade do século XX. Lutero e especialmente Calvino acreditavam que não havia necessidade de atividades missionárias, pois aqueles que eram destinados a ser salvos já tinham recebido a pregação do Evangelho. Houve alguma atividade missionária através dos pietistas luteranos liderados pelo conde Nicholas Ludwig von Zinzendorf no século XVIII, mas foi somente após 1792, com a publicação do famoso tratado de William Carey acerca da obrigação cristã de converter os "pagãos", que a obra missionária protestante decolou. E decolou mesmo. Carey e seus poucos companheiros foram para a Índia e muitos outros os seguiram. Logo, missionários estavam indo para a China e também para a África. As missões também se tornaram um movimento importante nos Estados Unidos,

---

[12] Para uma história detalhada deste desenvolvimento, cf.: TAYLOR, Charles. *A Secular Age*. New York: Oxford University Press. 2006.

e missionários também foram recrutados para o trabalho na China, Polinésia e Oceania. Muitas sociedades missionárias, como a Sociedade Missionária da Igreja, a Sociedade Missionária de Londres, a Sociedade Missionária Batista na Inglaterra e o Conselho Americano de Comissários para Missões Estrangeiras nos Estados Unidos, foram formadas.

A explosão da atividade missionária no século XIX coincidiu com o interesse expansionista europeu e, mais tarde, dos Estados Unidos. O colonialismo facilitou, para os missionários britânicos, o trabalho em países recém-colonizados, tais como a Índia, o Quênia e a Costa do Ouro (atual Gana). Os colonizadores se compraziam com o fato de que os cristãos também podiam aprender a ser bons subordinados dos britânicos; assim, as escolas missionárias educavam jovens, homens e mulheres, nas línguas e cultura europeias, educavam para formar classes de servidores civis que auxiliariam as forças colonizadoras em seus governos. Missionários, tanto católicos quanto protestantes, não foram sempre intencionalmente os peões de poderes coloniais mandatários – muitas vezes, porém, o foram, consciente ou inconscientemente. Um belo exemplo de missionário nativo é Samuel Ajayi Crowther. Levado como escravo de seu local de origem, a Nigéria, foi resgatado por um navio britânico e deixado em Freetown, na Serra Leoa. Crowther retornou como missionário à sua terra nativa, a Iorubalândia (Yorubaland), e, afinal, foi ordenado bispo. A despeito de ser apaixonado por pregar o Evangelho, seu respeito pelo Islã era grande, assim como seu respeito para com a cultura africana. Ele foi o primeiro africano a assumir a liderança em um processo de tradução da Bíblia em um idioma africano. Em tudo, ele foi modelo de diálogo profético. Infelizmente, seu sucessor não foi um africano, mas um britânico.

Em 1815, a paz havia sido restaurada na Europa após a derrota de Napoleão em Waterloo. No mesmo ano foi proclamada a retirada da ordem de supressão dos jesuítas. Ordens religiosas expulsas durante os dias obscuros da Revolução Francesa começaram a ser reestabelecidas. O papado, que alcançara seu ponto mais baixo sob o poder de Napoleão, com o aprisionamento dos papas Pio VII e Pio VIII, começou a ganhar novo prestígio na Europa. Foram poucas as ordens missionárias fundadas no século XVIII e no início do século XIX: a Congregação do Espírito Santo em 1703, as Irmãs de São José de Cluny em 1807, os atuais Missionários do Preciosíssimo Sangue em 1815, os Oblatos de Maria Imaculada em 1816 e os Irmãos Maristas em 1817. Depois de 1830, contudo, houve uma virtual explosão de ordens religiosas. O Catolicismo alcançava uma nova vitalidade e a expansão colonial precisava de uma dimensão religiosa. Os padres Maristas tiveram sua fundação em 1836. Em 1848, Francisco Liebermann fundou a Congregação do Imaculado Coração de Maria e foi convidado a se fundir com a Congregação do Espírito Santo, e também a adotar o nome deles. Os Missionários do Sagrado Coração tiveram sua fundação em 1855, por Jean Jules Chevalier (1824-1907). Em 1866, foram fundados os Missionários de Mill Hill; em 1867, os Missionários Combonianos; em 1868, a Sociedade dos Missionários da África ou Padres Brancos; e, em 1875, a Sociedade do Verbo Divino, por Arnaldo Janssen. Muitas dessas congregações masculinas possuíam congregações de irmãs: Irmãs Maristas, Irmãs do Preciosíssimo Sangue, Irmãs Combonianas, Irmãs Missionárias do Espírito Santo, Irmãs do Espírito Santo da Adoração Perpétua. Os Estados Unidos viram a fundação das congregações das Irmãs do Santíssimo Sacramento e das Irmãs da Sagrada Família, ambas dedicadas a trabalhar entre afro-americanos; a primeira, fundada por Catarina Drexel, também trabalhou entre os americanos nativos.

Nos séculos XIX e XX, havia milhares de missionários em campo. Sessenta por cento dos missionários protestantes dos Estados Unidos eram mulheres, de acordo com a historiadora Dana Robert.[13] Havia também muitas mulheres servindo como missionárias católicas, mas não tanto quanto as protestantes. O trabalho de missão era variado: escolas, universidades, hospitais, clínicas, serviços de caridade e ajuda material. Muitos missionários tinham ideias claras acerca da meta do trabalho missionário,

---

[13] ROBERT, Dana L. *American Women in Mission;* A Social History of Their Thought and Practice. Macon, Ga.: Mercer University Press, 1996. p. 37.

a salvação das almas e a implantação da Igreja. Muitos missionários pensaram (de fato, contrariamente ao que ensina a Igreja Católica) que aqueles que morressem sem ser batizados eram condenados ao inferno ou, no mínimo, mandados para o limbo. Culturas e religiões locais foram consideradas essencialmente más, e, assim, as práticas culturais e religiosas das pessoas nativas precisavam ser abandonadas caso elas quisessem ser verdadeiros cristãos. Foi a era de certeza,[14] o "grande século", como o historiador Kenneth Latourette intitulou três dos muitos volumes da sua obra histórica sobre a missão.[15] Missionários trabalharam por toda a África, no sul, sudeste e nordeste da Ásia, nas ilhas do Pacífico, na América Latina, Nova Zelândia e Austrália.

Em 1910, cerca de mil e duzentos delegados de todo o mundo protestante se encontraram em Edimburgo, na Escócia, para uma grande conferência da missão mundial. Seu tom foi a palavra de ordem de John R. Mott: "A evangelização do mundo nesta geração". Essa convicção levou a um final desastroso.

O século XX no XXI

Apesar da devastação causada por duas grandes guerras na primeira parte do século XX, a "época da certeza" prolongou-se por algum tempo. Mas o certo é que ela estava sendo firmemente minada por novas compreensões da teologia, novas compreensões da cultura, o início da era da descolonização e o subsequente surgimento do nacionalismo e o renascimento de religiões locais. Durante o Concílio Vaticano II, uma mudança estava no ar, anunciando o que Robert J. Schreiter chamou de "época do fermento" na missão dentro da Igreja Católica.

---

[14] SCHREITER, Robert J. Changes in Roman Catholic Attitudes toward Proselytism and Mission. In: SCHERER, James A.; BEVANS, Stephen B. (Ed.). *New Directions and Evangelization 2;* Theological Foundations. Maryknoll, N.Y.: Orbis Books, 1994. p. 113-125.

[15] LATOURETTE, Kenneth Scott. *A History of the Expansion of Christianity.* New York: Harper & Brothers, 1937-45. Os volumes 4, 5 e 6 cobrem o "grande século" a que ele se refere, época que vai de 1800 até 1914.

O Concílio Vaticano II apresentou uma imagem diferente da Igreja. A missão era uma parte da própria identidade da Igreja, não entendida tanto como uma realidade territorial, mas focada nas pessoas e em circunstâncias particulares. De algumas maneiras, isso ecoou no que um encontro patrocinado pelo Conselho Mundial de Igrejas no México em 1963 descreveu como a missão levada a efeito "em seis continentes".[16] Essa perspectiva foi uma das maiores contribuições do *Ad Gentes*, documento do Concílio sobre missão. A cultura também foi outro tema apresentado em *Ad Gentes*, e também outro documento sobre a Igreja no mundo contemporâneo (*Gaudium et Spes*) foi visto positivamente pelos missionários, que foram instigados a "aprender, através de um diálogo sincero e paciente, que tesouros generosos Deus distribuiu entre as nações do mundo".[17] O Concílio também reconheceu, em sua declaração sobre religiões não cristãs (*Nostra Aetate*), que nessas religiões também reside "um raio daquela Verdade que ilumina todos os povos".[18] O Concílio ensinou claramente sobre a possibilidade da salvação fora da explícita fé em Deus.[19]

Essa época de fermentação que anunciou novas ideias acerca da missão logo levou a compreensão da Igreja sobre o tema a uma crise – uma crise que foi sentida nas Igrejas protestantes e na católica. Como o bispo anglicano Stephen Neil colocou famosamente, se todas as coisas constituem missão, então nada é missão. Se a Igreja toda é missionária, em outras palavras, não há necessidade de uma missão especial que perpasse as culturas, tampouco a necessidade de indivíduos servirem como missionários estrangeiros e transculturais. Se culturas são sagradas e boas, por que os cristãos devem perturbá-las com uma religião do Ocidente? E, talvez, o mais lamentável de tudo, se mulheres e homens podem ser salvos sem o explícito conhecimento sobre Cristo e sem a Igreja, por que, então, pessoas deveriam deixar suas casas e culturas para pregar o Evangelho? Na vigília

---

[16] Conferência sobre a Missão Mundial e o Evangelismo (CWME), Cidade do México, 1963.

[17] *Ad Gentes*, 11.

[18] PAULO VI. *Nostra Aetate*, declaração sobre a Igreja e as religiões não cristãs, 2.

[19] Cf. PAULO VI. Constituição dogmática *Lumen Gentium*, 16.

do Vaticano II, a vocação missionária começou a declinar e muitos missionários deixaram o campo da missão para trabalhar em seus próprios países. No final dos anos 1960 e no início dos anos 1970, falou-se em uma "moratória" da atividade missionária. Todos os missionários estrangeiros foram incitados por algumas pessoas nos países tradicionais de missão a voltar para casa e oferecer os recursos que até então apoiavam os missionários estrangeiros para o desenvolvimento das igrejas locais.

Por volta de 1975, depois do Sínodo dos Bispos sobre evangelização, com a publicação da exortação apostólica de Paulo VI *Evangelii Nuntiandi* e com desenvolvimentos similares dentro do Protestantismo, como no encontro do Conselho Mundial de Igrejas em Nairóbi e no encontro dos cristãos evangélicos em Lausanne em 1974, a missão esteve sujeita a um "novo nascimento". O que a *Evangelii Nuntiandi* fez foi ampliar a própria ideia da missão para incluir atividades como a inculturação e o trabalho para a justiça e a libertação.

Essa tal ampliação da missão continuou na encíclica *Redemptoris Missio*, do Papa João Paulo II, quando ele falou da missão como uma "singular, mas complexa realidade".[20] João Paulo II falou da missão como algo que não só inclui inculturação e trabalho para a justiça, mas também o diálogo inter-religioso. No parágrafo 37 da *Redemptoris Misso*, ele também se referiu a muitos outros locais de trabalho da missão: a comunicação, o ministério urbano, a juventude e ciência, por exemplo.

Nos anos da *Redemptoris Missio* houve vários desenvolvimentos no entendimento da missão pela Igreja. Como consequência da grande Conferência de Medellín, na Colômbia, em 1968, emergiu a teologia da libertação. Essa teologia não se desenvolveu em termos teóricos, mas em ações práticas/reflexões dos cristãos de base comprometidos com a liberdade política e social, e também na percepção da pecaminosidade pessoal e estrutural da qual a opressão institucional resultou. Apesar de a teologia

---

[20] JOÃO PAULO II. Carta encíclica *Redemptoris Missio* ("A missão do Redentor"), sobre a validade permanente do mandato missionário, 41.

da libertação focalizar mais os aspectos proféticos da missão, não obstante, ela esteve enraizada no diálogo com os pobres, e, em anos mais recentes, com a religiosidade popular e as culturas indígenas.

Robert J. Schreiter articulou a necessidade de incluir uma compreensão do trabalho para a reconciliação como parte integral da missão no mundo ultraviolento de nossos dias. Especialmente após a queda dos regimes de opressão, como na África do Sul, Argentina e Nicarágua, e após situações de matança de tipo genocida, como em Ruanda e Burundi, reconciliação não é uma realidade teórica, mas uma necessidade urgente. Schreiter reivindica que a reconciliação é uma das principais formas que a Boa-Nova pode assumir no mundo de hoje, e, assim, ela está integrada à prática missionária. O Vaticano emitiu uma nota pedindo cautela sobre a tendência, nas igrejas da Ásia, de ofuscar o significado da centralidade de Cristo como salvador universal e de minimizar o aspecto profético ou proclamador da missão. Ainda que o tom dessas intervenções tenha sido infeliz, seu ponto é certamente válido. Um verdadeiro diálogo com pessoas de outra fé pode ser possível somente se tivermos uma firme convicção sobre o papel de Cristo na história da salvação. Isso precisa ser um diálogo profético.

Mais e mais a questão da migração assume a vanguarda da missão missionária da Igreja. De muitas maneiras, o "mundo das missões" veio para as "igrejas domésticas". Nesse caminho, não há mais igrejas que simplesmente "enviam" e "recebem" – todas elas fazem as duas coisas.

Essa realidade última é verdadeira nas igrejas de hoje em dia, mas em outro sentido. Assim como as vocações missionárias têm diminuído no Ocidente, cada vez mais missionários dos países em desenvolvimento estão sendo mandados para outros, tradicionalmente "países missionários", e eles também estão sendo mandados para ministrar aos imigrantes nos países ocidentais. Em nossa própria Congregação do Verbo Divino, por exemplo, em torno de um quarto dos membros são indonésios, e nosso maior número de missionários vem da Indonésia, Índia e Filipinas. Entre os protestantes, o maior número de missionários vem da Coreia. Muitos

Diálogo profético

missionários do mundo em desenvolvimento se estabelecem, mesmo, como missionários na Europa, América do Norte, Austrália e Nova Zelândia – enviados para reevangelizar culturas secularizadas e surdas para a mensagem do Evangelho. Isso, com certeza, tem gerado seus próprios problemas.

A missão, hoje em dia, também é executada em grande parte por mulheres e homens leigos, muitos deles em ações de curto prazo que duram de uma semana (de médicos que vão ao Haiti) a vários anos (a Sociedade dos Fiéis de Maryknoll, que se inscrevem para uma jornada de cinco anos, renovável indefinidamente). Em certa medida, o trabalho missionário mais significante nos dias de hoje é feito por leigos nessas ações mais breves – tanto que poderíamos chamar os dias de hoje de a era dos Missionários Leigos de Curto Prazo.

Conclusão

O que foi escrito nestas poucas páginas dificilmente explica suficientemente a longa história da Igreja, que é marcada, muitas vezes, por testemunhos de profecia e diálogo. Nós esperamos que os leitores percebam, de fato, como a atividade missionária é e foi central para a Igreja. Missiólogos e outros escritores religiosos insinuaram que hoje em dia vivemos uma época de "igreja mundial". Mas aqueles que conhecem a história da Igreja – sua história por inteiro – sabem que temos vivido *sempre* em uma era como essa. A cristandade nasceu na Ásia, se espalhou na direção leste para a Índia, a Pérsia e até a China, na direção sul para a Etiópia e a Núbia, para o oeste cruzando o norte da África e indo para o norte naquela área que viria a se tornar a França, a Alemanha, a Irlanda, a Inglaterra e a Escócia. Quando a Europa "descobriu" novos países, a Igreja também foi para lá. Ao longo de sua história, ela precisou estar em diálogo com o Zoroastrismo, o Judaísmo, as religiões romanas, o Islã, as várias religiões do norte da Europa, o Hinduísmo, o Budismo, o Confucionismo e as religiões locais de Indonésia e Filipinas. Muitos missionários, como Alopen, Cirilo, Metódio e Alexandre de Rhodes travaram um diálogo sério com culturas locais. E muitos outros, como Francisco de Assis, Bartolomeu de Las Casas e Maria da Encarnação, estavam sempre envolvidos com o bem-estar dos povos aos quais serviram. Houve também um lado sombrio da missão. Missionários como Bonifácio e os frades espanhóis nas Américas denegriram religiões locais e pregaram uma cristandade que destruiu a todas. Muitos colaboraram com a expansão colonial no século XIX.

Além das luzes e sombras, contudo, há outro fator. Na *Evangelii Nuntiandi*, Paulo VI enfatizou o fato de que "o Espírito Santo é o principal agente da evangelização".[21] É o Espírito que criou a Igreja em primeiro lugar, que continua a equipar a Igreja para o trabalho da missão, prodigalizando dons para cada cristão, e que constantemente desafia a Igreja para se mover profeticamente além da sua "zona de conforto", de modo a levar a proposta de Deus ao mundo. De fato, a história da missão é a história do Espírito Santo, a história de Deus "de dentro para fora" na criação. Nosso grande privilégio e graça, como Igreja, é ser de alguma forma participante – sacramentos, em verdade – daquela história de amor, cura, libertação e diálogo profético.

---

[21] PAULO VI. Exortação apostólica *Evangelii Nuntiandi*, sobre a evangelização no mundo contemporâneo, 75.

CAPÍTULO 10

Ensinamento da Igreja, missão e diálogo profético. *Ad Gentes, Evangelii Nuntiandi, Redemptoris Missio* e *Diálogo e Anúncio**

Este capítulo é um sumário do ensinamento oficial da Igreja no Magistério romano sobre a teologia e a conduta de sua missão evangelizadora. Mais do que resumir *cada documento*, o que seria bastante tedioso e repetitivo, nós preferimos selecionar alguns tópicos de cada um que representam novos aspectos do ensino do Magistério sobre missão e harmonizá-los com o tema deste livro. Começaremos com o decreto do Concílio Vaticano II sobre a atividade missionária da Igreja, *Ad Gentes*, e vamos incluir *Evangelii Nuntiandi, Redemptoris Missio* e *Diálogo e Anúncio*, documento lançado pela Congregação para a Evangelização dos Povos e pelo Pontifício Conselho para o Diálogo Inter-religioso logo após *Redemptoris Missio*. O último documento, editado em 1991, tem agora mais de vinte anos. Desde então, dois outros documentos importantes para a missão da Igreja foram lançados através do Magistério romano – *Dominus Iesus*, em 2000, e, em 2007, a *Nota doutrinal sobre alguns aspectos da evangelização*,

---

* Este capítulo é a versão revisada do que foi apresentado por Stephen Bevans para os Missionários do Preciosíssimo Sangue em Salzburgo, Áustria, em julho de 2009. Uma versão anterior foi publicada em *The Cup of the New Covenant* [*newsletter* dos Missionários do Preciosíssimo Sangue] 29 (October 2009) p. 1-5.

ambos através da Congregação para a Doutrina da Fé. Esses, entretanto, são mais cautelosos no tom e não apresentam qualquer ensinamento novo ou construtivo para a causa em si. Nós nos referiremos a eles no final do capítulo, mas só brevemente.

Ad Gentes (1965)

Ad Gentes, o decreto do Concílio Vaticano II sobre a atividade missionária da Igreja, quase não foi escrito. Antes do início do Concílio, à Congregação para a Propagação da Fé, sob a liderança do Cardeal Gregório Agagianian, foi dada a tarefa de elaboração de um documento sobre a missão da Igreja. O resultado foi mais um resumo e alguma revisão da lei canônica como era aplicada à missão do que uma reflexão teológica sobre a base e a conduta da missão. Essa primeira elaboração nunca chegou ao nível do Concílio. Foi um acidente decorrente da virtual revolta de muitos bispos no Concílio contra, nas famosas palavras do bispo Emil de Smedt, de Bruges, Bélgica, o tom "hierárquico, clerical, jurídico" da elaboração apresentada na primeira sessão. Uma segunda elaboração foi feita, mas logo se viu marginalizada em virtude de uma decisão que exigia que muitos dos desenhos prévios fossem reduzidos em número de propostas. Quando as quinze ou mais propostas foram apresentadas no salão do Concílio, portanto, acabaram virtualmente vaiadas pelos bispos, que exigiram um "esquema pleno" que deveria ter base teológica. Sob a liderança do Superior-Geral da Verbo Divino, Johannes Schütte, e com autoria principal de teólogos do calibre de Yves Congar, Joseph Ratzinger e Karl Rahner, uma elaboração do presente documento foi apresentada na última sessão e, depois de uma revisão de último momento, foi aprovada por unanimidade pelos "Pais do Concílio", no último dia do evento.[1]

---

[1] Para um relatório mais detalhado da notável história do decreto *Ad Gentes*, cf. a Parte I, Seção I, de BEVANS, Stephen, SVD; GROS, Jeffrey, FSC. *Evangelization and Religious Freedom*: Ad Gentes and Dignitatis Humanae. New York: Paulist Press, 2009.

Diálogo profético

Ad Gentes, se não é a Carta Magna da missão, como descrito pelo Padre Schütte, é, apesar disso, um documento notável. Focalizaremos aqui somente alguns de seus muitos ensinamentos importantes, aqueles em que a contribuição para o ensinamento do Magistério sobre missão foi maior no último meio século.

A Igreja enraizada em *missio Dei*

O primeiro aspecto do ensinamento de *Ad Gentes* que gostaríamos de destacar se relaciona ao parágrafo 2. O texto fala da fundação definitiva para a atividade missionária da Igreja: sua participação na missão do Filho e do Espírito Santo. Sua participação através do batismo na própria vida da Trindade, portanto, torna a Igreja "missionária por sua própria natureza". Este é o texto mais importante em sua forma completa: "A Igreja peregrina é missionária por sua própria natureza, pois é da missão do Filho e da missão do Espírito Santo que ela tira sua origem, de acordo com o decreto de Deus Pai".

Essa é uma afirmação radical em muitos aspectos. Primeiramente, ela enfatiza o ponto de que missão não é simplesmente *uma* coisa que a Igreja realiza. A missão é, antes de tudo, constitutiva de sua própria natureza. Ser cristão, em outras palavras, é estar envolvido na própria vida de Deus, uma vida que busca alcançar a presença no mundo e salvá-lo. Toda a Igreja é missionária. Missão não é simplesmente algo que somente especialistas (missionários) fazem. É algo que todos os cristãos são chamados a fazer. Essa teologia, descrita em termos definitivos por Congar e fortemente disputada pela comissão elaboradora, leva a missão para um campo mais amplo, além daquele dado pela romana Congregação para a Propagação da Fé, e a coloca de forma correta na vida diária da Igreja como tal; assim, ela é de responsabilidade de cada bispo local (algo que o decreto enfatizou repetidamente).

Em seu importante comentário na série "Unam Sanctam", Congar aponta as raízes católicas da fundação teológica na escolástica e na Escola

Francesa de Espiritualidade no século XVII. Ele também reconhece a influência do pensamento contemporâneo protestante sobre a missão como participação na missão de Deus, a *missio Dei*.[2] Missão, finalmente, não é algo feito em virtude de um comando, nem mesmo a "grande missão" de Mt 28,19-20. Missão é, em sua mais profunda identidade, um privilégio e uma graça. O decreto não é sempre consistente em si, mas é a conclusão lógica da identidade missionária essencial da Igreja.

Do território para o povo

Uma segunda implicação, mais radical, de *Ad Gentes*, parágrafo 2, segue a primeira. É a que estabelece a missão agora definida não como um *conceito territorial*, mas como uma atitude básica da Igreja onde quer que seja. Cruzando fronteiras, indo além de si mesma, ela está no centro da identidade da Igreja. Enquanto o cuidado pastoral também é central para a vida da Igreja, ele não deve eclipsar o objetivo da Igreja de fazer a diferença no mundo ao seu redor. Missão, portanto, não é simplesmente ir a lugares, mas servir os povos – seguindo os caminhos ou cruzando oceanos, em outras culturas ou na própria. Ainda que, novamente, o documento não seja totalmente consistente sob esse ponto de vista – e, gradualmente, se refira mais a "igrejas mais jovens" ou "igrejas missionárias", implicando que as "missões" estão em "países missionários" –, as sementes foram semeadas. A tensão no documento representa a grande tensão no comitê elaborador. Yves Congar escreveu, em seu diário, sobre a oposição dos "missiólogos" (peritos na lei da missão) aos "teólogos".[3]

---

[2] CONGAR, Yves. Principes doctrinaux. In: SCHÜTTE, Johannes (Ed.). *Vatican II; L'activité missionnaire de L'Église*. Paris: Éditions du Cerf, 1967. p. 186. Unam Sanctam 67.

[3] CONGAR, Yves. *Mon Journal du Concile*. Paris: Éditions du Cerf, 2002. p. 2-348. March 24, 1965.

Rumo à inculturação

Ad Gentes não usa a palavra "inculturação". Essa é uma palavra que começa a aparecer regularmente na literatura teológica e missiológica a partir dos anos 1970, e é usada primeiramente em um documento magisterial romano somente na exortação apostólica *Catechesi Tradendae*, do Papa João Paulo II, em 1979. Não obstante, o documento contém passagens que certamente antecipam a discussão sobre inculturação que teria lugar na década seguinte, e aponta para a importância na postura dialógica na prática da própria missão. Talvez a expressão mais poderosa da necessidade de apreciar a cultura e empregá-la na evangelização apareça no parágrafo 11 de *Ad Gentes*:

> Para que [os cristãos] possam estar aptos a suportar o testemunho de Cristo de forma mais produtiva, deixe-os se juntar àquelas pessoas por meio do estímulo e do amor; deixe-os perceber a si mesmos como membros dos grupos de pessoas nos quais vivem; deixe-os participar da vida cultural e social através das várias atividades e empreendimentos de vida humana; deixe-os estar familiarizados com suas tradições nacionais e religiosas; deixe-os revelar alegremente e reverentemente as sementes da Palavra, as quais estão escondidas entre seus companheiros. Ao mesmo tempo, contudo, deixe-os vivenciar as profundas mudanças que estão acontecendo entre as nações e os deixe assumir a condição de pessoas modernas, que intentam estar atualizadas em relação à ciência e tecnologia nos dias de hoje, mas de modo a que não se tornem estranhos às coisas divinas; mais do que isso, deixe que eles próprios acordem no desejo daquela verdade e caridade que Deus revelou. Assim como o próprio Cristo procurou os corações de mulheres e homens e os guiou para a divina luz, seus discípulos, profundamente penetrados pelo Espírito de Cristo, devem mostrar aos povos entre os quais vivem e com eles conversar, a fim de que eles mesmos possam conhecer, através de um diálogo sincero e paciente, os tesouros que um Deus generoso tem distribuído entre as nações da Terra. Mas, ao mesmo tempo, deixe-os tentar restaurar esses tesouros, deixe-os livres, e os coloque sob o domínio de Deus, seu Salvador.

Essa é verdadeiramente uma passagem notável, raramente aprovada nos ensinamentos sobre inculturação nos documentos que se seguiram. O "eles" no início da passagem se refere ou a pessoas nativas de um dado lugar ou aos missionários que foram enviados para testemunhar o Evangelho. Os cristãos são chamados a participar de fato na cultura e vida política das nações em que vivem, e são chamados a ser pessoas de "diálogo sincero e paciente" com a finalidade de descobrir os tesouros que Deus tão generosamente oferece às culturas do mundo. Mas como documentos papais apontaram antes desse, os cristãos devem integrar tais tesouros às expressões cristãs com senso crítico ou, poderíamos dizer, com senso profético. O documento ainda é completamente positivo, chamando as culturas para a renovação, deixando-as livres para ser plenamente o que são – o que acontecerá quando vierem para o domínio de Cristo e de Deus.

Uma passagem similar, antecipando a inculturação, aparece no parágrafo 22. Ela é longa demais para ser transcrita, mas tentaremos resumi-la aqui com amplas citações do texto. Mais uma vez, é um ensinamento notável, particularmente à luz da depreciação da cultura que tantas vezes (mas não sempre) tomou lugar no exercício da missão cristã. Já em 1960, a resposta a um documento que tentava propor o desenvolvimento de uma "Teologia Africana" foi dada por um documento de um missionário belga intitulado "Em primeiro lugar, uma Teologia Real" (querendo dizer, com certeza, uma teologia europeia!).[4]

A passagem aparece no contexto do Capítulo 3 do decreto intitulado "As Igrejas Particulares". Ela contém outro avanço inovador que alcança *Ad Gentes*, o de que não importa o quão "jovem" ou frágil a Igreja seja – ela ainda é uma *Igreja* em sentido pleno e deve ser tratada como tal. Especificamente, a passagem concorda com a importância de se desenvolver uma filosofia e, especialmente, uma teologia em cada Igreja particular, que, apesar de conectada com uma tradição mais ampla, não obstante é

---

[4] A história está relacionada em: BUJO, Bénézet. *African Theology in Its Social Context*. Maryknoll, N.Y.: Orbis Books, 1992. p. 58-62.

Diálogo profético

o produto de algo emprestado "de costumes e tradições de seu povo, da sua sabedoria e de seu aprendizado, das suas artes e disciplinas, de todas aquelas coisas que podem contribuir para a glória de seu Criador e elevar a graça de seu Salvador, ou dispor a vida cristã da forma como ela deveria ser". Submetendo a revelação de Deus a um "escrutínio novo", um novo entendimento de cristandade, relevante para aquela cultura ou contexto, pode ser desenvolvido. "Assim, seria visto com maior clareza de que forma a fé pode procurar a compreensão, com o devido respeito à filosofia e à sabedoria desses povos; poder-se-ia ver de que formas seus costumes, visão existencial e ordem social podem ser reconciliados com a maneira de viver ensinada através da revelação divina."

Se isso for feito cuidadosamente, o caminho segue livre e não mais haverá o perigo de se "vender" o Evangelho ou cair em um "falso particularismo". Pelo contrário: haverá uma nova riqueza adicionada à unidade da Igreja ao redor do mundo.

Qualidades missionárias

O Capítulo 4, simplesmente intitulado "Os Missionários", é aclamado por muitos comentaristas como o melhor de todo o decreto.[5] O capítulo deixa claro que ser um missionário é uma vocação, um chamado particular de Deus para pessoas que têm "um natural e adequado temperamento" e são "talentosas e possuidoras de outras qualidades". Por mais adequados que essas mulheres e homens sejam, ainda assim o texto mostra o tipo de treinamento e formação de que eles precisam. A lista das qualidades e habilidades nas quais eles precisam ser treinados é longa. Devem ser pessoas de perseverança, generosidade e coragem – prontas, mesmo, a entregar suas vidas pela fé, se isso for preciso. Devem ser adaptáveis, piedosas e ter conhecimento da história dos povos para os quais estão sendo enviadas,

---

[5] Cf., por exemplo, o comentário de William R. Burrows em: O'CONNELL, Timothy E. *Vatican II and Its Documents;* An American Reappraisal. Wilmington, Del.: Michael Glazier, 1986. p. 180-196.

como também entendimento das questões correntes nessas situações particulares. Qualquer esforço deve ser feito para aprender a língua ou línguas locais; essas pessoas devem ser treinadas em teologia e missiologia. Importante: o treinamento que realizam deve ser feito no país onde trabalharão, e este treinamento é recomendado não somente para missionários estrangeiros, mas também para os membros indígenas de países e culturas particulares que também irão trabalhar lá. O fato de alguém ser nativo em um contexto particular, em outras palavras, não garante que essa pessoa já possui todas as habilidades para aí trabalhar de forma efetiva.

Isso tudo, sem dúvida, é o ideal, e pode até mesmo pintar uma imagem romântica da vida missionária. Contudo, estabelece um padrão a partir do qual congregações e agências missionárias devem tentar se avaliar. Certamente, no passado, houve histórias horrorosas de mulheres e homens que foram colocados em situações transculturais sem nenhum treinamento, nem mesmo linguístico. Essas situações certamente foram mais comuns nos dias antes do Concílio, e é particularmente a elas que o decreto se dirige. Com base em nossa própria experiência e conhecimento, é possível sempre fazer muito mais, especialmente na área do estudo de linguagem e na supervisão ministerial nos primeiros meses e anos de ministério de uma pessoa.

Em suma, o programa de *Ad Gentes* dá o fundamento àquilo sobre o que falamos como sendo uma aproximação em direção à prática missionária como diálogo profético. De forma particular, o documento enfatiza a proclamação do Evangelho, mas também reforça a necessidade de respeito e diálogo ("ser sincero e paciente" – *Ad Gentes*, 11) com as culturas e religiões do mundo. Documentos subsequentes viriam a estabelecer a imagem de forma mais sólida.

Evangelii Nuntiandi (1975)

A exortação apostólica *Evangelii Nuntiandi*, de Paulo VI, foi escrita em um tempo em que a própria ideia de missão era seriamente questionada. De

Diálogo profético

modo geral, *Ad Gentes* e o Concílio Vaticano II abriram novas perspectivas sobre a missão (de fato, pensamos que isso pode ser apreciado mais nos dias de hoje do que nos turbulentos dias em que o documento foi escrito). Mas algumas dessas novas perspectivas também levantaram profundas questões. Se, como o documento da Igreja havia ensinado, mulheres e homens poderiam ser salvos fora da Igreja e sem qualquer fé explícita em Cristo (cf. *Lumen Gentium*, 16), e se cada Igreja executa missões no contexto em que existe, por que, então, um missionário deveria ser mandado para fora, para converter pessoas para Cristo? Se as culturas já são boas e sagradas, por que, então, os missionários deveriam perturbá-las com ideias e formas religiosas do Ocidente? Foi nesse contexto que Paulo VI convocou o Sínodo dos Bispos em 1974, que teve como tema "Evangelização no mundo moderno". Foi a partir da deliberação do Sínodo e da escuta atenciosa de Paulo VI dos bispos da maior parte do mundo que o papa desenvolveu suas ideias para a exortação apostólica.[6]

Interessante é perceber que, talvez como reflexão diante da enorme aversão à palavra "missão" surgida nas igrejas, na teologia e (ironicamente!) na *missiologia*, o papa usa a palavra "evangelização". Portanto, o significado dos termos é o mesmo, e acreditamos ser possível trocar um pelo outro. Como veremos a seguir, o papa amplia a ideia da missão para incluir aspectos que são diferentes do simples testemunho de fé em palavras e ações; ele também entende que tal testemunho esteja no coração de um processo evangelizador.

A missão da Igreja continua a missão de Jesus

O primeiro ensinamento significativo da *Evangelii Nuntiandi* aparece no capítulo inicial. Como *Ad Gentes*, a exortação apostólica enfatiza a essencial natureza missionária da Igreja. Diferente do documento

---

[6] Para uma explanação mais ampla do pano de fundo da exortação apostólica, cf.: BEVANS, Stephen. Witnessing to the Gospel in Modern Australia. *Australian E-Journal of Theology* 6, 2006.

do Concílio, contudo, ela não começa com uma grande doutrina sobre a Trindade. Em vez disso, o papa começa com a missão profética de Jesus de pregar e testemunhar o Reino de Deus. "Como evangelizador, Cristo, antes de tudo, proclama o Reino, o Reino de Deus; e isso é tão importante que, por comparação, qualquer coisa vira 'o resto', aquilo que é 'dado adicionalmente'. Por isso, somente o Reino é absoluto e relativiza qualquer coisa" (*Evangelii Nuntiandi*, 8). Jesus fez ambos, ensinou sobre o Reino de Deus em parábolas e palavras de sabedoria, e demonstrou sua realidade através de ações de cura e exorcismo (*Evangelii Nuntiandi*, 11-12); aqueles que aceitaram sua mensagem como boa-nova formaram "uma comunidade que, por sua vez, é evangelizadora" (*Evangelii Nuntiandi*, 13). Eis por que "evangelização é, de fato, a graça e a própria vocação da Igreja, sua identidade mais profunda. Ela existe para evangelizar".

Essa sessão da *Evangelii Nuntiandi* é muito densa – e é, sem dúvida, nosso capítulo favorito no documento. Quase tudo merece ser mencionado. Mais do que qualquer outra coisa, contudo, vale ressaltar três pontos sobre os quais Paulo VI insiste ao alertar para o fato de que a Igreja "está ligada à evangelização desde seu início" (*Evangelii Nuntiandi*, 15).

Em primeiro lugar, o papa insiste no fato de que a própria Igreja precisa ser evangelizada antes de assumir a tarefa de evangelização. Ela deve ouvir constantemente a Palavra de Deus; deve estar constantemente no caminho da conversão. Isso não significa que a Igreja deve esperar até "juntar seus atos" antes de sair para a missão. Se esse fosse o caso, ela jamais iria! Mas isso quer dizer, usando as grandes frases do missiólogo sul-africano David J. Bosch, que seu trabalho de evangelização precisa ser executado sempre em uma espécie de "humildade audaciosa" – audaciosa na pregação do Evangelho, mas modesta em sua realização, posto que ela também carece do arrependimento para o qual o Evangelho chama a humanidade.

Em segundo lugar, Paulo VI insiste na forte ligação entre o testemunho de Jesus do Reino de Deus e a Igreja. Há uma continuidade real entre a missão de Jesus e a missão da Igreja – "o fruto normal, desejado, mais imediato e mais visível" da obra de Jesus. Em um tempo em que a palavra de ordem

Diálogo profético

normalmente era "Jesus sim, Igreja não", o papa insiste no fato de que evangelização é uma tarefa inteiramente eclesial. A evangelização "não está desacompanhada dela, e ainda menos contra ela" (*Evangelii Nuntiandi*,16).

Em terceiro lugar, o fato de a Igreja ser essencialmente missionária significa que *cada um* na Igreja está sendo chamado para participar da missão da Igreja: "o trabalho de cada membro individual é importante para o todo" (*Evangelii Nuntiandi*, 15). Como *Ad Gentes*, *Evangelii Nuntiandi* não quer restringir o trabalho missionário a somente certas pessoas da Igreja – membros de congregações missionárias ou da hierarquia. É um chamado especialmente dirigido ao envolvimento laico na missão.

Evangelização: uma realidade multifacetada

Um dos mais importantes ensinamentos da exortação apostólica é a expansão da compreensão da Igreja sobre a missão para incluir uma variedade de atividades além da proclamação direta do Evangelho, trabalhando para a conversão e plantando a Igreja. *Ad Gentes* certamente insinua essa riqueza no significado da missão, mas *Evangelii Nuntiandi* vai mais fundo. Houve, no passado, uma tendência de reduzir a evangelização a uma proclamação direta de Cristo para aqueles que ainda não o conheciam. Porém, diz o papa, "qualquer definição parcial e fragmentária que tenta traduzir a realidade da evangelização em toda a sua riqueza, complexidade e dinamismo apenas assume o risco de improvisá-la e, até mesmo, de distorcê-la. É impossível agarrar o conceito de evangelização, a menos que se tente manter em vista todos os seus elementos essenciais" (*Evangelii Nuntiandi*, 17).

O papa, então, continua a enfatizar que, enquanto anunciar Cristo é importante – na verdade, não há evangelização em todos se isso não acontecer (*Evangelii Nuntiandi*, 22) –, existem vários outros "elementos essenciais". Primeiro, há o testemunho de uma vibrante comunidade cristã, sem a qual a Igreja não pode ter credibilidade. Em um famoso curso, o papa cita um discurso que ele havia proferido recentemente: hoje as pessoas escutam "com mais boa vontade as testemunhas do que os mestres, e se [eles] escutam os mestres é porque são testemunhas" (ver *Evangelii Nuntiandi*, 41).

Em segundo lugar, o papa sublinha a importância da evangelização das culturas "não de uma forma puramente decorativa, por assim dizer, como que aplicando um verniz superficial, mas de maneira vital, em profundidade, e isto até às raízes" (*Evangelii Nuntiandi*, 20).

Evangelização e libertação

A evangelização inclui o comprometimento para um pleno desenvolvimento humano e, especialmente, para a justiça social. Somente quatro anos antes, o Sínodo dos Bispos havia falado sobre trabalhar pela justiça como uma "dimensão constitutiva da pregação do Evangelho", e Paulo VI inclui isso em sua visão ampliada da evangelização (cf. *Evangelii Nuntiandi*, 29). Mas o papa – mesmo sendo um pouco cauteloso – leva isso adiante, à luz das discussões contemporâneas da justiça, particularmente na América Latina. No parágrafo 29, a palavra "libertação" (no sentido de uma "teologia da libertação") é usada pela primeira vez em um documento magisterial romano: "A evangelização envolve uma mensagem explícita, adaptada às diferentes situações constantemente percebidas sobre os direitos e deveres de cada ser humano, sobre a vida familiar, sem a qual o crescimento e os deveres dos seres humanos dificilmente serão possíveis, sobre a vida na sociedade, sobre a vida internacional, paz, justiça e desenvolvimento – para os dias de hoje, uma mensagem especialmente enérgica sobre libertação".

Os ensinamentos sobre libertação e evangelização da *Evangelii Nuntiandi* são bastante equilibrados, e estes são dois elementos nos quais o documento insiste. Primeiramente, a evangelização não deve ser *reduzida* a uma condição de bem-estar político ou econômico. A dimensão espiritual do Evangelho é, verdadeiramente, a força da mais profunda libertação humana. Em segundo lugar, a violência jamais pode ser endossada, porque a Igreja sabe que a "violência sempre provoca violência e gera formas novas de opressão e escravidão, que, muitas vezes, são mais difíceis de suportar do que aquelas que haviam dado origem ao intento de libertação" (*Evangelii Nuntiandi*, 37).

Poderíamos dizer muito mais sobre essa carta magna dos documentos da missão, mas esses três pontos serão suficientes. Observando esse documento através de lentes de um diálogo profético, poderíamos apontar o quanto a insistência do papa sobre as várias dimensões da atividade missionária enfatiza o aspecto de proclamação da profecia e o aspecto mais crítico da denúncia de estruturas injustas envolvidas na teologia da libertação. Por outro lado, o papa dá a entender, em seu chamado à evangelização de culturas, a dimensão dialógica em todas as atividades evangelizadoras. O programa da *Evangelii Nuntiandi* é mantido e ampliado no documento que comemora o vigésimo quinto aniversário de *Ad Gentes* e seu próprio décimo quinto aniversário: a volumosa encíclica *Redemptoris Missio* (1990), de João Paulo II.

Redemptoris Missio (1990)

Ainda que não tenha sido oficialmente lançada antes de janeiro de 1991, a carta encíclica *Redemptoris Missio*, do Papa João Paulo II, é datada de 7 de dezembro de 1990, véspera do vigésimo quinto aniversário de *Ad Gentes* e do décimo quinto aniversário de *Evangelii Nuntiandi*. A carta encíclica retoma o uso da palavra "missão", ainda que o papa utilize o termo intercambiável "evangelização", e fala a respeito de forma ampla e multifacetada. *Redemptoris Missio* é a versão mais completa que o Magistério romano conseguiu para articular uma reflexão compreensiva e sistemática sobre missão, e, ainda que possa não ser tão inspiradora como *Evangelii Nuntiandi*, representa um grande passo à frente no ensino oficial da Igreja daquilo que veio a ser chamado de sua "missão evangelizadora". Apresentar um sumário de todo o documento excederia os nossos propósitos neste livro; portanto, examinaremos três importantes aspectos do ensinamento da *Redemptoris Missio*: seu foco cristocêntrico, sua expansão de entendimento da missão e sua inclusão do diálogo inter-religioso como elemento constitutivo da missão da Igreja.

Foco cristocêntrico

Em uma conferência de imprensa logo após a publicação da carta encíclica, o Cardeal Josef Tomko, então prefeito da Congregação para a Evangelização dos Povos, explicou que uma das razões principais para a escrita papal de *Redemptoris Missio* foi a necessidade de correção da cristologia[7] que estava sendo desenvolvida por alguns teólogos, que tendiam a obscurecer a crença dos cristãos em Jesus como, de fato, o único e universal salvador da humanidade.[8] Ainda que não tenha mencionado nomes, está claro que ele tinha em mente numerosos teólogos indianos e asiáticos, e também, provavelmente, o teólogo norte-americano Paul Knitter.

Mesmo que o papa tenha assentado sua posição sobre o ensino tradicional da Igreja (articulado de forma bem clara no Concílio Vaticano II), de que essas pessoas têm a possibilidade de ser salvas fora da explícita fé em Cristo (cf. *Redemptoris Missio*, 10), esta posição também reflete o ensino do Concílio segundo o qual, não obstante, toda a graça vem através de Cristo e somente dele.

> Ninguém, portanto, ingressa na comunhão com Deus exceto através de Cristo, pela obra do Espírito Santo. A mediação única e universal de Cristo, longe de ser um obstáculo na jornada em direção a Deus, é o caminho estabelecido pelo próprio Deus, fato do qual Cristo está plenamente ciente. Mesmo que não sejam excluídas formas participativas de mediação de diferentes tipos e de grau, elas adquirem significado e valor somente na própria mediação de Cristo, e não podem ser entendidas como paralelas ou complementares a ele (*Redemptoris Missio*, 5).

A insistência do papa na centralidade de Cristo percorre cada parte de *Redemptoris Missio* e é, definitivamente, o maior tema teológico da carta

---

[7] BOSCH, David J. *Transforming Mission; Paradigm Shifts in Theology of Mission.* Maryknoll, N.Y.: Orbis Books, 1991. p. 489.

[8] TOMKO, Cardinal Josef. Proclaming Christ the World's Only Savior. *L'Osservatore Romano*, April 15, 1991, p. 4.

encíclica. O primeiro capítulo trata diretamente desse ensinamento, enfatizando o fato de que a fé explícita em Cristo é o que dá a mulheres e homens a plenitude de vida. Todas as pessoas têm o direito à verdade e à vida que o Evangelho oferece, ainda que o Evangelho seja sempre endereçado aos seres humanos em sua liberdade – e nunca a eles imposto (*Redemptoris Missio*, 7-8).

O Capítulo 2 reflete sobre a centralidade do Reino de Deus no ministério de Jesus e diz, claramente, que a Igreja não é um fim em si mesmo – talvez a afirmação mais clara deste fato em um documento magisterial de sua época (*Redemptoris Missio*, 18), o que não quer dizer que o Reino de Deus é separado de Jesus ou da Igreja. De fato, o papa insiste no fato de que o Reino de Deus não é um conceito, uma doutrina ou um programa; ele é uma *pessoa*, a pessoa de Jesus de Nazaré.

O Capítulo 3 trata do Espírito Santo, e novamente, enquanto o Espírito é entendido como o "principal agente da evangelização" (cf. o título do capítulo), o papa insiste em que o Espírito é o Espírito de Jesus, e não algo vago, uma forma geral da presença de Deus (cf. *Redemptoris Missio*, 29). Cada um desses três capítulos se opõe a qualquer generalização ou diluição da especificidade de Cristo: a missão trata da proclamação da pessoa e da obra de Cristo e não ajuda pessoas a reconhecerem a presença misteriosa de Deus como *logos*, ou em "valores do Reino", ou na presença penetrante do Espírito. João Paulo II viria a enfatizar o aspecto profético da missão, a proclamação do Reinado de Jesus.

"Por que missão?", pergunta o papa. "Porque para nós, como para São Paulo, 'essa graça foi dada para pregar aos gentios as riquezas misteriosas de Cristo'" (Ef 3,8) (*Redemptoris Missio*, 11).

Expandido a ideia da missão

Há duas formas por meio das quais João Paulo II expande, na carta encíclica, a noção de missão. A primeira forma é distinguir três "situações" da atividade missionária da Igreja. A segunda trata da missão como uma "realidade única, mas complexa", composta por vários elementos.

A primeira "situação" da atividade missionária da Igreja é a missão *ad gentes*, o testemunho e proclamação diretos de Cristo onde ele não é conhecido ou onde a Igreja não é forte o suficiente para proclamar o Evangelho de forma plenamente inculturada (*Redemptoris Missio*, 33). Isso é missão, afirma o papa, no sentido próprio da palavra. Contudo, o papa também fala, em segundo lugar, sobre a obra pastoral entre as igrejas estabelecidas e, em terceiro lugar, sobre o que ele chamou de "evangelização nova" nas igrejas "em que grupos inteiros de batizados têm perdido um sentido vivo da fé, ou já não mais se consideram membros da Igreja, vivendo uma vida distante de Cristo e do Evangelho" (*Redemptoris Missio*, 33). Essas igrejas são aquelas em que o Evangelho foi estabelecido há muito tempo – como as igrejas da Europa ou das Américas do Norte e do Sul – ou, até mesmo, as que só recentemente receberam o Evangelho – igrejas, por exemplo, de áreas urbanas da África ou da Ásia.

Mesmo que a missão *ad gentes* guarde sua validade como missão em sentido próprio, o papa expande a noção para incluir locais particulares como as áreas urbanas que crescem rapidamente no mundo, particularmente na Ásia, África e América Latina. Ele também destaca a juventude do mundo, que, em muitos países, representa a metade da população, e para o grande número de migrantes do mundo e das condições de pobreza, que, muitas vezes, torna a migração necessária (*Redemptoris Missio*, 37). Referindo-se ao discurso de Paulo no Areópago em Atenas – em que o apóstolo ousou apresentar o Evangelho em termos que os gregos pudessem entender –, o papa também fala sobre os novos Areópagos do mundo, os quais pedem uma forma criativa de apresentação do Evangelho. Ele destaca áreas como o mundo da comunicação, a necessidade de desenvolver os direitos de mulheres e crianças, a cultura da ciência, as situações que demandam a libertação de cada uma e de todo tipo de opressão, responsabilidade ecológica e necessidade de promover a paz. Essa é, claramente, uma expansão da missão *ad gentes* para além, mesmo, daquilo que o papa havia definido anteriormente na carta encíclica. Da nossa perspectiva, o papa está chamando, nesse ponto, para uma postura de diálogo profético.

De um lado, a Igreja é chamada a proclamar claramente a mensagem do Evangelho e denunciar todas e quaisquer formas de injustiça. De outro lado, isso pode ser feito propriamente somente após um diálogo com essas novas situações.

A carta encíclica expande ainda mais a ideia da missão, talvez para alinhá-la com as áreas expandidas que foram mencionadas no parágrafo 37. Mesmo que João Paulo II não forneça um sumário do sentido mais amplo de missão – como apareceu em um documento de 1984 intitulado "Diálogo e Missão" (o documento fala de cinco aspectos ou elementos da missão)[9] –, ele reconhece que missão é, de fato, uma realidade multifacetada. No Capítulo 5, o papa escreve sobre a missão como testemunho, como proclamação explícita do nome de Jesus e do Evangelho, como tarefa de formar novas comunidades, inculturação, diálogo inter-religioso, trabalho pelo desenvolvimento e obras de caridade.

Somando, temos a impressão distinta de que, na carta encíclica, missão é entendida de uma forma que abraça a vida completa da Igreja. Ela confirma a argumentação de *Ad Gentes*, que a Igreja é, de fato, "missionária por sua própria natureza", ou a afirmação da *Evangelii Nuntiandi*, que evangelização é a "identidade mais profunda" da Igreja.

Diálogo inter-religioso

Já mencionamos que o diálogo inter-religioso foi incluído na carta encíclica como parte de uma compreensão estendida da missão. É importante, entretanto, destacar esse aspecto, uma vez que ele é relativamente novo no ensino missionário da Igreja e também porque, em anos passados, a ideia do diálogo inter-religioso parecia ter sido colocada em questão.

---

[9] SECRETARIAT FOR NON-CHRISTIANS (SECRETARIADO PARA NÃO CRISTÃOS). The Attitude of the Church towards the Followers of Other Religious: Reflections and Orientations on Dialogue and Mission, AAS 75 (1984) p. 816-828. Cf. também: *Bulletin Secretariatus pro non Christianis* 56 (1984/2), n. 13. Os cinco elementos são: presença e testemunho; comprometimento com desenvolvimento social e libertação humana; vida litúrgica, reza e contemplação; diálogo inter-religioso; e proclamação e catequese.

Evangelii Nuntiandi não trata realmente da questão do diálogo inter-religioso. Ela fala do respeito que cristãos têm por outras religiões, mas não parece entender o diálogo como parte do próprio processo de evangelização (cf. *Evangelii Nuntiandi*, 53). Nove anos depois, em 1984, o Pontifício Conselho para o Diálogo emitiu uma importante declaração, "Missão e Diálogo", em que o diálogo foi visto como integral no esforço de evangelização da Igreja. Portanto, essa é a primeira vez que a atividade de diálogo inter-religioso aparece como parte da missão em uma encíclica papal. "Diálogo Inter-religioso", escreve o papa, "é parte da missão evangelizadora da Igreja" (*Redemptoris Missio*, 55).

O papa insiste no fato de que o diálogo é completamente consistente com a obrigação da Igreja de proclamar Cristo como salvador universal de todos os povos. Enquanto a intenção do diálogo é descobrir em outras religiões o raio da verdade que ilumina todos os povos (cf. *Nostra Aetate*, 2), cada parceiro de diálogo precisa ser uma pessoa que tem plena convicção em sua própria fé. Apesar de os cristãos estarem sendo chamados a dialogar, eles devem sempre ter em mente a singularidade de Cristo e o fato de que "a Igreja é o meio comum da salvação e que ela, sozinha, possui a plenitude dos meios da salvação" (*Redemptoris Missio*, 55). Aqui, podemos ver como a noção da missão como "diálogo profético" tem suas raízes no ensinamento do Magistério.

O papa insiste fortemente no fato de que diálogo não é um tipo de tática para eventuais conversões (*Redemptoris Missio*, 56). Ele nasceu do respeito para com outras religiões e é feito do desejo sincero de querer saber e aprender com as visões das outras religiões. Mesmo quando o diálogo se torna difícil – o que ocorre, por exemplo, em algumas áreas de presença muçulmana –, os cristãos devem estar abertos a isso, apesar das dificuldades e dos riscos (*Redemptoris Missio*, 57). Diálogo, finalmente, não é somente para entendidos ou líderes religiosos oficiais. O papa menciona que o diálogo é a tarefa de cada cristão, e ele encoraja especialmente os leigos a se empenharem nisso.

Como no caso da *Evangelii Nuntiandi*, poderíamos dizer muito mais sobre essa *summa* virtual de missão e missiologia. Porém, para o propósito desta visão global, as três áreas destacadas certamente fornecem uma imagem adequada daquilo que a carta encíclica ensina. A riqueza da carta encíclica, acreditamos, pode ser muito bem caracterizada através do termo diálogo profético.

Diálogo e Anúncio (1991)

Já foi feita uma referência a um documento de 1984 sobre diálogo e missão lançado pelo Secretariado para os Não Cristãos. Alguns meses após a publicação da *Redemptoris Missio*, um documento complementar ao de 1984 foi publicado através do Pontifício Conselho para o Diálogo (nome do Secretariado desde 1988) e a Congregação para a Evangelização dos Povos. O título do documento, *Diálogo e Anúncio*, aponta para o assunto a que se destina: o relacionamento entre proclamação direta do Evangelho e o imperativo, como parte integral da missão da Igreja, do diálogo inter-religioso. Como João Paulo II indicou na *Redemptoris Missio*, há um relacionamento mútuo entre os dois aspectos da missão, mas tal relacionamento corria o risco de ser reduzido a um de seus polos nos anos que precederam a publicação da *Redemptoris Missio*. Missão, reitera o papa na carta encíclica, não pode ser reduzida a um diálogo, já que todas as religiões têm o mesmo valor. Ele também argumenta sutilmente, contudo, que diálogo não é algo que podemos dispensar quando pregamos as riquezas de Cristo. *Diálogo e Anúncio* tenta se dirigir à conexão vital entre os dois em uma escala de maior detalhamento.

O documento foi desenvolvido em três partes. Há uma primeira parte que reflete sobre diálogo, depois a segunda sobre anúncio e, finalmente, a terceira, sobre o relacionamento entre ambos os elementos. O fato de o documento tratar primeiramente do diálogo não significa que este tem prioridade sobre o anúncio. Ele é tratado primeiramente somente porque o documento foi iniciado primeiro pelo Pontifício Conselho para o Diálogo

(*Diálogo e Anúncio*, 3). Os dois aspectos, antes, precisam ser relacionados dinamicamente um com o outro, o que sempre implica certa tensão. A raiz disso está na vida de Deus e na própria atividade salvadora: Deus oferece e trabalha para a salvação no mundo; todavia, Deus trabalha em diálogo, nunca forçando, mas sempre persuadindo (*Diálogo e Anúncio*, 38).

Diálogo e Anúncio apresenta, na primeira parte do documento, uma teologia bastante extensiva das religiões. Também apresenta de forma muito bela as variadas *formas* que um diálogo inter-religioso pode assumir: o diálogo de vida nos locais onde povos vivem simplesmente juntos e se apreciam mutuamente num nível humano; o diálogo de ação, no qual membros de religiões diferentes se unem ao redor de uma causa particular para o avanço da humanidade; o diálogo de intercâmbio teológico, em que notadamente especialistas e líderes da Igreja compartilham perspectivas e estudam as tradições de outras religiões; e o diálogo de experiência religiosa, no qual os membros compartilham a riqueza das riquezas espirituais dos outros, a espiritualidade pessoal e, talvez – como em Assis, em 1986 e 2002 –, rezam na presença do outro (cf. *Diálogo e Anúncio*, 42). Outra reflexão interessante sobre diálogo é a da menção de vários fatores que impedem o diálogo, entre os quais o embasamento insuficiente na fé de uma pessoa, o entendimento equivocado de noções como conversão, e o clima político em que se vive (cf. *Diálogo e Anúncio*, 52). Não obstante, como o documento afirma, "apesar das dificuldades, o comprometimento da Igreja com o diálogo permanece firme e irreversível" (*Diálogo e Anúncio*, 54).

Focalizando o ato de proclamação, *Diálogo e Anúncio* enfatiza o fato de que qualquer proclamação do Evangelho não é feita em um espaço vazio. Certamente, o Espírito Santo veio antes daqueles que o proclamam. De fato, as pessoas "já podem ser tocadas pelo Espírito e de forma a serem associadas, sem saber, ao mistério pascal de Jesus Cristo (cf. *Gaudium et Spes*, 22)" (*Diálogo e Anúncio*, 68). Por causa disso, cristãos precisam aprender a apresentar o Evangelho de maneira que realmente o comuniquem, iluminar a experiência das pessoas e desafiá-las a lhes responder. Eles mesmos

Diálogo profético

devem se moldar em Jesus (cf. *Diálogo e Anúncio*, 69). Todo anúncio do Evangelho deve ser confiante e ainda respeitoso e humilde, dialógico e inculturado (*Diálogo e Anúncio*, 70). Assim como apresenta obstáculos ao diálogo, o documento cita certos obstáculos a uma proclamação digna do Evangelho. Pode existir uma fissura entre aquilo que alguém diz e aquilo em que realmente acredita e o que vivencia; cristãos podem manifestar falta de respeito pelas tradições religiosas dos povos aos quais proclamam o Evangelho; ou, então, podem existir "dificuldades externas", tais como um forte preconceito histórico de um povo peculiar contra a cristandade (cf. *Diálogo e Anúncio*, 73-74).

O parágrafo 77 sumariza com perfeição a conexão próxima entre as duas atividades que a terceira seção do documento busca explicar. Para nossos propósitos, é suficiente citar todo o parágrafo:

> Diálogo e anúncio inter-religioso, ainda que não em um mesmo nível, são, ambos, elementos autênticos da missão evangelizadora da Igreja. Ambos são legítimos e necessários. Eles estão intimamente relacionados, mas não são intercambiáveis: o verdadeiro diálogo inter-religioso da parte do cristão pressupõe o desejo de fazer tornar Jesus Cristo mais conhecido, reconhecido e amado; a proclamação de Jesus Cristo deve ser exercida no espírito do Evangelho do diálogo. As duas atividades permanecem distintas, mas, como mostra a experiência, uma e a mesma Igreja local, uma e a mesma pessoa, podem se engajar em ambos de forma diferenciada.

Mais uma vez, vemos como o conceito de missão como "diálogo profético" está firmemente enraizado no ensinamento da Igreja.

Conclusão: de *Diálogo e Anúncio* ao presente

Este capítulo apresentou uma avaliação do ensinamento principal sobre missão que a Igreja apresentou nos documentos oficiais romanos no último meio século. O conceito missiológico principal do Magistério romano nas duas décadas após a publicação de *Diálogo e Anúncio* tem sido a questão do diálogo inter-religioso em relação à singularidade de Jesus Cristo como salvador universal. Em duas ocasiões, em 2000, com a declaração *Dominus Iesus*, e em 2007, com o documento intitulado "Nota Doutrinal sobre Alguns Aspectos da Evangelização", a Congregação para a Doutrina da Fé enfatizou a centralidade de Jesus em termos que, ao menos para alguns, pareciam negligenciar a centralidade das doutrinas da graça fora dos limites cristãos e a prática do diálogo inter-religioso (embora, para ser justo, isso tenha sido reconhecido em ambos os documentos). Sanções dirigidas a teólogos proeminentes como Jacques Dupuis (o autor principal de *Diálogo e Anúncio*) e Roger Haight, e investigações aos igualmente proeminentes teólogos Peter Phan e Michael Amaladoss, têm simplesmente sublinhado o fato de que Roma se mostra nervosa sobre a interpretação correta de seu próprio ensinamento.

É justamente nessa situação de conflito que a noção da missão como "diálogo profético" pode ser de ajuda. A missão não é constituída por um ou por outro, mas por ambos trabalhando juntos. Podem existir algumas situações em que o *diálogo* possa ser a única maneira pela qual cristãos podem seguir testemunhando a verdade de sua fé. Os cristãos certamente devem, sempre, respeitar as culturas, religiões e contextos em que vivem, assim como as pessoas entre as quais trabalham. Sua atitude básica deve ser de diálogo. Por outro lado, podem existir outras situações – quando cristãos são indagados a respeito de sua fé, quando vivem em uma sociedade não cristã ou secular, ou, então, quando se encontram em situações de grave injustiça – em que uma clara *proclamação profética* do, e de testemunho para o Evangelho, se torna necessária. Como a própria missão, o diálogo profético é multifacetado. Isso inclui respeito, escuta, abertura de um lado, e, do outro, a coragem de viver e falar a verdade – embora suavemente (1Pd 3,15) – na profecia.

Teólogos e missiólogos têm sugerido que a edição cristológica na qual a publicação desses documentos e a iniciação dessas investigações se baseiam constitui a mais crucial questão teológica de nossos dias. Outros apontam para a questão da inculturação como a discussão teológica mais significante na teologia contemporânea, que seria o fulcro dessas outras questões cristológicas. Outros ainda argumentam que muito mais urgentes são as questões de justiça, pacificação e cuidado da criação. Pense o que pensar, uma pessoa não pode negar que a missão está no centro do ensinamento teológico e da vida cristã em nossa época. Assim como o diálogo profético ajuda os cristãos a negociarem o caminho entre o diálogo inter-religioso, de um lado, e a proclamação explícita e cristã, do outro, nós sugerimos que o termo "diálogo profético" possa também ajudar no entendimento da complexidade e riqueza de missão hoje em dia.

CONCLUSÃO

No Capítulo 1, falamos da missão de Deus como uma dança para a qual todos os cristãos são convidados a participar. Essa dança começa no próprio Deus e depois se derrama generosamente, cheia de alegria em toda a criação, como uma grande "fila de pessoas dançando a conga". O Espírito lidera a dança, ele inspira o Senhor da Dança, e os dançarinos constroem a "grande nuvem do testemunho" (Hb 12,1) em meio à qual estão Abraão, Saara, Moisés e Miriam, Débora, Isaías, Maria de Nazaré, Pedro, Paulo, Maria Madalena, Justino, Patrício e Brígida, Alopen, Lioba, Francisco e Clara, Xavier e Ricci, Maria da Encarnação, Samuel Crowther, Catarina Drexel, Pandita Ramabai, Charles de Foucauld e Dorothy Day. Eles dançaram ao longo da história e são inspiração para as pessoas que hoje estão dançando.

O nome da dança pode ser "diálogo profético". Ela se baseia no lindo, mas complexo ritmo do diálogo e profecia, audácia e humildade, aprendizagem e ensinamento, "deixar seguir" e "falar para". Ele é belo porque é o ritmo do amor de Deus se movimentando pela história. É complexo porque muda com o tempo, o lugar, os gemidos da criação e as respostas da humanidade. É o ritmo de um toque de tambor africano, de uma banda de salsa, de uma *tinikling* filipina, de uma marcha de protesto, de uma valsa de salão. Aprender os passos básicos é bastante simples. Aprender a dançar os passos em um ritmo que muda a toda hora, contudo, não é nada fácil. Quando o ritmo chama para diálogo, para a humildade, para "deixar seguir"? Quando chama para a profecia, para o ensinamento, para o "falar para"? O Espírito que lidera a dança sabe, e aqueles entre nós que o seguem devem estar atentos para sua liderança, e para seguir o exemplo daquele testemunho do primeiro dançarino da fila.

Começamos este livro com o convite de Deus para a dança da missão. Tratamos da teologia da Igreja, história, espiritualidade e prática, para mostrar como a Igreja é desafiada a se juntar àquela dança no mundo de hoje. É uma dança do diálogo profético. O quão bem nós dançamos dependerá – como dançamos juntos – de quanto cremos nos ritmos do Evangelho, de quanto somos responsivos às batidas do presente e de quanto somos atenciosos para com aqueles com os quais dançamos.

Impresso na gráfica da
Pia Sociedade Filhas de São Paulo
Via Raposo Tavares, km 19,145
05577-300 - São Paulo, SP - Brasil - 2017